De complete projectmanager

Essentie en toepassing van projectmanagement en Agile leiderschap

Roel Wessels

Colofon

Titel:	De complete projectmanager
Ondertitel:	Essentie en toepassing van projectmanagement en Agile leiderschap
Auteur:	Roel Wessels
Reviewers:	Ben Bolland (BEVON Gilde)
	Alexander Celie (Traction10)
	Hans Fredriksz (IPMA-NL, Haax)
	Bas Könemann (You Improve)
	Ben van de Laar (Randstad Groep IT)
	Ruud Merks (ASML)
	Henny Portman (NN, Hedeman Consulting)
	Dieter van der Put (DAF Trucks)
	Ron Schipper (Van Aetsveld)
	John Verstrepen (voormalig directeur IPMA-NL)
Tekstredactie:	Nienke van Oeveren (Boekredactie)
Uitgever:	Van Haren Publishing, Zaltbommel, www.vanharen.net
ISBN Hard copy:	978 94 018 0041 9
ISBN eBook:	978 94 018 0615 2
Druk:	Eerste druk, eerste oplage, augustus 2016
	Eerste druk, tweede oplage, november 2016
	Eerste druk, derde oplage, november 2017
Lay-out en DTP:	Coco Bookmedia, Amersfoort – NL
Copyright:	© Van Haren Publishing, 2016

PRINCE2® is a registered trademark of AXELOS Limited.

Niets uit deze opgave mag vermenigvuldigd, vastgelegd in een geautomatiseerd bestand of openbaar gemaakt worden op of via enig medium, hetzij elektronisch, mechanisch, door fotokopieën of anderszins, zonder voorafgaande schriftelijke toestemming van de uitgever.

Ondanks alle zorg die aan deze uitgave is besteed, kunnen er eventuele fouten in voorkomen. De uitgever en de auteurs aanvaarden geen aansprakelijkheid voor het optreden van fouten en/of onvolkomenheden.

Voorwoord

Hoe meer je weet, hoe meer je weet dat je niks weet.
Socrates

Een complete projectmanager. Wat is dat? Ik heb die wijsheid niet in pacht. Dat bepaal jij zélf.

Dit boek geeft inzicht in het enorme speelveld van de projectmanager. Daarbij ligt de nadruk op het ***hoe*** van projectmanagement én hoe je met een proactieve houding ook ***regie*** houdt in moeilijke situaties. Door het boek lopen verschillende themalijnen die zo concreet mogelijk gemaakt zijn met voorbeelden en anekdotes. Niet omdat dat de enige of juiste weg is, maar om je te raken en te inspireren. Ik ben niet voor of tegen iets, ik wil jou laten nadenken en kiezen!

Al ben ik geïnteresseerd in alles wat projectmanagement en leiderschap raakt, mijn bakermat is de maakindustrie. Dat is een wereld van product- en dienstenontwikkeling, multidisciplinaire teams, een hoge druk op doorlooptijd, kwaliteit en kosten, veel aandacht voor innovatie, en samenwerking met een mondiaal netwerk van leveranciers en klanten. Al zul je dat accent zeker terugzien, het boek is bewust toegankelijk gemaakt voor de ***algemene projectmanager***. Daarbij ben ik gesteund door een gezelschap van reviewers uit verschillende disciplines.

De complete projectmanager kenmerkt zich waarschijnlijk niet door alles te weten, maar door nieuwsgierig te zijn en zich zelf verder te willen ontwikkelen. De leeswijzer op de volgende pagina is gemaakt om je daarbij te begeleiden. De hoofdstukken vormen een logisch samenhangend verhaal, maar zijn ook los te lezen. Je kunt zelfs met de projectuitvoering in hoofdstuk 10 beginnen, want dit hoofdstuk start met een samenvatting van de voorgaande hoofdstukken.

Kies je thema, durf je eigen weg te gaan en word een nog completere projectmanager!

Leeswijzer

De complete projectmanager

	&-&-&-paradox	De TomTom	V-model	Factor 10	Plan: de breakdown	Plan: detailplanning	Projectverleider	Heartbeat	Blinde Vink	Final Countdown
	H1	H2	H3	H4	H5	H6	H7	H8	H9	H10
Voor de beginnend projectmanager die een overzicht wil krijgen van het projectmanagementvak	*gebruik het boek als studieboek*									
Voor de ervaren projectmanager die nog completer wil worden	*kies je onderwerpen en ervaar hoe je nog effectiever wordt*									
Voor wie wil leren hoe de harde en de zachte kant van projectmanagement gecombineerd kunnen worden	*ervaar hoe methoden en gedrag samen leiden tot 1+1=3*									
Voor de praktiserende projectmanager die op zoek is naar het *hoe* en de dagelijkse toepassing				■	■	■		■	■	■
Voor wie wil leren om altijd de regie te houden, ook bij een minder ideale opdrachtgever en omgeving	■	■					■			■
Voor wie wil leren zijn/haar eigen weg te gaan en minder wil leunen op methoden	■	■					■			
Voor wie doelgerichter en flexibeler wil worden		■		■			■	■		■
Voor wie wil leren hoe je structuur aanbrengt en overzicht krijgt in complexe projecten			■		■	■		■	■	
Voor de projectmanager uit de productontwikkeling die wil begrijpen hoe je hardware- en softwareontwikkeling integreert			■		■	■		■	■	■
Voor de projectmanager uit andere domeinen die wil leren van de werkwijzen uit de maakindustrie			■	■	■	■		■	■	■
Voor wie een overzicht van de vakliteratuur wil krijgen geschreven als een jongensboek	*doe energie op en ervaar het verhaal alsof je in een training zit*									
Voor wie vooral snel een indruk wil krijgen van de complete projectmanager	*lees al bladerend alleen de 'tegeltjes' op de bladzijden*									

Inhoud

Inleiding IX

1 De &-&-&-paradox 1
    1.1   Méér met minder 2
    1.2   Én er bovenop zitten én ruimte bieden 4
    1.3   Én onzekerheden zien én commitment geven 8
    1.4   Een projectmodel als kapstok 14
    1.5   Agile denken en werken 18
    1.6   Wat de &-&-&-paradox voor de projectmanager betekent 24

2 Je Agile inspirator, de TomTom 29
    2.1   Wat je kunt leren van je TomTom 29
    2.2   De TomTom en Agile leiderschap 33
    2.3   De TomTom en stakeholdermanagement 36
    2.4   Scenario creator 46

3 First time right: Het V-model en de kritische parameter 51
    3.1   Inleiding V-model: ontwerp, realisatie, verificatie 52
    3.2   Impact van issues begrijpen 54
    3.3   Vroege feedback met Design for X 58
    3.4   Vroege feedback door Agile te werken 63
    3.5   Het V-model en je eigen gedrag 66

4 De factor 10 73
    4.1   Slim leiderschap en gedrag is de factor 10 73
    4.2   Omdenken en de kracht van regie nemen 76
    4.3   De schatkamer van Stephen Covey 80
    4.4   Situationeel leiderschap 86
    4.5   De factor 10 van de projectmanager 93

5 Het plan deel I: project breakdown 97
    5.1   De 10 stappen van het maken van een plan 97
    5.2   Stap 1: Project charter 101
    5.3   Stap 2: Projectstrategie en -fasering 103
    5.4   Stap 3.1 en 3.2: Product breakdown structure 105
    5.5   Een achtbaan bouwen 112
    5.6   Stap 3.3 – 3.5: Product Flow Diagram en DfX 119
    5.7   Stap 3.6: Work breakdown structure 122

6 Het plan deel II: schets met team en detailplan — 127
- 6.1 Stap 4: Size & effort estimation — 128
- 6.2 De rationele en psychologische kant van ureninschattingen — 137
- 6.3 Stap 5-8: Schets met het team opstellen — 142
- 6.4 Stap 9: Tips & tricks detailplanning — 148
- 6.5 Stap 10: Projectmanagementplan en go — 156

7 De projectverleider — 159
- 7.1 Deci en Ryans zelfdeterminatietheorie — 159
- 7.2 Wat je uitstraalt, krijg je terug — 162
- 7.3 De (tijdelijke) projectorganisatie en de stuurgroep — 168
- 7.4 Waarom de start een lange adem vraagt — 172
- 7.5 Creativiteit sturen — 175

8 Heartbeat — 183
- 8.1 Voortgang door ritme, cadans en trance — 183
- 8.2 Je planning projecteren op de heartbeat — 186
- 8.3 Heartbeat op verschillende niveaus — 191
- 8.4 EOS en OKR — 193

9 De blinde vink — 199
- 9.1 Pas op voor de blinde vink — 200
- 9.2 De blinde vink te lijf met review- en inspectietechnieken — 201
- 9.3 De blinde vink te lijf met DfX en Agile projectmanagement — 206
- 9.4 Testen rechts in het V-model — 210

10 The Final Countdown — 215
- 10.1 Het traject tot de uitvoeringsfase samengevat — 216
- 10.2 Heartbeat in de praktijk — 219
- 10.3 Wijzigingsbeheer — 233
- 10.4 Status en resterende route zichtbaar maken — 238
- 10.5 Onzekerheden toch planbaar maken — 247

Nawoord — 254
Dankwoord — 255
Bijlage 1: voorbeelden toepassing projectmodel — 256
Bijlage 2: De complete projectmanager toolkit — 258
Bronnen — 259
Over Roel Wessels — 261
Index — 263

Inleiding

De boektitel *De complete projectmanager* lijkt misschien wat pretentieus. Maar hij komt recht uit mijn hart, dit boek is voor jou. Want over het managen van projecten is enorm veel geschreven, maar vaak niet op een manier waarbij de belevingswereld van de projectmanager, die van jou dus, centraal staat.

Want er zijn vele boeken die vertellen over *wát* je allemaal moet doen om projecten succesvol uit te voeren. Wat een stakeholderanalyse is, wat risicomanagement inhoudt, wat het belang van plan-do-check-act is, wat er van je wordt verwacht bij het aansturen van je team. Maar *hóe* je dat precies toepast, hoe dat *óók* lukt in niet-ideale omstandigheden, hoe je dat integreert in je *eigen* werkproces en hoe je ervoor zorgt dat je het ook *écht* gaat doen… dat blijft voor veel mensen *do it yourself*.

In dit boek beschrijf ik zo compleet en toepasbaar mogelijk wat ik de afgelopen twintig jaar heb geleerd over projectmanagement en leiderschap. Ik ben daarbij op zoek gegaan naar de essentie, omdat het kennen daarvan helpt bij het toepassen en het integreren in je eigen gedrag. Kortom, in dit boek kun je leren hoe je een punt zet achter project*lijden*, hoe je reactief gedrag verruilt voor proactief én beïnvloedend gedrag, maar vooral hoe je projectmanagement (weer) leuk maakt voor jezelf, voor je team en voor je omgeving.

Projectmanager van de 21ste eeuw
Er is de afgelopen decennia veel veranderd op het gebied van projectmanagement. De omgeving is dynamischer geworden en er wordt steeds meer verwacht van de projectmanager. Dat vraagt bijna om een schaap met vijf poten: resultaat leveren ongeacht de omstandigheden, commitment geven ondanks veel onzekerheden, hoogopgeleide kenniswerkers aansturen en coachen op zelfsturing, omgaan met belanghebbenden die niet op één lijn zitten en sturen op creatieve doorbraken zonder daarbij te veel risico te lopen. Een enorme *balancing act*!

Dit kunnen beteugelen vraagt om jouw vakmanschap. En het vermogen om in alle situaties regie te houden en de actie te bepalen. Maar dat is als zeilen bij storm: je hebt geen tijd om na te denken en te proberen wat werkt. Je moet met overtuiging en daadkracht je project runnen. Effectief en efficiënt. Maar hoe doe je dat?

Verder zal het je vast wel eens opgevallen zijn; waar je zelf enorm mee worstelt en wat onmogelijk lijkt, wordt door een ander ogenschijnlijk eenvoudig opgelost. Het omgekeerde gebeurt ook. Kennelijk maakt het heel veel uit hóe je een project aanpakt: dat je methoden in de juiste situatie toepast en hier het juiste gedrag aan koppelt. Maar hoe leer je dat? Waar vind je de goede voorbeelden? Er zijn zoveel inspirerende management- en motivatietechnieken, maar hoe combineer je die?

Zie jij door de bomen het bos nog, of blijf je ook hangen in de theorie en denk je vaak: *in het volgende project ga ik het wél echt toepassen..?*

Natuurkundige en muzikant
Om een antwoord te vinden op bovenstaande vragen ben ik op zoek gegaan naar de essentie van projecten succesvol aansturen. Daarbij heb ik dankbaar geput uit mijn jarenlange ervaring als projectmanager, programmamanager en directeur productontwikkeling, maar óók als natuurkundige en muzikant. De natuurkundige zie je terug in de focus op structuur aanbrengen in projecten, de drang om overeenkomsten te ontdekken tussen methoden en om moeilijke dingen makkelijk te maken, het managen van complexiteit dus. De muzikant ontdek je in de manier waarop ik beschrijf dat je constant presteren op hoog niveau moet combineren met loslaten ten behoeve van het creatieve proces, de overtuiging dat de projectmanager altijd regie moet nemen en dus de *performer* in zichzelf moet wakker maken én de nadruk op het belang van ritme in projecten en veranderprocessen.

Het is mijn passie om mensen, methoden en denkwijzen te verbinden. Het geheel is meer dan de som der delen. Daarom zul je merken dat dit geen boek is dat zich afzet tegen andere methoden en de zoveelste nieuwe route presenteert die het wél waar zou maken. Ik wil juist laten zien hoe methoden als PRINCE2, Agile, DSDM Atern, *PMBOK Guide*, PRINCE2 Agile, het competentieraamwerk ICB van IPMA en een groot aantal leiderschapstechnieken samen effectief kunnen worden ingezet. De vakman laat zich niet beperken door gereedschap maar beschouwt deze juist als een verrijking. Daarbij verbind ik moderne Agile technieken met traditionele methoden. Per slot van rekening kom je ze ook door elkaar tegen in de wereld waar je werkt. Daarom spreek ik ook liever over Agile *leiderschap*: het gaat nóg meer om de Agile houding dan om de Agile processen, het is vooral mensenwerk…

Naast zélf toepassen heb ik de inhoud van dit boek de afgelopen vijf jaar in vierdaagse masterclasses aan meer dan driehonderd professionals overgedragen en verfijnd. Die kwamen niet alleen uit de hightech sector, mijn bakermat, maar ook uit de publieke sector, medische wereld, het onderwijs, de bouw, ICT en andere domeinen. Kortom, dit boek is bedoeld voor iedereen die beter wil worden in het leiden van projecten.

Wat gaat dit boek jou opleveren?
Dit boek bevat een compleet overzicht van de toepassing van projectmanagement en Agile leiderschap binnen product-, dienst- en organisatieontwikkeling. Leesbaar voor iemand die zich voor het eerst een beeld wil vormen over het leiden van projecten, maar vooral bedoeld voor de gevorderde projectleider die de volgende stap wil zetten. Het is niet noodzakelijk dat je al zwaar bent ingewijd in het projectmanagementvak, omdat alle benodigde kennis in dit boek beschreven wordt, maar opgedane kennis en ervaring zal je zeker van pas komen tijdens het lezen. Daarbij zal je niets te kort komen aan inhoudelijke diepgang, maar je zult merken dat de nadruk ligt op de interactie tussen de theorie en jouw eigen gedrag en werkwijze. Het gaat per slot van rekening over het *hoe* en het ook echt *doen*. En dus hoe het ook lukt bij niet-ideale omstandigheden en hoe je de kennis uit dit boek concreet inpast in je dagelijkse werkproces.

Het boek bestaat uit drie delen. Deel 1 (hoofdstuk 1 – 4) beschrijft wat er komt kijken bij het opzetten en managen van een project. Basisbeginselen, de essentie van regie nemen, structureren en Agile denken spelen de boventoon. Deel 2 (hoofdstuk 5 en 6) vertelt hoe je het plan en de planning maakt. Dit blijkt in kleine stapjes te kunnen, waardoor je compleetheid, afstemming en draagvlak cadeau krijgt. Deel 3 (hoofdstuk 7 – 10) behandelt ten slotte hoe je de projectuitvoering aanstuurt. Hoe je de landing naar het einddoel realiseert met een strak PDCA-ritme, hoe je tussenresultaten beoordeelt op kwaliteit en hoe je team en omgeving gemotiveerd houdt.

Ik heb het boek zo praktisch mogelijk beschreven door theorie af te wisselen met toepassing en anekdotes. Dat doe ik ter inspiratie. Neem de essentie tot je en pas het toe vanuit je eigen stijl en persoonlijkheid. Doe het op je eigen manier. Want anders lukt het niet, hou je het niet vol en vooral: *anders geloven anderen je niet!*

Geniet van het lezen van dit boek, maar vooral van het toepassen ervan.
Projecten leiden is fun!

Roel Wessels

1 De &-&-&-paradox[1]

- Hoe de toenemende vraag naar én-én-én het leven van de projectmanager op zijn kop zet.
- Waarom sturen op controle en sturen op resultaat en proces niet hetzelfde is.
- Het belang van kunnen omgaan met onzekerheid.
- Agile uitgelegd en hoe het aansluit bij traditionele methoden.
- De rode draad van dit boek: van reactief naar proactief naar beïnvloeden.

Ik ging voor het eerst skiën toen ik bijna dertig was. Ik was de enige beginner in onze vriendenclub en dat betekende dat, terwijl de rest nog aan het ontbijten was, ik braaf in de kou met het beginnerklasje de eerste kneepjes van het skiën kreeg bijgebracht. De les was 's ochtends en de eerste dag verliet ik ook 's middags de oefenpiste niet. Maar op de tweede dag bezweek ik voor de sociale druk en ging in de middag mee met de groep. Die had mij beloofd rekening te houden met de moeilijkheid van de pistes.

Aanvankelijk ging het best lekker en hoewel ik me een beetje bezwaard voelde om steeds als laatste aan te sluiten, maakte mijn positieve insteek mij attent op het feit dat sommigen de wachtpauzes best wisten te waarderen zodat ze een sigaretje op konden steken. Na een uur hield de groep echter stil bij een helling en klonk er wat gemor. We hadden een afslag gemist en stonden voor een zwarte piste... In mijn naïviteit keek ik nog om of ik terugkon, maar nee, er was slechts één route, ik moest de zwarte piste af...

Na wat mentale steun met de boodschap dat de piste steil was maar wél met goede sneeuw, kreeg ik aanvullend advies mee. Daar waar de stukken te steil waren, kon ik altijd zijdelings glijdend met de ski's de piste af. Na wat gedraal zette ik de afdaling in en hoewel het zweet me aan alle kanten uitbrak, vorderde ik wonderwel. Halverwege kreeg ik er zelfs vertrouwen in. Het steilste stuk was achter de rug en hoewel het meer schuiven dan skiën was, ontstond er waarachtig een hosanna-gevoel.

En toen stond ik beneden. Bij veel prestaties denk ik achteraf terugkijkend vaak 'ach, zo moeilijk was het niet', maar een helling ziet er van onderaf nog veel steiler uit dan hij in werkelijkheid was. Ik voelde me een koning die de zwarte piste beheerste! Totdat... een ervaren skiër zwiep, zwiep, zwiep de zwarte piste afswingde alsof het een blauwe piste was. Ik stond weer met beide benen op de grond, of beter gezegd op mijn ski's. *Ik had nog veel te leren.*

Met deze anekdote start ik vaak mijn lezingen en stel vervolgens de vraag aan de aanwezigen: 'Wie krijgt tijdens of na een project vol geploeter en gezwoeg feedback van een professional

---

[1] Dit hoofdstuk sluit aan bij de volgende competenties uit IPMA's ICB4: Strategy, Governance, structures and processes, Resourcefulness, Project design, Change and transformation.

over hoe de projectuitvoering beter of soepeler kan verlopen?' Vaak blijft het dan stil. Men blijkt juist reacties te ontvangen als 'Projecten gaan hier altijd over de kop, wen er maar aan', of 'Onze omgeving is zo complex, daarin kun je geen normaal projectmanagement bedrijven.'

 Krijg jij tijdens of na het project feedback over hoe het beter kan?

Kennelijk hebben de projectmanager en de omgeving geaccepteerd dat projecten niet verlopen zoals gewenst. En ontbreekt het aan professionals die in staat zijn de vinger op de zere plek te leggen en kunnen tonen hoe het beter kan. Of nog erger, ontbreekt het überhaupt aan het besef dat het beter kan. Het besef dat ervaren skiërs niet afzien maar genieten van de zwarte piste. Het besef dat *zwarte piste-projecten*, moeilijke projecten met bijvoorbeeld veel onzekerheden of lastige opdrachtgevers, wel degelijk goed kunnen worden uitgevoerd. En als men geaccepteerd heeft dat het niet beter hoeft, zal het ook vaak ontbreken aan lerend vermogen binnen de organisatie en dus aan projectmanagers die juist zwarte piste-projecten opzoeken omdat ze genieten van complexe projecten en zich verder willen ontwikkelen.

Goede projectmanagers ontwijken moeilijke projecten niet, maar zoeken ze juist op

Ik noem deze schijnbare tegenstrijdigheden die moeten worden overwonnen de &-&-&-paradox: én onzekerheden toestaan én flexibel zijn én het project succesvol afsluiten én van het proces genieten! Projectmanagers die zich blijven verbeteren om steeds moeilijkere omstandigheden aan te kunnen, zijn professionals die de &-&-&-paradox willen doorbreken.

1.1 Méér met minder

Misschien herken je na deze anekdote meer gedaantes die de &-&-&-paradox kan aannemen voor de projectmanager. In dit hoofdstuk behandel ik er drie. Daarbij richt ik me alleen nog maar op de uitdaging die de betreffende &-&-&-paradox met zich meebrengt; oplossingen volgen later in dit boek.

1. **Méér met minder**: het project moet én zo spoedig mogelijk af én wijzigingen moeten mogelijk zijn én het moet toch nog goedkoper én het moet functioneel meer opleveren én …
2. Én **er bovenop zitten** én **ruimte bieden** aan het team.
3. Én **onzekerheden zien** én **commitment geven** ten aanzien van de einddatum en de kosten van het project.

In deze paragraaf bespreek ik de eerste, méér met minder. De andere twee volgen in paragrafen 1.2 en 1.3. Door breder te kijken dan naar de projectmanager alleen wordt de omgeving zichtbaar waarin de projectmanager van vandaag zich beweegt. Dit laat zien op welke vlakken een projectmanager zich dient te ontwikkelen om succesvol te blijven.

Vaarwel trade-off

De &-&-&-paradox beschrijft dus situaties waarbij het om én-én-én gaat en waarbij kiezen niet meer goed genoeg is. Om dit uit te leggen gebruik ik graag het wat gechargeerde voorbeeld van de drie automerken Alfa Romeo, Volvo en Mercedes van 30 jaar geleden en tegenwoordig. De Volvo was de veilige wagen, het suffe design en uitstraling werd op de koop toegenomen en hoorde bij die veiligheid. Voor design moest je bij Alfa Romeo zijn, maar dan boette je wel behoorlijk in op betrouwbaarheid. En Mercedes was de kwaliteitswagen, die betrouwbaarheid en uitstraling combineerde, maar daarvoor wel weer een hele hoge prijs liet betalen.

Tegenwoordig zien we dat deze klassieke *óf-óf-óf trade-off* steeds minder geaccepteerd wordt. Door nieuwe technologie, toegenomen concurrentie, globalisering en samenwerking tussen bedrijven ligt de lat hoger en hoger. Veel productkenmerken zijn standaard geworden. We willen niet meer extra betalen voor kwaliteit. Hetzelfde geldt voor extra *features*, veiligheid, serviceniveau enzovoort. Ook doorlooptijden bij productontwikkeling worden korter en de ontwikkelkosten dienen lager te zijn. Méér doen met minder dus. Als je niet mee kunt, dan delf je het onderspit; *we want it all*.

 Herken jij deze toenemende vraag naar én-én-én?

Vakmanschap en creativiteit in leiderschap

Ook in projecten willen we én… én… én… Je zou kunnen zeggen dat het project de *duivelsdriehoek*, die vertelt dat geld, kwaliteit en tijd met elkaar verbonden zijn, moet overtreffen in de nieuwe tijd. En technologisch lukt dat. Zo ziet Raymond Kurzweil een exponentieel patroon in de voortgang van technologische ontwikkeling die de wereld in ongekend tempo verandert, wat uiteindelijk zal leiden tot *singulariteit* (figuur 1.1). Singulariteit verwijst hierbij naar het moment waarop technologische middelen het menselijke brein overstijgen (Kurzweil, 1999).

Richten we ons op het heden, dan zijn projecten en organisaties complexer geworden door de vele eisen, maar vooral ook door de inherente complexiteit. De &-&-&-paradox zorgt dus voor uitdagingen en legt beperkingen op aan het projectteam. Is dat erg? Een voetballer die met weinig ruimte toch tot scoren komt, is een held. Wielrenners willen vaak dat de koers zwaar wordt gemaakt, zodat alleen de beste voorop zijn in de eindfase van de wedstrijd. Als je beseft dat iedereen met de beperkingen van de &-&-&-paradox te maken heeft, zou je ook kunnen zeggen dat degene met het meeste vakmanschap de grootste kans op succes heeft. Vakmanschap loont dus.

Het opleggen van beperkingen prikkelt de creativiteit. Het oplossen van de &-&-&-paradox vraagt om creatieve conceptdoorbraken, want normale uitbreidingen zorgen bij productontwikkeling voor gelijkmatige toename van kosten, onderdelen, etcetera. Slimme oplossingen

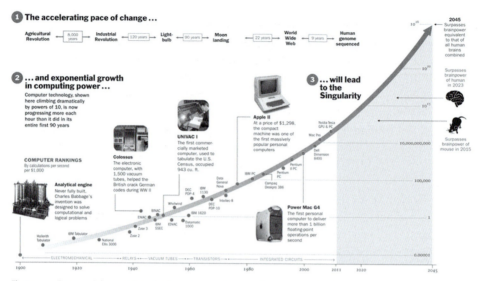

Figuur 1.1   Exponentiële groei in technologische vooruitgang volgens Raymond Kurzweil

zijn gewenst, zoals het inrichten van snellere systemen door iets weg te halen, of het efficiënter maken van organisaties door ze te vereenvoudigen.

Vakmanschap dus in combinatie met een hoge mate van creativiteit. Dit stelt eisen aan de medewerkers maar ook aan de leiderschapsstijl van de (project)manager. Die zal moeten kunnen loslaten én toch ook deadlines halen. Structuur bieden én de medewerkers tegelijkertijd ruimte geven. Medewerkers inhoudelijk uitdagen zónder alle details voor te schrijven. Eigenschappen die vragen om vooral én-én-én en daarom veel leiderschap van de projectmanager.

1.2   Én er bovenop zitten én ruimte bieden

Bij het uitbreken van de kredietcrisis in 2007 gaf ik als programmadirecteur leiding aan de projecten binnen Assembléon, een hightech onderneming met een ontwikkelafdeling van ruim 200 fte. De kredietcrisis van 2008 had een enorme impact op onze sales, waarbij je moet denken aan een reductie van meer dan 50%.

De toenmalige CEO stond voor de uitdaging de teugels aan te trekken. Zo'n proces heeft alles in zich van micromanagement. Alle uitgaven gingen, ongeacht de autorisatieregels, via hem en de CFO. Ook de bonnetjes onder de 100 euro dus. Natuurlijk was er een vacaturestop en verlenging van elk contract liep via hem. Gevolg was dat er in korte tijd veel grip kwam op de financiële details. Omdat er geen stap meer gezet werd zonder de CEO, liep deze niet meer achter voldongen feiten aan. Een échte crisis vraagt om échte maatregelen. En ook al werkt het verlammend voor vele processen, ook het personeel wenst en verwacht dit soort ingrepen in tijden van crisis.

> Wat mij is bijgebleven is dat de CEO duidelijk uitstraalde dat deze fase *tijdelijk* moest zijn. Hij kon goed omgaan met het tweede voorbeeld van de &-&-&-paradox: én er bovenop zitten én ruimte bieden aan het team. Dat hielp het personeel om mee te doen en vol te houden. De CEO deed niet aan micromanagement omdat hij een *control freak* was; hij had een duidelijke boodschap en wilde het personeel voorgaan om kritisch te kijken naar alle uitgaven. Zijn credo was: 'We zijn weer een papa-mamabedrijf', waarmee hij wilde onderstrepen dat iedereen weer elke bron van inkomsten en uitgaven moest beschouwen alsof het zijn eigen geld was. Denken vanuit abstracte 'potjes' of 'dat doen we toch altijd zo' pasten daar niet meer bij. Je kon alleen geld uitgeven dat je had en waarvan duidelijk was welke waarde het ging opleveren. Op elk niveau in de organisatie.
>
> De kracht van een duidelijke boodschap, deze vaak herhalen en zélf het voorbeeld geven. *'Tell me and I forget, teach me and I may remember, involve me and I learn'*, zoals de Amerikaanse politicus Benjamin Franklin het benoemde.

Bij een échte crisis is tijdelijk ingrijpen gewenst om de controle te vergroten. Het is een bewuste keuze. Elke projectmanager zou zich dit vermogen van *crisismanagement* eigen moeten maken. Het gaat echter fout als crisismanagement wordt toegepast zónder dat er crisis is. We zien dan het omgekeerde effect: de crisis wordt veroorzaakt door bovenmatig sturen op controle en afleggen van verantwoording. Door *micromanagement* dus.

Je zou kunnen zeggen dat er in die situaties niet goed wordt omgegaan met de &-&-&-paradox 'én er bovenop zitten én toch ruimte bieden'. De grip op controle slaat door en het controleren van medewerkers en behoefte aan detail wordt een obsessie. Vaak gedreven door een gebrek aan vertrouwen in de intentie of vaardigheden van anderen, of door een gebrek aan zelfvertrouwen.

Is aandacht voor detail dan fout? Integendeel! Grip hebben op je project is essentieel, *the devil is in the detail*. Maar als het een obsessie wordt en het management gaat zich een belangrijke rol toe-eigenen in alle dagelijkse processen, dan gaat het mis. Besluiten zijn dan pas een besluit als de (micro)manager ja heeft gezegd en als klap op de vuurpijl schrijft deze ook nog de details voor ten aanzien van de uitvoering. Detail is niet het probleem, wel het feit dat de micromanager bepaalt wélk detail.

Aandacht voor detail is bij micromanagement niet het probleem. Wél de obsessie.

Gevolg? Medewerkers nemen zelf geen initiatief meer en zullen in plaats van te excelleren middelmatige prestaties gaan leveren. Daarop worden ze immers gecontroleerd en geïnstrueerd. Bovendien is de micromanager door zijn obsessie niet meer bewust bezig met waar het echt om gaat: datgene bereiken dat het project beoogt, resultaat! Geen wonder dat management in onze maatschappij vaak een negatieve klank heeft, het is het *verkeerde soort management*.

Sturen op controle

Ook in onze maatschappij zien we sporen van te veel sturen op controle en te weinig op resultaat en proces. Recente misstanden zoals de bankencrisis en machtsmisbruik binnen organisaties hebben het vertrouwen geen goed gedaan en prikkelen daarmee de neurotische reflex om controlemiddelen toe te voegen. Het regent *Key Performance Indicators* (KPI's), waarbij je je kunt afvragen of ze bedoeld zijn om het proces te verbeteren of om de uitvoerders te controleren. KPI's zijn indicators, waarschuwers dus; ze worden echter vaak misbruikt als *targets*. KPI's worden dan nagejaagd in plaats van dat men doet wat echt nodig is. Zo wordt het middel erger dan de kwaal.

De KPI is zelf niet de boosdoener, wél de bedenker van de KPI

Een voorbeeld uit de zorgsector. Nadat de zorgverzekeraars waren aangesproken op het gebrek aan benchmarking van de kwaliteit van zorgverleners, zijn ze aan de slag gegaan om het proces te verbeteren. Er is gekozen om te werken volgens het systeem van 'praktijkvariatie', waarbij het declaratiegedrag van huisartsen en andere zorgverleners statistisch wordt vergeleken met data van gelijksoortige aanbieders. Doel is hiermee om uitschieters te filteren zonder dat medische gegevens van patiënten hoeven te worden bestudeerd (in verband met de Wet bescherming persoonsgegevens). Pas na deze filtering volgt bij de zorgverleners met uitschieters een detailonderzoek, waarbij gevraagd wordt de afwijkingen te verklaren.

In deze uitvoering is dit dus een controlemiddel. Hoewel er natuurlijk allemaal slimme extra analyses mogelijk zijn voor de volksgezondheid met bijvoorbeeld datamining, lijkt het er niet op dat de patiënt hier betere zorg door gaat krijgen. Ook de zorgverleners zijn er niet blij mee. Ze voelen zich in het beklaagdenbankje gezet en in hun professionele eer aangetast wanneer ze worden aangesproken op afwijkingen ten aanzien van de KPI praktijkvariatie. En geef ze ongelijk, er zijn veel logische verklaringen anders dan fraude te bedenken voor afwijkingen van je praktijk ten opzichte van het gemiddelde. Een versterking van onderling wantrouwen dus. Ten slotte valt te verwachten dat er een prikkel ontstaat voor zorgverleners om zich aan te passen aan het controlesysteem. Dan gaat dus ook de partij die gecontroleerd wordt sturen op controle in plaats van op resultaat door bijvoorbeeld de patiëntenplanning zodanig in te richten dat deze past binnen de gemiddelden, in plaats van deze af te stemmen op de wensen van de patiënt om een zo hoog mogelijke patiënttevredenheid te verkrijgen. Geef de zorgverlener eens ongelijk, maar *weg is de innovatiekracht*.

Sturen op controle in plaats van sturen op resultaat en proces zie je veel in de publieke sector. Vaak vanuit de wens om te sturen op verantwoording. En natuurlijk, omdat de financiering plaatsvindt vanuit belastingopbrengsten is het logisch dat getoond moet worden dat het budget op de juiste manier is besteed. Toch blijft het 'in de achteruitkijkspiegel kijken', terwijl men vooral vooruit zou moeten kijken om de beste weg naar het doel te kiezen. Want dat heeft de belastingbetaler écht verdiend.

KPI's definiëren is dus vakwerk dat om systematisch denkwerk vraagt. De grondleggers van de *Business Balanced Scorecard (BBSC)*, Robert Kaplan en David Norton, waarschuwden ons al met het woord *balanced* dat het kiezen van *KPI's* een secuur werkje is (Kaplan en Norton, 1996). Zo dient er een *koppeling* te worden gemaakt tussen de indicatoren van de verschillende perspectieven (bij de BBSC het financieel, klanten-, intern en leer&groei-perspectief) om te borgen dat de individuele KPI's ook werkelijk leiden tot resultaat voor de organisatie. Verder dienen KPI's vergezeld te gaan van een *complementaire* KPI om te voorkomen dat het proces doorslaat naar één kant. Een bekend voorbeeld is het call center. Een belangrijke KPI is hier de *first call resolution rate* die aangeeft hoeveel procent van de vragen meteen worden opgelost. Het meten van deze KPI alleen zegt echter niets over hoe efficiënt de organisatie klantenvragen oplost. Door een complementaire KPI toe te voegen zoals 'tijdsduur gesprek' is wél te zien hoe efficiënt calls worden opgelost.

Gebalanceerde KPI's definiëren, gecombineerd met het feit dat de KPI-invulling een middel is dat vertrouwen maakt of breekt, laat zien dat het vaststellen van een goede set meetinstrumenten geen vrijdagmiddagklusje is en vraagt om vakmanschap!

Diminishers en multipliers

Het balanceren tussen én er bovenop zitten én ruimte bieden aan het team is een onderwerp waar velen hun hele leven aan blijven sleutelen. En dat is geen schande. De Amerikaanse groeigoeroe Verne Harnish verdiept zich al jaren in de basisprincipes die nodig zijn om een bedrijf snel te laten groeien. In zijn boek *De Rockefeller strategie* (Harnish, 2008) vertelt hij – wat je niet zal verrassen – dat je alleen kunt opschalen als je kunt delegeren. Hij voegt daaraan toe dat 96% van alle bedrijven minder dan tien medewerkers heeft en een overgrote meerderheid daarvan minder dan drie. Als reden noemt hij het feit dat de meeste ondernemers de stap naar het delegeren van verantwoordelijkheden niet weten te zetten.

Een andere kijk op deze &-&-&-paradox wordt gegeven door de Amerikaanse leiderschapsexpert Liz Wiseman in haar boek *Multipliers – Voor managers die 2× meer uit hun team willen halen* (Wiseman, 2015). Hoewel wij in hoofdstuk 4 voor de *factor 10* gaan, is deze verdubbeling alvast mooi meegenomen. Wiseman stelt op basis van een analyse van 150 managers dat organisaties niet zozeer een tekort aan personeel of andere middelen hebben, maar dat er een onvermogen is om toegang te krijgen tot de waardevolste middelen die al ter beschikking staan. In de praktijk zou de meerderheid van de managers, die ze *diminishers* noemt, te weinig uit hun medewerkers halen. Ze vertonen namelijk gedrag dat de intelligentie en creativiteit van hun medewerkers vermindert in plaats van vergroot. De *multipliers* halen juist méér uit hun mensen. Ze zijn het type manager waar medewerkers graag voor door het vuur gaan. Ze weten verborgen talenten te ontdekken en verstaan de kunst vertrouwen te hebben in hun medewerkers.

Vertoon jij ook wel eens diminisher-gedrag?

Ook al denk je dat je het goed aanpakt, iedereen zal bewust of onbewust wel eens diminisher-gedrag vertonen. Managers met veel drive om samen resultaat te boeken zouden bijvoorbeeld

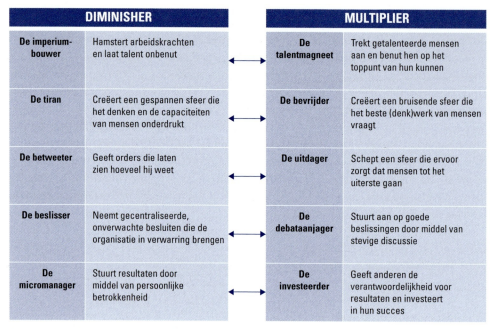

Figuur 1.2 De vijf onderscheidende disciplines van multiplier- en diminisher-gedrag

door hun energie en enthousiasme onbewust anderen kunnen afschrikken om zelf de regie te nemen. Wiseman noemt dit *accidental diminishers*. Misschien vind je haar inzichten niet grensverleggend, de vijf disciplines waarin multipliers zich onderscheiden van diminishers kunnen helpen blinde vlekken in je eigen gedrag op te sporen (figuur 1.2). Bovendien geeft Wiseman aan dat iedereen multiplier-gedrag kan aanleren. Dat geeft de burger moed.

1.3   Én onzekerheden zien én commitment geven

Wie heeft er wel eens *nee* gezegd tegen een opdracht omdat deze onvoldoende duidelijk te maken was? Als ik deze vraag stel aan projectmanagers, krijg ik uiteenlopende reacties. Sommigen zijn heel resoluut en geven aan dat een onduidelijke opdracht geen basis is voor een succesvol project. Anderen halen hun schouders op en antwoorden dat een vage scope bij aanvang van een project het standaardrecept is in hun bedrijf. Ze hebben het geaccepteerd en zijn er aan gewend geraakt. De derde &-&-&-paradox 'én onzekerheden zien én commitment geven' raakt vele projectmanagers. Commitment is er – ondanks onzekerheid – voor gaan (en je persoonlijke integriteit in de waagschaal leggen) en daarmee de juiste verwachtingen wekken.

 Heb jij wel eens een project teruggegeven aan een opdrachtgever?

De cultuur van de organisatie lijkt een belangrijke rol te spelen bij het antwoord op deze vraag. De reactie 'De opdracht teruggeven zou bij ons niet worden gewaardeerd!' komt regelmatig voor. Bij menige organisatie wordt het teruggeven van je opdracht niet als heldendaad gezien. Toch vraag ik me wel eens af of dit werkelijk zo is of een eigen aanname waardoor men het nooit proberen zal. Later in dit boek zullen we zien dat niets zwart-wit is en er altijd manieren zijn om deze situaties toch naar je hand te zetten en beïnvloedend op te treden. Daarbij gaat het dus over *hoe* je de opdracht teruggeeft. En dat levert vaak bijzondere wendingen op. Maar los van je eigen aanpak zal het zeker ook uitmaken of je opdrachtgever een diminisher of een multiplier is. Een diminisher zal het teruggeven van de opdracht als werkweigering opvatten. De multiplier zal het juist waarderen dat je open kaart speelt. *Ken je pappenheimers.*

Ik weet zelf nog dat ik de mogelijkheid om een opdracht terug te geven als een absolute eye opener ervaren heb, toen ik bij een van mijn eerste werkgevers enthousiast met mijn project aan de slag wilde gaan. Het was een werkgever die op het gebied van project- en kwaliteitsmanagement stevig aan de weg timmerde. Een Quality Assurance Officer, belast met de ondersteuning van de projectleiders op kwaliteitsgebied, stelde: 'Als je geen User Requirements Specification ontvangen hebt van de opdrachtgever, dan is het logisch dat je deze opdracht teruggeeft, want je weet helemaal niet wat je moet doen!' Ik heb de opdracht niet teruggeven, maar ben wel de projectscope op scherp gaan zetten met de opdrachtgever. Gelukkig pakte die het positief op en hielp met het concreet maken van de opdracht. Kritisch blijven, rug recht houden en niet zomaar aan de slag gaan met een vage vraagstelling pakte dus goed uit. Ik ben de betreffende Quality Officer nog steeds dankbaar voor de levensles.

Later heb ik overigens bij diezelfde werkgever wel een keer mijn opdracht teruggegeven, maar toen gaf men het project ongewijzigd aan een ander die de opdracht zonder aarzelen accepteerde. Die projectmanager toonde lef, maar kon later stevig aan de bak om de richtingloze uitvoering op de rit te houden. Weer een les wijzer dus: het aanpakken van de paradox 'én onzekerheden zien én commitment geven' kent geen standaard aanvliegroute.

Verwachtingen wek je meteen
Ik ben van mening dat de meeste projectmanagementmethoden meer met elkaar gemeen hebben dan dat ze van elkaar afwijken. Afhankelijk van werkdomein en visie leggen ze de nadruk op andere facetten, maar met wat inspanning kunnen ze prima op elkaar geprojecteerd worden. Dat is maar goed ook, want samenwerkende organisaties gebruiken meestal andere projectmanagementmethodieken, wat geen belemmering zou mogen vormen in de onderlinge samenwerking en de beheersing van het totale project.

Over het moment waarop de projectmanager officieel commitment geeft ten aanzien van benodigde tijd, budget, middelen etcetera, zijn de meeste projectmanagementrichtlijnen ook eensgezind. IPMA is met het NCB-raamwerk misschien niet zo expliciet, maar de examenrichtlijnen op basis van de NCB versie 3 van IPMA-NL geven bij competentie 1.19 Project Start aan dat dit moment na afsluiting van de projectinrichtingsfase ligt, bij de mijlpaal *decision to fund*. Bij PRINCE2 geef je formeel commitment bij oplevering van de *Project Initiation Documentation* bij het afsluiten van de initiatiefase. Op dat moment wordt het projectmanagementplan namelijk opgeleverd en goedgekeurd als een soort contract, is de definitiefase van het project afgerond en kan de uitvoeringsfase van start gaan. Wederzijds worden verplichtingen formeel aangegaan door de opdrachtgever en de opdrachtnemer.

De traditionele projectmanagementmethoden gaan er dus van uit, dat de activiteiten van de definitiefase ertoe hebben geleid dat de factor onzekerheid zo ver is teruggebracht dat er helderheid bestaat over projectbudget, doorlooptijd en dergelijke. Het projectmanagementplan is af en stabiel, tijd om 'te stoppen met denken', klaar om aan de slag te gaan. We weten echter dat de praktijk weerbarstiger is en dat er bij het afsluiten van de definitiefase vaak nog significante onzekerheden over blijven. Oorzaken hiervan zijn bijvoorbeeld:
- Het projectdoel is onduidelijk of verandert tijdens het project.
- Er is te weinig kennis over de oplossingsrichting om vooraf een plan te maken, men leert al doende tijdens de uitvoeringsfase.
- De organisatie neemt niet de tijd om het definitietraject te doorlopen en begint meteen met de uitvoeringsfase.
- Er is onvoldoende besluitvaardigheid om keuzes te maken ten aanzien van projectscope, oplossingsrichtingen of de inzet van middelen.

Een projectmanager moet dus vaak commitment geven terwijl het eigenlijk nog te vroeg is. De definitiefase langer laten duren kan zeker helpen, maar ook dan blijven er vaak nog onzekerheden over. En het is maar de vraag of de opdrachtgever je deze tijd gunt. Dat kan een praktische reden hebben: de einddatum van het project ligt vast, waardoor langer bezig zijn met de definitiefase automatisch betekent dat er minder tijd over blijft voor de uitvoeringsfase. Met wachten met commitment geven wordt het geduld van de opdrachtgever dan enorm op de proef gesteld. Of het heeft wellicht een politieke reden: de opdrachtgever weet ook wel dat het niet kan, maar wil het niet accepteren. Nog een groter dilemma dus, speel je het spel mee of niet?

Het belang van *het moment* van commitment geven is misschien sowieso wel betrekkelijk. Want commitment geven kun je wellicht *timen*, verwachtingen wekken niet. Ik spreek regelmatig projectmanagers die verbolgen zijn over het feit dat de opdrachtgever tijdens de definitiefase al conclusies trekt over doorlooptijd en budget, zonder dat dit formeel gecommuniceerd is. Een logische gedachte en formeel hebben ze gelijk. Echter, ook al ligt er geen officieel commitment, verwachtingen worden vanaf het eerste moment gewekt, bewust of onbewust. En deze verwachtingen mogen dan informeel zijn, vaak heeft de opdrachtgever daar weinig boodschap aan of is zich van geen kwaad bewust. Wordt aan de verwachtingen niet voldaan, dan volgt teleurstelling. En teleurgestelde opdrachtgevers zijn minder flexibel en meewerkend, wat een negatieve spiraal veroorzaakt voordat het project überhaupt op stoom is. Dat wil je toch niet als projectmanager?

Verwachtingsmanagement begint voor de projectmanager dus vanaf de éérste seconde van het project. En dit is het moment waarop er per definitie nog veel onduidelijk is. De vaardigheid

De &-&-&-paradox

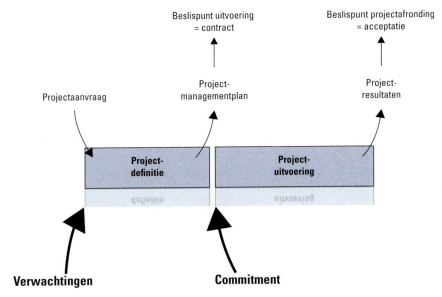

Figuur 1.3   Verwachtingen wekken begint ruim vóór het moment van commitment geven

om ten tijde van onzekerheid toch duidelijkheid te scheppen over projectomvang en oplevermomenten is dus cruciaal voor een projectmanager. Of het nu gaat om het formele aangaan van commitment of het informele aangaan van verwachtingen.

Cynefin

Onzekerheden in je project maken het geven van commitment dus moeilijk. Het is waarschijnlijk heel herkenbaar, maar het heeft nogal wat subjectieve kanten. Want hoe complex is je project eigenlijk? Is de mate van onzekerheid inderdaad zodanig dat er geen stabiel plan gemaakt kan worden, of ligt het aan je eigen onvermogen? En hoe hou je de opdrachtgever toch aangelijnd? Welke aanpak past bij de complexiteit van je project?

Een antwoord op de vraag hoe complex je project is, kan gegeven worden met het *Cynefin raamwerk* (Snowden, 2007). Dit raamwerk is ontwikkeld door professor Dave Snowden. Cynefin, uitgesproken als kih-neh-vin, is een Welsh woord met de betekenis: 'meerdere factoren uit onze omgeving en in onze ervaringen beïnvloeden ons op een manier die we nooit volledig kunnen begrijpen.' Het Cynefin raamwerk helpt om vast te stellen tot welk type van complexiteit en onzekerheid het project behoort. Bovendien geeft het antwoord op de vraag

Het Cynefin raamwerk maakt dat wat je al aanvoelde concreet en verklaarbaar

welke acties en oplossingsvormen hierbij passen en welke niet. Het is daarmee dus ook een *decision making*-instrument dat helpt bij het bepalen van de projectaanpak.

Snowden verdeelt situaties en problemen in vier kwadranten (figuur 1.4) met voor elk kwadrant een bijpassend stappenschema:

1. **Eenvoudig** (*waarnemen* ⇨ *benoemen* ⇨ *reageren*): de oplossing is vooraf bekend en eenvoudig te plannen.
2. **Gecompliceerd** (*waarnemen* ⇨ *analyseren* ⇨ *reageren*): er is een expert nodig om de oplossingsrichting te bepalen.
3. **Complex** (*proberen* ⇨ *waarnemen* ⇨ *reageren*): eerdere oplossingen zijn niet toe te passen. Oplossingsrichting en plan volgen na het uitvoeren van experimenten.
4. **Chaotisch** (*handelen* ⇨ *waarnemen* ⇨ *reageren*): het maken van een plan heeft niet de hoogste prioriteit. Eerst ingrijpen en de crisis bezweren, daarna eventueel de oplossingsrichting en het plan bepalen.

Interessant is dat Dave Snowden onderscheid maakt tussen eenvoudige en gecompliceerde situaties enerzijds en complexe en chaotische anderzijds. Bij de situaties *eenvoudig* en *gecompliceerd* is de oplossing namelijk vooraf bekend, zij het dat eenvoudige situaties door iedereen kunnen worden opgelost en dat voor gecompliceerde problemen een expert nodig is. Er is dus voldoende mate van voorspelbaarheid om een plan te kunnen maken en te starten met de projectuitvoering.

Bij de situaties *complex* en *chaotisch* is dit niet het geval omdat er te veel factoren onvoorspelbaar zijn of steeds veranderen. Bij complexe situaties zijn er experimenten nodig om van te leren; routinematige handelingen en standaardoplossingen werken niet. Er is juist behoefte aan een innovatieve en creatieve manier van werken. Eerst proberen, dan pas een plan. Chaotische situaties vragen daarentegen meteen om actie. Er is crisis en daarop moet acuut

Complex	Gecompliceerd
Proberen – waarnemen - reageren	***Waarnemen – analyseren - reageren***
Het verband tussen oorzaak en gevolg is pas achteraf zichtbaar en eerdere oplossingen zijn niet toe te passen. We leren door te experimenteren.	Er is een expert nodig om op basis van eerdere oplossingen het verband te leggen tussen oorzaak en gevolg, en keuzes en een plan te maken.
Emergent practice	**Good practice**
Novel practice	**Best practice**
Er is een geen relatie tussen oorzaak en gevolg op systeemniveau. Eerst snel ingrijpen, daarna vervolgstap bepalen.	Er is een voor de hand liggende relatie tussen oorzaak en gevolg. De oplossing is vooraf bekend en is prima te plannen.
Handelen – waarnemen - reageren	***Waarnemen – benoemen - reageren***
Chaotisch	**Eenvoudig**

(centraal: wanorde)

Figuur 1.4 Het Cynefin raamwerk van Dave Snowden

ingegrepen worden om weer iets van de orde te herstellen. Daarna kan pas worden onderzocht wat de juiste vervolgacties zijn. Eerst handelen, dan pas starten met de definitiefase.

Wat ik persoonlijk mooi vind aan het model van Snowden is dat het mijn gezonde verstand feilloos ondersteunt bij het maken van keuzes in de projectaanpak. Eenvoudige en gecompliceerde projecten zijn bij aanvang te voorspellen en dus te plannen. Stop daarom energie in het verkrijgen van de juiste informatie of de juiste experts en niet in brainstormen, experimenteren of andere afleiding. En stop energie in het verkrijgen van een eenduidig beeld met het team. Er zijn evenveel veronderstellingen als er betrokkenen zijn, ook bij voorspelbare projecten. De definitiefase is een kwestie van doorwerken, communiceren, keuzes maken en je niet laten afleiden totdat er een plan ligt. Just do it!

Bij complexe projecten ligt dit anders. En je zult het begrijpen, tot die categorie behoren de meeste projecten die te maken hebben met het ontwikkelen van nieuwe producten of diensten. Evenals projecten waarbij veel mensen en belangen betrokken zijn, zoals reorganisaties en werkprocesverbeteringen. Bij aanvang van deze projecten ontbreekt het aan kennis omtrent aanpak en oplossing. Afhankelijk van de mate van complexiteit kun je de onzekerheden wel of niet afbouwen tijdens de definitiefase. Zijn de onzekerheden beperkt en kan

Het Cynefin raamwerk laat zien of onzekerheden zijn op te lossen of niet

een haalbaarheidsstudie (volgens proberen-waarnemen-reageren) in korte tijd duidelijkheid bieden, dan breng je het project vóórdat je commitment geeft van complex naar gecompliceerd. Je geeft dus commitment op basis van een voorspelbaar projectverloop met een plan voor de uitvoeringsfase. Voor projecten met meer onzekerheden of veranderlijkheid is dit niet mogelijk. Bij deze projecten start de projectuitvoering terwijl er nog significante onzekerheden en veranderingen te verwachten zijn. Complexe projecten vragen dus veel vakmanschap en creativiteit van de projectmanager, die terecht knokt met de &-&-&-paradox 'én onzekerheden zien én commitment geven'. Uiteraard geldt dit nóg meer voor projecten in het chaotische domein.

 Welk type projecten volgens het Cynefin raamwerk heb jij onder je hoede gehad?

Afsluitend wil ik je twee bijzonderheden die Dave Snowden met zijn model aanstipt niet onthouden. Allereerst kent het model nóg een classificatie, te weten *wanorde*. Een situatie heeft de status wanorde als je niet kunt beoordelen in welke van de eerder genoemde kwadranten deze zich bevindt. Een uitermate gevaarlijke situatie. Een projectmanager die bijvoorbeeld te weinig regie neemt, kan het project in wanorde doen belanden. De projectleden zullen terugvallen in hun persoonlijke comfortzone, waarbij ze de verkeerde beslissingen nemen omdat ze hun werkwijze niet aanpassen aan het type probleem. Wanorde kun je herkennen aan opmerkingen als 'we doen het toch altijd zo'. Het is belangrijk om in dit soort situaties in te grijpen en dit domein zo snel mogelijk te verlaten.

Het andere element is de bijzondere overgang van eenvoudig naar chaotisch. Deze wordt ook wel de *catastrofische overgang* genoemd. Organisaties die stelselmatig situaties of veranderingen onderschatten (onterecht vereenvoudigen dus), kunnen vervallen in chaos. Zoals Snowden zegt, '*complacency leads to failure*', ofwel zelfgenoegzaamheid leidt tot falen.

1.4 Een projectmodel als kapstok

In deze en de volgende paragraaf besteed ik aandacht aan twee onderwerpen die belangrijk zijn voor het vervolg van het boek: een *model van het project* en *Agile projectmanagement*. Het model van het project zal als oriëntatiemiddel en geheugensteun helpen bij de behandeling van nieuwe begrippen. De Agile methodiek is een iteratieve projectmanagementmethode die helpt bij het uitvoeren van projecten met veel onzekerheden en veranderende doelstellingen. Ik behandel Agile niet als tegenhanger van traditioneel projectmanagement, maar je raadt het al, we gaan voor én-én: Agile denken en doen in combinatie met traditioneel projectmanagement. Die combinatie zal je ook aantreffen in multidisciplinaire projecten als mechanische (waterval) ontwikkeling gecombineerd wordt met (Agile) softwareontwikkeling.

De fasering van het projectmodel
In figuur 1.5 zijn de projectmanagement-elementen weergegeven, waarmee de meeste projecten gemodelleerd kunnen worden. Het model is gebaseerd op het boek *Projectmanagement op basis van IPMA - NCB versie 3* (Hedeman, 2008), maar het is ook uitstekend toe te passen voor PRINCE2 en de *PMBOK Guide* van PMI. Het doel is namelijk ondersteuning bij begripsvorming, niet het afdwingen van keuzes ten gunste van een bepaalde methode. In het model staan de *definitiefase* en de *uitvoeringsfase* centraal, die samen vaak worden beschouwd als 'het project'. In je eigen project kunnen deze fases uiteraard worden opgedeeld in deelfases. Omdat ik me in dit boek vooral richt op het ontwikkelen van nieuwe producten en diensten, is voor de uitvoeringsfase al een voorstel van deelfases gedaan: de *ontwerpfase*, de *realisatiefase* en de *testfase*.

De voorbereidingsfase wordt vaak vergeten, terwijl de wedstrijd hier gewonnen kan worden

Het projectmodel heeft nog twee extra fases, die formeel meestal niet tot het project worden gerekend. Allereerst de *exploitatiefase*, de fase waarin de projectresultaten door de opdrachtgever worden gebruikt. Deze fase is in het algemeen geen onderdeel van het project, want het project wordt in de regel na de uitvoeringsfase afgesloten. Toch is het belangrijk voor de projectmanager om deze fase op de radar te hebben, aangezien dit de fase is waarin de opdrachtgever de projectresultaten gebruikt en verwacht de projectdoelstellingen te gaan realiseren. Verder is het handig om te beseffen dat het project meestal pas vanaf de exploitatiefase geld gaat opleveren. De andere extra fase is de *voorbereidingsfase* (in PRINCE2 het Starting Up proces genoemd), een fase waaraan we in dit boek nog veel plezier gaan beleven. De voorbereidingsfase is bewust losgeknipt van de definitiefase. Waarom deze opsplitsing? Omdat de overgang naar de definitiefase zo belangrijk is én omdat de activiteiten uit de

De &-&-&-paradox

voorbereidingsfase vaak vergeten worden. En dat terwijl een succesvolle projectmanager juist in deze fase de wedstrijd naar zijn hand kan zetten!

Definitie- en uitvoeringsfase, aangevuld met de voorbereidings- en exploitatiefase, worden aangeduid als 'het project in ruimste zin'. Overigens zullen veel betrokkenen alleen het 'project in engste zin' (de uitvoeringsfase) ervaren, aangezien ze enkel deelnemen aan de projectuitvoering, of hier de gevolgen van ondervinden. In het projectmodel zijn drie belangrijke beslispunten opgenomen:

- **Decision to justify**: beslissing of er van een idee of aanvraag wel of geen project wordt gemaakt.
- **Decision to fund**: beslissing of de uitvoeringsfase gestart mag worden. Dit is een belangrijk go/no-go moment van een project.
- **Acceptatie**: Acceptatie van de projectresultaten, beslissing dat het project wordt afgesloten en dat het projectteam kan worden ontbonden.

In je eigen project zul je bij het maken van je plan uiteraard extra mijlpalen en beslispunten toevoegen en misschien laat je wel elementen weg. Het projectmodel is een hulpmiddel en denkkader voor je project, geen keurslijf.

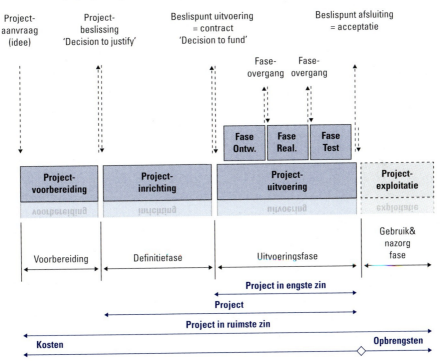

Figuur 1.5   Een model van het project met fasering en beslispunten

De deliverables van het projectmodel

Het projectmodel kent ook een aantal elementaire *projectmanagement deliverables*, ofwel (tussen)resultaten. Deze deliverables zijn in figuur 1.6 toegevoegd aan de fase waartoe ze behoren. Hierbij betekent een pijl naar beneden dat ze input zijn voor de fase en een pijl naar

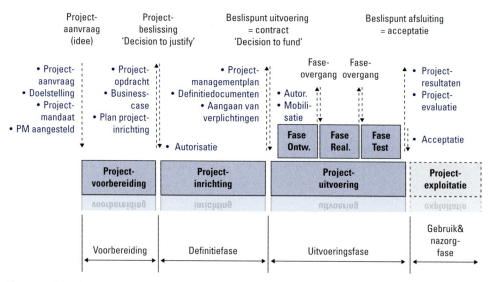

Figuur 1.6 De projectmanagement deliverables van het projectmodel

boven dat ze een in de fase opgeleverd resultaat zijn. De deliverables komen later steeds terug in dit boek; ik bespreek nu alleen wat nodig is om het model en de samenhang te begrijpen.

Voorbereidingsfase
We beginnen met de start van het project; het moment waarop de opdrachtgever een projectidee heeft en een projectaanvraag doet om de bijbehorende doelstellingen te gaan realiseren. Bij het voornemen om een project op te starten hoort het aanstellen van een projectmanager met het juiste mandaat. Uiteraard is de praktijk op dit gebied weerbarstig, daarover later meer.

De projectmanager kan meteen aan de slag gaan met het maken van het projectmanagementplan, maar mist dan een kans. De (eenmalige) kans om de projectopdracht kritisch te toetsen en op scherp te zetten met de opdrachtgever. Een kans om het projectverloop te beïnvloeden dus. In hoofdstuk 4 zal blijken hoe. Voor nu is het belangrijk om te begrijpen dat de projectvoorbereidingsfase, ook al duurt deze vaak kort, hét moment is om een degelijke fundering te leggen voor succes. De projectmanager vertaalt de projectaanvraag in een projectopdracht (waarin de initiële scope wordt vastgelegd) en maakt een plan van aanpak voor de definitiefase. Tevens kijkt hij kritisch naar de businesscase (die vaak al in een eerder stadium is opgesteld door de opdrachtgever) en doet eventueel voorstellen voor verbetering. De projectvoorbereidingsfase resulteert in een bewust besluit of het wel of niet zinvol is om van het idee echt een project te maken, *decision to justify*. Dit moment wordt overigens in een verkoopproces het bid/no-bid moment genoemd: gaan we wel of niet een aanbieding aan de klant doen? Na een positief besluit start de inrichtingsfase.

Inrichtingsfase
De inrichtingsfase heeft tot doel om te komen tot een realistisch en door de organisatie gedragen projectmanagementplan, waarmee verplichtingen kunnen worden aangegaan en

commitment kan worden gegeven. De informatie die nodig is om dit plan te maken (bijvoorbeeld specificaties en haalbaarheidsstudies) valt in het model onder het containerbegrip 'Definitiedocumenten'. Deze documenten gaan we verder concretiseren in hoofdstuk 3, het V-model. Het proces om te komen tot het plan volgt in de hoofdstukken 5 en 6. De inrichtingsfase wordt afgesloten met het beslispunt *decision to fund,* dat een *Go* geeft voor de uitvoeringsfase.

Uitvoeringsfase
Het projectmodel kent voor de uitvoeringsfase alleen generieke projectmanagement deliverables voor start en afsluiting, te weten de mobilisatie van het team, het opleveren van de projectresultaten, de acceptatie van de resultaten door de opdrachtgever en het evalueren van het project. Je zult begrijpen dat de meeste deliverables van de projectuitvoering projectspecifiek zijn. Ze komen niet in het projectmodel voor, maar worden vastgesteld in het projectmanagementplan.

Hoewel de nadruk in dit boek ligt op projecten die nieuwe producten of diensten opleveren, is het projectmodel algemeen toepasbaar. Ook dicht bij huis, bijvoorbeeld bij het plannen van een verbouwing of het organiseren van een feest. Je leert met het model welke type vragen je in welke fase van het project beantwoordt. Verder wat er vóór het moment van het

Deliverable of intake	Resultaat of input	Eigenaar
Projectvoorbereidingsfase		
Projectaanvraag	input	opdrachtgever
Doelstelling	input	opdrachtgever
Projectmandaat	input	opdrachtgever
Projectmanager aangesteld	input	opdrachtgever
Projectopdracht	resultaat	projectmanager
Businesscase	resultaat	opdrachtgever
Plan projectinrichting	resultaat	projectmanager
Projectinrichtingsfase		
Autorisatie projectinrichting	input	opdrachtgever
Projectmanagementplan	resultaat	projectmanager
Definitiedocumenten	resultaat	projectmanager
Aangaan van verplichtingen	resultaat	projectmanager
Projectuitvoeringsfase		
Autorisatie projectuitvoering	input	opdrachtgever
Mobilisatie	input	projectmanager
Ontwerp deliverables	resultaat	projectmanager
Realisatie deliverables	resultaat	projectmanager
Test deliverables	resultaat	projectmanager
Projectresultaten	resultaat	projectmanager
Acceptatie projectresultaten	resultaat	opdrachtgever
Projectevaluatie	resultaat	projectmanager

Figuur 1.7   Samenvatting deliverables van het projectmodel

aangaan van verplichtingen (decision to fund) moet zijn gebeurd. In bijlage I vind je toepassingen van het projectmodel voor de volgende voorbeelden:
- Project 'ontwikkelen nieuwe website' (Cynefin gecompliceerd)
- Project 'productiviteit operationeel proces verbeteren tot vooraf vastgestelde performance' (Cynefin complex)
- Project 'fusie van twee organisaties' (Cynefin complex)
- Project 'verhogen personeelstevredenheid' (Cynefin gecompliceerd)

Tot slot geeft figuur 1.7 een samenvatting van alle deliverables uit het projectmodel, waarbij is aangegeven of het eigenaarschap primair bij de projectmanager of de opdrachtgever ligt. Daarmee is overigens niet gezegd dat de eigenaar ook de uitvoerder moet zijn. Als projectmanager kun je er bijvoorbeeld voor kiezen om de businesscase uit te werken voor de opdrachtgever. Dit biedt vaak zelfs kansen om de projectscope te beïnvloeden. Belangrijk is wel dat de opdrachtgever zich eigenaar voelt van de uiteindelijke businesscase, anders begeef je je als projectmanager op glad ijs.

1.5 Agile denken en werken

Gaat het projectmodel ook werken in situaties met veel onzekerheden (Cynefin complex)? Ja en nee. *Ja*, omdat op opdrachtgeverniveau vaak gedacht wordt in de structuur van het projectmodel volgens:

vraag ⇨ *plan/offerte* ⇨ *contract* ⇨ *uitvoering* ⇨ *acceptatie*

Je ontkomt er dus niet aan om zelf ook op deze manier te denken en te communiceren. *Nee*, omdat het projectmodel in beginsel gebaseerd is op het *watervalmodel*. Dit betekent dat de fases na elkaar doorlopen worden, ze pas starten als de vorige fase honderd procent is afgerond en dat je 'niet even terug kunt naar de vorige fase'. Daarom gaan we in deze paragraaf het projectmodel uitbreiden met Agile. We gaan daarbij niet uit van óf waterval óf Agile, maar we gaan voor de combinatie (het ene deel van het project Agile, het andere deel waterval), want dat is wat je ook in het werkelijke projectenleven tegenkomt.

Het watervalmodel
In het watervalmodel start je pas met het ontwerp als alle eisen bekend zijn. En de testfase ga je in als het volledige ontwerp is gerealiseerd. Wordt er een fout ontdekt of moet er iets veranderen, dan ga je terug naar die betreffende fase en wordt het traject vanaf dat punt opnieuw doorlopen. Een vervelend gegeven bij situaties met veel onzekerheden. Deze geven namelijk nooit honderd procent volledigheid. Bovendien is de kans groot dat er alsnog iets verandert aan de specificaties terwijl je al aan het ontwerpen bent. *Waterval in Cynefin complexe projecten is dus wachten op duidelijkheid, terwijl je weet dat je toch nog eens moet corrigeren…*

Watervalmodel

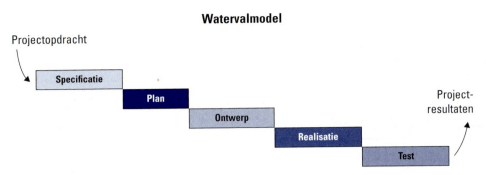

Figuur 1.8   Het watervalmodel

Concurrent engineering

Om de pijn te verzachten kan er gebruik gemaakt worden van *concurrent engineering* ofwel parallel ontwikkelen. Bij concurrent engineering mogen de projectfases namelijk wél parallel worden uitgevoerd. Er wordt dus al aan het ontwerp gewerkt, terwijl de specificaties nog niet helemaal duidelijk of afgerond zijn. Dit geeft ruimte om bij onzekerheden toch voortgang te kunnen boeken.

De eerlijkheid gebied te zeggen dat de échte reden van concurrent engineering vaak het verkorten van doorlooptijd is. Mensen niet na elkaar laten werken, maar tegelijk. Het project wordt als het ware in elkaar gedrukt. Niets mis mee, maar het maakt de projectuitvoering wel complexer. Het tegelijk werken aan activiteiten die eigenlijk na elkaar zouden moeten plaatsvinden, vraagt namelijk om veel vakmanschap van de teamleden, inzicht in elkaars werkzaamheden en een hoge mate van onderlinge communicatie.

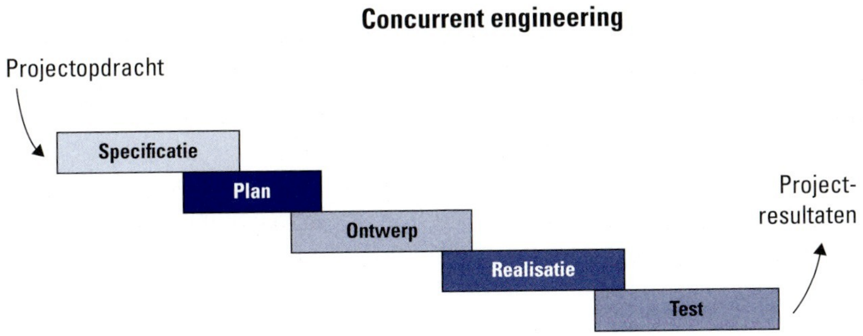

Concurrent engineering

Figuur 1.9   Concurrent engineering

Agile: onzekerheden zijn een gegeven

Hoewel concurrent engineering dus een stap vooruit is, gaat de extra flexibiliteit van parallel werken gepaard met een hogere uitvoeringscomplexiteit. Bovendien gaat de methode er, net als het watervalmodel, nog steeds vanuit dat fases volledig afgerond moeten worden en dat onzekerheid dus weg te werken is. En wat als dit niet lukt?

De *Agile* werkwijze (de Italiaanse muziekterm 'agile' betekent snel, beweeglijk) draait het om. Agile beschouwt onzekerheden als een gegeven en niet als iets onwenselijks. De wereld is niet maakbaar en projecten in een onzekere dynamische omgeving zijn niet voorspelbaar. Daarnaast creëert Agile werken een omgeving waarin het nemen van verantwoordelijkheid door de teamleden expliciet gestimuleerd en mogelijk gemaakt wordt. Hierdoor kan de projectmanager een meer coachende en faciliterende houding aannemen, in plaats van sturend en directief. Agile werken is ontwikkeld binnen de softwareontwikkeling, maar kan met wat handigheid ook in andere omgevingen worden toegepast, zoals de mechatronica, de bouw, de publieke sector enzovoort.

Hoewel PRINCE2 en andere methoden de Agile aanpak inmiddels geïntegreerd hebben, worden waterval en het Agile model vaak tegenover elkaar gezet. Dat is jammer, want dat legt de nadruk op de verschillen, terwijl het niet maakbaar is dat iedereen óf Agile óf waterval werkt. De modellen bestaan naast elkaar en dat zou geen belemmering mogen zijn. Toch zwoegen veel organisaties met het combineren van (waterval) mechanische productontwikkeling en (Agile) softwareontwikkeling. De teams spreken niet dezelfde taal en beschouwen het proces van het andere team als een onbegrijpelijke blackbox. Hierdoor kunnen er zelfs binnen één organisatie verschillende werelden ontstaan die elkaar onvoldoende begrijpen en langs elkaar heen werken.

 Hoe worden waterval en Agile in jouw organisatie toegepast?

Zwart-wit denken in Agile versus waterval kan dus contraproductief werken. In dit boek benadruk ik hoe je beide methoden kunt combineren, bijvoorbeeld de mechanische ontwikkeling waterval en de bijbehorende softwareontwikkeling Agile. Bovendien zal ik Agile niet alleen bespreken als methode, maar ook als gedrag. Agile gedrag geeft namelijk ook binnen traditioneel georganiseerde (waterval)projecten mogelijkheden om de wendbaarheid, de focus op tussenresultaten en de autonomie van de teamleden te vergroten.

Korte iteraties
Een belangrijk verschil van Agile ten opzichte van de traditionele projectaanpak is de wijze van *projectbeheersing*. In een traditioneel project wordt de projectscope meestal als vast gegeven beschouwd. Bij tegenvallers of wijzigingen betekent dit automatisch dat het project uitloopt en er meer kosten worden gemaakt. Deze druk op tijd en budget roept vervolgens de reactie op om tijdens het project het plan te corrigeren, waardoor het niet ongewoon is dat er op kwaliteit wordt beknibbeld: er wordt bijvoorbeeld minder tijd genomen voor de uitvoering van taken, reviews worden geschrapt, er is minder aandacht voor risicomanagement, het testprogramma wordt gereduceerd enzovoort. Er ligt dus met name druk op de eindfase van het project.

In Agile projecten worden *tijd, geld* én *kwaliteit* juist als een vast gegeven beschouwd. De scope is ook belangrijk, maar is in Agile projecten wél onderhandelbaar. Daarom wordt deze vastgelegd in een overzicht van op te leveren functies, gerangschikt op prioriteit. Van deze functies wordt gerealiseerd wat binnen de beschikbare tijd en budget mogelijk is. Zijn er tegenvallers, dan vallen de minst noodzakelijke of optionele functies af. Tijd, geld en kwaliteit van uitvoering zijn dus niet onderhandelbaar, functionaliteit wel. Dit creëert een wezenlijk ander beheersingsklimaat dan bij de traditionele projectaansturing.

Worden de afgevallen functies ook daadwerkelijk uit de scope geschrapt? Vaak niet, want in plaats van één uitvoeringsfase, werkt Agile met *meerdere korte iteraties*. Functies die afvallen worden in principe in de volgende iteratie meegenomen. Mits er voldoende buffer (of optionele functionaliteit) in de laatste iteraties zit, zal het eindresultaat de functies bevatten die afgesproken waren in de scope. Is die buffer er niet, dan weet je in ieder geval dat de *belangrijkste* functies gerealiseerd zijn, zonder concessies te doen aan tijd, geld en kwaliteit.

Waarde opleveren
De aandacht voor kwaliteit wordt versterkt doordat iteraties werkende tussenresultaten moeten opleveren, die de (eind)gebruiker kan beoordelen. Hoewel iteraties dus slechts een deel van de projectfunctionaliteit implementeren, doorlopen ze wel de *gehele* ontwikkelcyclus van ontwerpen, realiseren tot testen. *Je doet dus niet alles, maar wat je doet, rond je helemaal af*. Agile werken geeft daardoor tijdens het project al feedback van de gebruiker. In figuur 1.10 is de Agile werkwijze weergegeven.

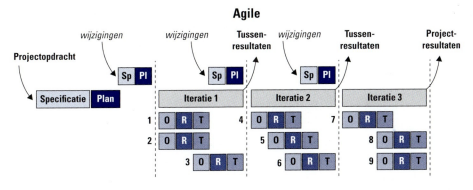

Figuur 1.10 Agile ontwikkelen. De negen functies worden incrementeel ontworpen (O), gerealiseerd (R) en getest (T)

Het werken in iteraties heeft nog een voordeel. De opdrachtgever mag namelijk voorafgaand aan een iteratie de bakens nog verzetten. Want Agile rekent op wijzigingen. Hierbij geldt wel de afspraak: *als een iteratie eenmaal is gestart, mogen de teamleden niet meer worden gestoord en zijn wijzigingen verboden*. Zo wordt flexibiliteit voor de opdrachtgever gecombineerd met efficiëntie voor het team. Aangezien iteraties een doorlooptijd hebben van slechts enkele weken, wordt het verbod op wijzigingen tijdens een iteratie meestal niet als beperking gezien door opdrachtgevers. Een mooie combinatie dus van én flexibel én efficiënt zijn.

Feedback van de klant al tijdens het project

Naast het ritme van de iteraties, kent Agile nog een *dagelijks* ritme: het teamoverleg. Dit is een dagelijks *staand* overleg met alle teamleden, waarin effectiviteit en efficiëntie hoog in het vaandel staan. De houding tijdens dit overleg is actief en geconcentreerd, want alleen zo kan overleg én tot de juiste afstemming leiden én kort duren. Om de beurt vertellen de teamleden wat ze hebben gerealiseerd, wat ze gaan doen en waar ze problemen verwachten. Ieder krijgt dus het woord, maar dient wel kort en bondig te zijn. Een goede voorbereiding is dus essentieel. En worden discussies te diepgaand en niet meer van toepassing voor de hele groep, dan worden ze geparkeerd voor één-op-één onderonsjes na het teamoverleg.

Door het dagelijkse teamoverleg, de duidelijke prioriteiten omtrent op te leveren functionaliteit en de directe beoordeling van de tussenresultaten aan het einde van elke iteratie, is het mogelijk om het ontwikkelteam veel mandaat te geven. Agile biedt zo belangrijke randvoorwaarden om het team *zelforganiserend* te laten werken. Dat betekent dat de teamleden zelf verantwoordelijkheid nemen voor de planning en de realisatie van de op te leveren producten alsmede de daarvoor benodigde samenwerking en de onderlinge afstemming. Een verantwoordelijkheid die in traditionele projecten met name bij de projectmanager ligt.

De rol van de projectmanager

Wat betekent Agile dan voor de rol van de projectmanager? Om het zo concreet mogelijk te maken verwijs ik in het vervolg van dit boek naar *Scrum*, een toepassingsvorm van Agile. In Scrum heten de iteraties *sprints*, noemt men het geprioriteerde overzicht van functionaliteiten de *product backlog*, de toegewezen scope per sprint de *sprint backlog* en het dagelijkse teamoverleg de *daily stand-up meeting*. De planningsmeeting aan het begin van elke sprint heet de *sprint planning meeting* (PL in figuur 1.10). Scrum beschrijft verder twee hoofdrollen waar die van de projectmanager niet toe behoort: de *product owner* en de *scrum master*. Dat is overigens geen nadeel voor de projectmanager, het biedt vooral kansen.

De *product owner* beheert en prioriteert de product backlog. Daarmee behartigt deze de wensen van de klant en zal hiervoor het juiste mandaat van de opdrachtgever moeten hebben. De daily stand-up meeting is hét moment voor de product owner om afstemming te hebben met de teamleden over de tussenresultaten en de wereld achter de wensen van de klant. De product owner maakt dus expliciet deel uit van het team, waarmee geborgd wordt dat de stem van de klant geïntegreerd is in de dagelijkse afstemming. Bij traditionele methodieken staat de 'business rol' vaak buiten het team, waardoor de uitdaging om de stem van de opdrachtgever tot het team te laten doordringen in het algemeen bij de projectmanager ligt.

Het team en dus ook de product owner worden ondersteund door de *scrum master*. Dit is een andere rol dan de projectmanager, want de scrum master stuurt het team niet aan, maar acteert coachend en faciliterend; in een Agile omgeving moet het ontwikkelteam zichzelf kunnen organiseren om op een efficiënte manier de toegewezen doelen te bereiken.

De toegevoegde rollen product owner en scrum master bieden dus randvoorwaarden voor expliciete focus op de business en het faciliteren van zelforganiserende teams. En dat is winst voor de projectmanager. Deze kan daarmee aandacht geven aan de primaire activiteiten, zoals het totale project leiden, de deelprojecten synchroniseren (waaronder de Scrum-teams en

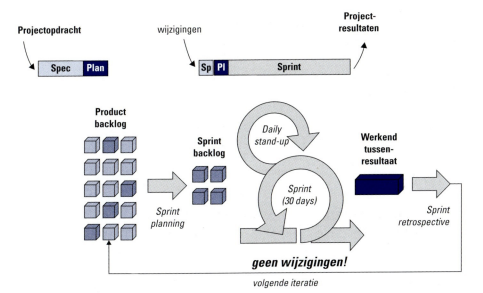

Figuur 1.11   Het Scrum proces (met een sprintperiode van 30 dagen)

andere deelprojecten), de externe interfaces managen, de benodigde middelen verstrekken, zorgen voor afstemming met de externe belanghebbenden en de begroting beheren.

Agile creëert dus in een omgeving van *onvoorspelbaarheid* een *voorspelbaar* ritme van deelresultaten. Korte iteraties in vaste timeboxes en zelforganiserende teams vormen hierbij de basis. De gedachte achter de wijze van projectsturing is wezenlijk anders dan bij traditioneel projectmanagement, maar het zal je zijn opgevallen dat de Agile elementen gewoon op gezond verstand gebaseerd zijn. Niets houdt je daarom tegen om ze ook toe te passen in een traditionele projectorganisatie.

Agile creëert in een omgeving van onvoorspelbaarheid een voorspelbaar ritme van tussenresultaten

Agile en het projectmodel

Agile is prima in te passen in het projectmodel. Alleen is de fasering van de projectuitvoering niet meer een *eenmalig* ontwerp-realisatie-testtraject. Bij elke iteratie doorlopen een aantal functionaliteiten het gehele ontwikkeltraject en worden op het einde van de iteratie als getest tussenproduct opgeleverd, zie figuur 1.12. Dat betekent dus dat de exploitatiefase ook eerder start. Bovendien gaat de projectinrichting er iets anders uitzien. Want omdat er tijdens de uitvoering nog aanpassingen worden verwacht, is het niet handig om vooraf al alle details uit te werken. Detail hoeft pas te worden gecreëerd als de iteratie daadwerkelijk start. Nadruk bij de projectinrichting ligt daarom op het creëren van een overzichtelijke lijst van functionaliteiten (de product backlog), een architectuur die iteratief ontwikkelen mogelijk maakt, een inschatting van de omvang van de functionaliteiten op de product backlog en een plan welke functionaliteit in welke iteratie wordt gerealiseerd.

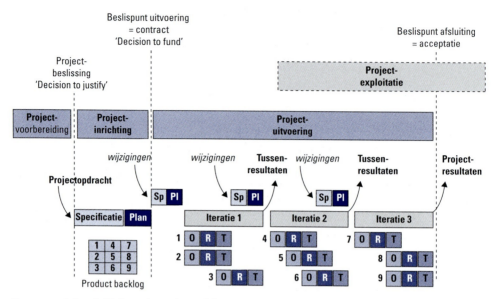

Figuur 1.12 Agile ontwikkeling en het projectmodel

1.6 Wat de &-&-&-paradox voor de projectmanager betekent

Na de uitwijding over Agile sluit ik samenvattend af met de betekenis van de &-&-&-paradox voor de projectmanager. De positie van de projectmanager is in de afgelopen twintig jaar in hoog tempo veranderd. Ging het vroeger vooral om coördinerend vermogen ten aanzien van de planning en uitvoering van activiteiten, de projectmanager van nu is expliciet verantwoordelijk voor het realiseren van het projectresultaat, ongeacht de complexiteit van de opdracht en de volwassenheid van de projectomgeving. De uitdagingen van de &-&-&-paradox spelen hierbij dagelijks een rol: er moet meer voor minder, grip op de voortgang is nodig in combinatie met meer autonomie voor je team en je dient commitment te geven ten aanzien van tijd en geld ondanks vele onzekerheden in je project.

Je moet als projectmanager dus ook presteren in zwarte piste-projecten bij niet ideale omstandigheden. En dat voelt soms best onredelijk. Als het project goed gaat hoor je niets, loopt het mis, dan krijg je op je donder. Soms ook nog door opdrachtgevers of stuurgroepleden die zelf niet in staat zijn om te doorgronden waardoor het mis is gegaan, omdat het ze zelf ook aan de benodigde competenties ontbreekt. Het besef dat het projectmanagementvak eigenlijk best onredelijk is en dat anderen precies hetzelfde ervaren, kan al enorm oplichten. Het maakt het makkelijker om de schouders op te halen en energiek dié actie in te zetten waarmee je het project weer op de rit krijgt.

Functioneren in een omgeving met micromanagers

Waarschijnlijk ben je zelf geen micromanager, maar de kans is groot dat je in je carrière regelmatig in een micromanagende omgeving moet werken. Hier zal je mee moeten leren omgaan, een weg die de nodige valkuilen kent.

Zo heeft het een hele tijd geduurd voordat ik doorhad dat de meeste projectmanagementinstrumenten eigenlijk helemaal geen hulpmiddelen voor de projectmanager zijn, maar middelen om de projectmanager te controleren. Denk aan financiële analyses die alleen voldongen resultaten laten zien, in plaats van informatie om proactief bij te kunnen sturen. Dit was een belangrijke trigger voor mij om echt goed te begrijpen wat ik nodig had om planning, tracking en control effectief uit te voeren. Sindsdien ben ik minder afhankelijk van wat er wel en

Veel PM-tools zijn er niet voor de projectmanager, maar voor de organisatie

niet is, gebruik alleen wat mijn projecten helpt en laat me niet meer van mijn pad leiden. Iets wat uitgebreid aan bod komt later in dit boek. In een micromanagende omgeving zal je sneller en (politiek) handiger moeten zijn dan je omgeving!

Is het je verder opgevallen dat transparantie bieden in een controlerende organisatie averechts kan werken? Wie herkent het niet: stuurgroepoverleg, men ontwijkt de hete aardappels, totdat je met jouw plaatje laat zien dat er met het huidige plan en bezetting door allerlei factoren drie weken vertraging is. 'Niet zo mooi projectmanager. En hoe ga je *jouw* probleem oplossen?' Later zie je dat andere projectmanagers helemaal geen actuele verwachting geven van de opleverdatum en geen commentaar krijgen. Ik ben enorm voor transparantie, maar het gaat er dus om hoe je het doet. Kennelijk lokt informatie geven reacties op en is het omgekeerde ook waar. Wil je transparantie dus positief inzetten, dan dien je je naïviteit te vervangen door vakmanschap op het gebied van leiderschap en beïnvloedingsvaardigheden. En je dient te werken aan je olifantshuid, onder andere door je eigen angsten en defensiemechanismes te leren kennen. Hoofdstuk 2 (Je Agile inspirator) en hoofdstuk 4 (De factor 10) zullen je hier rijkelijk van voorzien.

Anticiperen op wat je eigenlijk al wist

Het vak onredelijk noemen doe ik niet om je zelfmedelijden of onverschilligheid aan te praten. Integendeel, ik benoem het omdat zelfmedelijden juist vaak al onbewust tussen de oren zit. Dit blokkeert de wil om te leren en te groeien. En als dat gebeurt, dan doe je precies wat veel methoden ongewild adviseren: *anderen de schuld geven*. Het project verliep niet zoals gewenst omdat de organisatie er niet klaar voor was, of omdat de juiste instrumenten en systemen niet geïmplementeerd waren, omdat de teamleden de methoden niet toepasten, omdat de opdrachtgever steeds weer de doelstellingen aanpaste, etcetera.

Natuurlijk hebben anderen het gedaan, maar ... dat wist je vooraf.
Natuurlijk zijn er veel onzekerheden, maar ... dat wist je vooraf.

Natuurlijk moet je én de deadline halen én je krijgt onvoldoende resources, maar ... dat wist je vooraf.
Natuurlijk ga je op eigen kosten extra functionaliteit implementeren en krijg je bij het overschrijden van de deadline toch stank voor dank, maar... dat wist je vooraf.
Natuurlijk geeft de leverancier aan dat hij op schema ligt totdat de levering toch te laat is, maar ... dat wist je vooraf.

Stop dus met anderen de schuld geven en neem het initiatief om minder afhankelijk te worden van dingen die anders lopen dan gepland. Doe iets met 'wat je vooraf eigenlijk al kon weten', anticipeer erop en accepteer niet meer van jezelf dat het bekende je toch weer verrast. Zoals hockeycoach Marc Lammers het treffend zegt in zijn boek *Yes! Een crisis* (Lammers, 2010): 'Winnaars hebben een plan, verliezers een excuus!'

Dit brengt ons bij de rode draad van dit boek: *van reactief naar proactief naar beïnvloeden*.

Samenvatting

- De projectmanager van vandaag moet kunnen omgaan met de &-&-&-paradox in verschillende gedaantes:
  - Méér doen met minder
  - Grip op het project én het team autonomie geven
  - Onzekerheden zien en tóch commitment geven
- Sturen op controle is iets anders dan sturen op resultaat en proces. KPI's zijn een verfijnd stuurmiddel die vertrouwen maken of breken.
- Commitment geven kun je timen, maar verwachtingen wek je vanaf het eerste moment van het project. Dat is een moment waarop er per definitie nog veel onduidelijk is. Het is dus belangrijk dat je leert omgaan met onzekerheid in projecten. Zie onzekerheid niet als vijand maar als vriend.
- Agile werken kent de volgende eigenschappen:
  - Tijd, geld en kwaliteit zijn een vast gegeven, functionaliteit is te prioriteren en onderhandelbaar.
  - Lever regelmatig (in iteraties) werkende deelresultaten op die kunnen worden beoordeeld door de (eind)gebruiker.
  - Voorafgaand aan een iteratie kan de scope worden aangepast, maar tijdens de iteratie mag het projectteam niet meer worden gestoord.
  - Het team heeft tot taak om zichzelf te organiseren om op een efficiënte manier de toegewezen doelen te bereiken. Hierbij helpen de daily stand-up meetings, de duidelijke geprioriteerde product backlog van de product owner en de ondersteuning van de scrum master.
  - De projectmanager creëert vooral de juiste randvoorwaarden voor het team en bestuurt de externe interfaces van het project.
- Agile projectmanagement en het klassieke watervalmodel bijten elkaar niet. Zorg dat je ze door elkaar kunt gebruiken want je komt ze ook door elkaar tegen.
- Projectsucces begint bij je zelf. Stop met anderen de schuld geven en doe iets met wat je vooraf eigenlijk al wist. Neem het initiatief om minder afhankelijk te worden van dingen die toch anders lopen; kies er voor het projectverloop te beïnvloeden.

2 Je Agile inspirator, de TomTom

> - Waarom is de TomTom zo effectief als projectmanager?
> - Hoe doelgericht werken iedere dag weer op de proef wordt gesteld.
> - Waarom je vroeg moet starten met stakeholdermanagement.
> - Als *scenario creator* altijd één actuele route tonen zorgt voor rust, duidelijkheid, feedback, beslissingen en actie.

Wat of wie is jouw grootste inspirator? Dat is uiteraard zeer persoonlijk. Maar als je projectmanager bent, kan ik er een aanbevelen die je waarschijnlijk dagelijks ontmoet: de TomTom of een ander modern navigatiesysteem. Verrassend misschien, maar na dit hoofdstuk is de kans groot dat je geïnspireerd bent door verbluffend effectief gedrag, of je misschien wel een beetje geneert over gemiste kansen in het verleden.[2]

2.1 Wat je kunt leren van je TomTom

Stel je voor, je gaat met de auto op weg naar een onlangs verhuisde vriend in een andere stad. Je moet er om 10 uur zijn, want je gaat met nog een paar mensen helpen met klussen. Je kent de route naar die stad, maar weet ter plekke de weg niet. Je vertrouwt dus op de begeleiding van je navigator en vertrekt iets na negenen. In dit rollenspel ben je zelf de opdrachtgever. Je navigatiesysteem, voor het gemak hierna TomTom genoemd, is de projectmanager.

De TomTom speelt het spel meteen goed. Zo lang je geen bestemming hebt ingevoerd, wekt hij geen verkeerde verwachtingen door maar alvast wat routes voor te stellen. Ook geeft de TomTom geen ongefundeerde indicatie van de haalbaarheid van het aankomsttijdstip als 'ik denk wel dat het lukt'. De TomTom wordt zelfs niet onrustig als je alvast gaat rijden omdat je het eerste stuk van de route goed genoeg kent. Hij blijft professioneel en toont blakend van zelfvertrouwen wat wél mogelijk is: de (veranderende) locatie waar je je bevindt op een overzichtelijke kaart.

Na een kwartier rijden word je als opdrachtgever zelf wél onrustig. Waar moet je de stad inrijden? Zal je er om 10 uur zijn? Genoeg reden om de TomTom aan het werk te zetten. Na het invoeren van het adres gebeurt er iets moois, maar het valt je niet op want je bent het gewend: je ontvangt meteen een bericht dat het plan (de route) bekend is én het verwachte aankomsttijdstip én advies over de eerst volgende actie. Het complete plaatje dus, zonder dat je om ontbrekende informatie hoeft te vragen. En goed nieuws: de aankomsttijd is 9:48 uur. Je zult op tijd zijn.

---

[2] Dit hoofdstuk sluit aan bij de volgende competenties uit IPMA's ICB4: Strategy, Power and interest, Self-reflection and self-management, Personal communication, Relations and engagement, Leadership, Conflict and crisis, Negotiation, Results orientation, Requirements and objectives, Stakeholders.

Het vervolg verloopt voorspoedig en je denkt na over de uitdagingen die je vandaag als klusser zult hebben. Met de route ben je niet bezig. Onderweg geniet je van een fijn staaltje ongevraagd risicomanagement: bericht dat er een flitspaal staat en dat je een beetje te snel rijdt. De TomTom communiceert lekker klantgericht. En dat de TomTom geen zwakke momenten kent, blijkt al snel. Nog voordat je zelf de file ziet, krijg je bericht dat er op de route vertragingen zijn. 'Fijn, hij kijkt vooruit en blijft de resterende route actief monitoren', denk je even. Het vertrouwen is hoog. De vertraging blijkt tien minuten, maar de TomTom stelt een snellere route voor via een eerdere afslag zodat de aankomsttijd 9:51 uur wordt. Je denkt onbewust: tijd gewonnen. Geen haar op je hoofd die de TomTom deze vertraging aanrekent.

In de stad gaat het dan toch even mis. Je moet rechtsaf terwijl je die straat niet in mag. Foutje in de kaart van de TomTom? Je neemt even zelf initiatief, rijdt rechtdoor en de TomTom berekent de resterende route opnieuw. Aankomsttijd 9:53 uur, niks aan de hand. Met nog 10 minuten te gaan zegt de TomTom 'rechtsaf'. Maar je denkt de stad wel een beetje te kennen en wil nog even de weg volgen. Verderop lag toch een bakker om wat lekkere kluskoeken te scoren? Je wijkt af van de route en rijdt rechtdoor.

De TomTom ziet herplannen als een zinvolle routineklus

Wat doet de TomTom? Raakt deze geïrriteerd? Uiteraard niet, de TomTom berekent de route opnieuw en toont 9:54 uur als aankomsttijd. Dat valt me mee, denk je zelf. Bij de volgende kruising klinkt weer 'rechtsaf'. Je negeert het advies nog drie keer. De TomTom blijft professioneel en berekent opnieuw de resterende route. 9:56 uur staat op het scherm. En daar zie je de bakker. Het kan nog net.

Om 10:03 uur bel je aan bij het nieuwe huis van de vriend. Zonder je te verontschuldigen dat je iets te laat bent, te klagen over files of dat foutje in de kaart van je navigator zeg je stralend: 'Kijk eens, ik heb nog even lekkere kluskoeken gescoord!'

Eigenlijk moeten projectmanagers zich bij alle stappen die ze zetten afvragen: 'Wat zou de TomTom in deze situatie doen?' Dat kan namelijk interessante wake-upmomenten opleveren:
1. Het draait alleen om de weg naar het doel, de rest is geschiedenis
2. Herplannen is *part of life*
3. De opdrachtgever leeft in de wereld van de eindbestemming

De weg naar het doel
Het projectdoel van de opdrachtgever als uitgangspunt nemen is dus het eerste aandachtspunt. Uiteindelijk gaat het bij succesvol projectmanagement namelijk maar om één ding; het realiseren van de doelstellingen. Dat wil niet zeggen dat de keuze van de route er niet toe doet. Het proces naar het resultaat toe draagt in belangrijke mate bij aan het projectsucces (denk aan stakeholder-tevredenheid of teamleden motiveren). Maar bij deze keuzes mag het projectdoel nooit uit het oog verloren worden. De route, het plan om er te komen, is ondergeschikt aan het doel. En van die route is alleen de route tót het doel interessant; de afgelegde route is geschiedenis.

De TomTom-metafoor helpt ons om doelgericht te blijven terwijl we overladen worden door operationele issues. Want de waan van de dag legt de aandacht ongewild op de issues van het moment. Natuurlijk mogen we deze issues niet negeren, maar elke actie zou vergezeld moeten worden van de afweging 'wat betekent deze actie voor de resterende route tot het doel?' De weg naar het doel leidend maken is een combinatie van gedrag en van de vaardigheid om de resterende weg tot het doel snel in kaart te kunnen brengen. De TomTom is hier maximaal voor uitgerust. Het meten van de GPS-positie geeft de status van nu, een gedetailleerde kaart en de nodige optimalisatie-algoritmes helpen de beste route tot het bestemmingspunt te bepalen.

 Hoe goed ben jij in het bepalen van de route naar het doel?

Herplannen is part of life
Hoe reageer jij als het keer op keer anders loopt dan gepland? Blijf je dan doelgericht of ga je je ergeren? Als ik het TomTom-verhaal vertel, krijg ik wel eens de reactie 'De TomTom heeft het gemakkelijk, die heeft geen emotie, het is een computer.' Helemaal waar, dat gebrek aan emotie is in dit geval een voordeel. Gelukkig zullen we later in dit boek zien dat het hebben van emotie óók voordelen heeft. Dus waarom zouden we niet leren van datgene waar de TomTom zo goed in is: *niet nutteloos protesteren maar meteen herplannen.*

Want als je ervan uitgaat dat de route naar het doel dynamisch is, als je dus Agile denkt, dan reageer je niet geërgerd; 'Vervelend, ik moet mijn plan aanpassen.' Dan ga je uit van veranderingen en ben je voortdurend voorwaarts denkend bezig om de beste route naar het doel te kiezen. Je bent dus doelgericht én flexibel. Dit gedrag heeft niet alleen als voordeel dat je bij wijzigingen flexibel bent. Door de basishouding om continu zicht te houden op de route tot het doel voorzie je ook risico's en kansen. En dus creëer je de mogelijkheid om te anticiperen op wat komen gaat.

 Pas jij je planning aan als het niet meer anders kan, of continu omdat je nieuwsgierig bent naar de beste route tot het doel?

De opdrachtgever leeft in de wereld van de eindbestemming
Het derde leerpunt, is het onderwerp waarbij het kwartje voor mij persoonlijk het laatst viel. En dat terwijl de impact misschien wel groter is dan bij de andere twee punten. Waar was de bestuurder in het openingsverhaal van de TomTom in gedachten mee bezig? Met de route of met datgene wat hij zou gaan doen na aankomst? Het was het tweede en dat is in de praktijk vaak het geval. De reis is slechts een 'noodzakelijk kwaad', nodig om te gaan doen wat je van plan bent. We zijn niet geïnteresseerd in de exacte route of de rekenwijze van de

De boodschap komt alleen aan als je laat zien wat het betekent voor het einddoel

TomTom. Of het nu moeilijk of makkelijk is voor de TomTom, we willen gewoon op onze bestemming aankomen.

- Het draait slechts om het doel
- Alleen de route naar het doel is belangrijk
- De afgelegde route is geschiedenis

Figuur 2.1 De TomTom als inspirator: altijd op zoek naar de beste route tot het doel

Zo werkt het ook in projecten. *Veel opdrachtgevers zullen je plan niet kunnen begrijpen, of bewust niet willen begrijpen.* Hun aandacht ligt bij wat ze gaan doen met de resultaten die jij als projectmanager op het einde van het project gaat opleveren. Daarom zullen ze vaak niet begrijpen dat het budget ontoereikend is als jij halverwege zegt dat er meer geld is opgemaakt dan verwacht. En ze zullen niet incalculeren dat het project langer zal duren als jij zegt dat een essentieel teamlid een maand in de lappenmand ligt door een hernia. De boodschap zal alleen aankomen als je bij élke vorm van communicatie de vertaling maakt naar wat het betekent voor het (eind)resultaat van het project voor de betreffende belanghebbende.

En op dit punt is de TomTom geniaal, hoe kinderlijk eenvoudig de aanpak ook lijkt. Middels een uitgekookt user interface zorgt hij dat wij hem wel moeten begrijpen. Hoe? Door steeds de *actuele* verwachte *aankomsttijd* in beeld te brengen. Of we er nu op zitten te wachten of niet:

Eerste commitment TomTom: aankomsttijd 9:48 uur
TomTom voorziet file: aankomsttijd 9:58 uur
TomTom stelt alternatieve route voor: aankomsttijd 9:51 uur
TomTom moet foute route herstellen: aankomsttijd 9:53 uur
Bestuurder negeert rechtsaf: aankomsttijd 9:54 uur
Bestuurder negeert advies nog 3x: aankomsttijd 9:56 uur
Bestuurder stopt bij de bakker: aankomsttijd 10:03 uur

Valt het je op? De projectmanager TomTom creëerde op zes wijzigingsmomenten rust en stabiliteit door steeds meteen de beste route tot het eindpunt paraat te hebben en deze als aankomsttijd te communiceren in de taal van de opdrachtgever. Hoezo een dynamisch project? Er is steeds duidelijkheid over plan en verwacht resultaat, waarschijnlijk ervaart de omgeving rust en duidelijkheid. De opdrachtgever weet altijd waar hij aan toe is. Maar nóg belangrijker, door de hoge *refresh rate* is *oorzaak-gevolg* automatisch duidelijk. Je hoeft daardoor als projectleider veel minder uit te leggen en je minder te verdedigen.

Bovendien … *de opdrachtgever vecht niet meer met jou, maar met de feiten.* Het zorgt er in het voorbeeld zelfs voor dat de opdrachtgever de verantwoordelijkheid neemt voor het te laat arriveren op de plaats van bestemming. En dat is eigenlijk helemaal niet vreemd, want hij wist vóór het negeren van het route-advies al dat het krap aan zou worden en kreeg bij elke zelf gekozen andere route meteen feedback over de gevolgen van de wijziging. Maar hij had een goede reden, de kluskoeken zouden die paar minuutjes meer dan goedmaken. Verstandig van de TomTom om – niets wetende van die koeken – niet te protesteren en servicegericht steeds een aangepaste route tot het eindpunt te blijven voorstellen!

Met het juiste gedrag wordt een dynamische omgeving rustig

Want hoe had het ook kunnen lopen als de TomTom géén up-to-date eindtijden zou communiceren op al die wijzigingsmomenten? Dan is de kans groot, dat de bestuurder alle wijzigingsmomenten onbewust gemist zou hebben en op het einde van de route verrast zou zijn door de late aankomsttijd. Een boze bestuurder dus. *'Hoezo na 10 uur? We hadden bij de start toch 12 minuten speling?'* Je voelt hem al aan; de projectmanager TomTom zou de schuld krijgen van het hele kwartier aan vertragingen. Ook van de wijzigingen die door de bestuurder zelf waren veroorzaakt. En geef de bestuurder eens ongelijk, dat kon toch nooit een kwartier zijn? Het goede ingrijpen bij de toekomstige file zou al helemaal niet begrepen zijn door de bestuurder.

Bovendien zou de projectmanager TomTom de kans hebben laten lopen om de opdrachtgever te beïnvloeden en in het belang van het project onder druk te zetten. Integendeel zelfs, bij aanvang was de indruk gewekt dat er tijd genoeg was. Tussendoor is het verwachtingspatroon niet aangepast: dat er wel nog wat ruimte was, maar niet om én om te rijden én om te stoppen bij de bakker. *De projectmanager zou dus hebben gefaald om er een gezamenlijke uitdaging van te maken.*

 Neem jij zelf consequent het initiatief om de projectstatus te communiceren, vertaald in de consequenties voor de opdrachtgever, ook als de opdrachtgever er niet om vraagt?

2.2   De TomTom en Agile leiderschap

Onze navigator zet enkele essentiële basismechanismen van projectmanagement treffend neer. Wel zal duidelijk zijn dat je in een echt project meer vrijheidsgraden hebt in de manier waarop je communiceert met de opdrachtgever en wat je op welke manier rapporteert. We

zijn inderdaad geen computer en dat geeft ons aanvullende mogelijkheden om te handelen. Daarover later meer. Voor nu samengevat leert de TomTom ons over Agile leiderschap:
- Het draait slechts om het doel
- Alleen de route naar het doel is belangrijk, de afgelegde route is geschiedenis
- Herplannen is een vast gegeven, zoek steeds actief de beste route naar het doel
- Zorg elk moment dat de opdrachtgever de actuele status kent met de consequenties voor het einddoel

Zo bij elkaar geplaatst veel gezond verstand en niet echt verrassend. Maar doe je het zelf ook? Heb je tijdens je project altijd zicht op de beste route tot het eindpunt? Informeer je je stakeholders zodanig dat ze de situatie echt begrijpen en gaan handelen in het belang van het project?

De uitdaging zit, zoals zo vaak, in de uitvoering en in de discipline het vol te houden. Het integreren van TomTom-logica in ons eigen gedrag dus. In dit boek kiezen we er steeds voor om projectmanagement-mechanismen terug te brengen tot hun essentie, waardoor integratie in de persoonlijke stijl en het dagelijkse werkproces eenvoudiger wordt.

Acteren in plaats van reageren
In het voorgaande ging het vooral over het realisatieproces. Loopt de uitvoering anders dan gepland, dan hebben we de neiging ons daar tegen te verzetten. Natuurlijk is er niets mis met strijden voor je zaak, zeker als het huidige plan het meest optimale plan is. Maar als we het doel uit het oog verliezen en strijden omdat we onze zin willen hebben, dan loopt het uit de hand. Zeker als we daardoor koppig verzuimen een update van het plan te maken en stuurloos worden. Dat zou de TomTom niet doen… Daarom kunnen we de TomTom-metafoor ook treffend loslaten op leiderschap en gedrag in bredere zin. Dan noemen we het: 'niet meer reageren maar acteren'.

We reageren op veel prikkels zonder bewust te kiezen wat de meest productieve actie is

We herkennen het allemaal wel. Onbewust reageren op prikkels en situaties. Reageren dus zonder na te denken wat de meest constructieve manier is om te reageren. Denk hierbij aan boos worden, je laten afleiden door onbelangrijke zaken of een goed voorstel niet willen overwegen omdat de indiener je ooit gekrenkt heeft. Voorbeelden waarbij we het doel uit het oog verliezen. De TomTom triggert ons om de situatie eerst tot ons door te laten dringen en dan de actie bewust te kiezen, in plaats van in een reflex meteen te reageren. Want dit laatste voelt aanvankelijk wel prettig, maar is op de langere termijn vaak niet productief. Denk bijvoorbeeld aan het verschil tussen functioneel boos en emotioneel boos zijn.

Dus, time-out, tot 10 tellen … en je dan afvragen: welke actie brengt me dichter naar mijn doel? Bij plannen maken, rapporteren, gesprekken voeren, communiceren en vele andere situaties. Zo voorkom je dat je handelt vanuit patronen, angst of ongewenst gedrag.

Je Agile inspirator, de TomTom

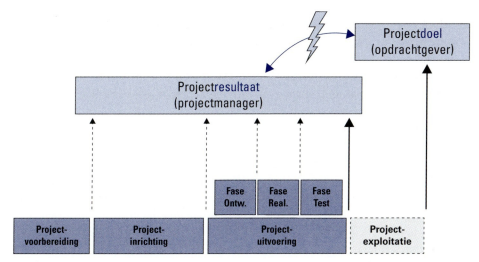

Figuur 2.2   Projectdoel en projectresultaat

Projectdoel en projectresultaat

Nu het woord projectdoel zo veel gebruikt wordt, is het verstandig om het verschil te bespreken tussen de begrippen projectdoel en projectresultaat. Een wezenlijk thema, dat kan helpen bij het scheiden van de rolverdeling tussen de projectmanager en de opdrachtgever.

Het *projectdoel* is datgene wat de opdrachtgever met het projectresultaat wil bereiken. Hiervan worden het gewenste projectresultaat en de projecteisen afgeleid. De verantwoordelijkheid voor het realiseren van het projectdoel ligt primair bij de *opdrachtgever*.

Het *projectresultaat* is het op te leveren product of de op te leveren dienst van het project. De verantwoordelijkheid voor het realiseren van het projectresultaat ligt primair bij de *projectmanager* (de opdrachtnemer). In het TomTom-voorbeeld was het projectdoel 'het klussen', het projectresultaat was 'om 10:00 uur arriveren'. Andere voorbeelden zijn:
- Productontwikkeling. Doel = winst, resultaat = product
- Websitebouw. Doel = meer gebruikers, resultaat = website
- Een reis boeken. Doel = fijne vakantie, resultaat = gekozen bestemming

Het projectresultaat wordt door de projectmanager opgeleverd aan het einde van het project. De opdrachtgever zal met dit resultaat in de exploitatiefase het doel willen realiseren, vaak nadat het project al is afgesloten. Het is belangrijk om je als projectmanager te realiseren dat de opdrachtgever een ander doel voor ogen heeft dan het projectresultaat dat wordt gevraagd. Soms is dit onderscheid meteen duidelijk, maar meestal vraagt het om de nodige afstemming in de projectvoorbereidingsfase. Bij afsluiting van deze fase worden projectdoel en projectresultaat beiden vastgelegd in de projectopdracht (zie figuur 1.6).

Begrip van het achterliggende doel helpt je om het gewenste projectresultaat beter te begrijpen. Als projectdoel en projectresultaat niet goed op elkaar aansluiten, mag je meer wijzigingen verwachten tijdens het project. Of je ontvangt achteraf negatieve reacties omdat het doel niet behaald werd met het door jou opgeleverde projectresultaat. Een ervaren projectmanager toetst tijdens het project dus niet alleen of het projectresultaat gerealiseerd gaat worden (de officiële opdracht), hij gaat ook na of de tussenresultaten de opdrachtgever voldoende kans bieden het doel te realiseren. Actualiseer daarom tijdens het project regelmatig de businesscase om actief met de opdrachtgever te toetsen dat deze nog steeds valide is.

Kijk vooruit
Ik ga niet beweren dat praten over werkzaamheden van de afgelopen periode zinloos is. Maar is het niet bijzonder dat menig voortgangsoverleg voornamelijk gevuld wordt met het opsommen van wat men afgelopen week deed, in plaats van wat er nog moet gebeuren om het project af te ronden? Achteruit kijken is prima om resultaten te toetsen, teamleden te coachen, projecten te evalueren en er van te leren, maar zorg dat de aandacht vooral ligt op de resterende weg. Daar horen ook passende KPI's bij, zoals *time-to-go, costs-to-go, issues-to-solve*. Kortom, wat moet er gebeuren totdat het project af is?

Immigranten hebben met slechts twee koffers automatisch focus op de toekomst

Afgeleid worden door ballast uit het verleden maakt ons minder productief en minder doelgericht. Strategisch coach Dan Sullivan zegt over de hoge mate van ondernemerschap van immigranten in de VS: 'Immigrants only get to bring two suitcases. Their focus is on the future, the rest is left behind.' Laat de TomTom je dus triggeren om energie te stoppen in de weg vóór je, zowel bij het besturen van je project als bij het vormgeven van je persoonlijke levensloop.

2.3 De TomTom en stakeholdermanagement

Als je zelf druk bezig bent met je project, besef je het vaak niet. Maar een project veroorzaakt – als het goed is – verandering. Om draagvlak te houden in zo'n verandertraject zijn stakeholdermanagement en communicatie essentieel.

Goed stakeholdermanagement staat in de top van succesfactoren bij projectmanagement. De *stakeholders,* of belanghebbenden, zijn de personen die belang hebben bij de prestaties en het succes van het project (of het uitblijven daarvan...), of die – in meer of mindere mate – invloed hebben op de projectuitvoering. Deze belanghebbenden kunnen zowel binnen de eigen organisatie zitten (zoals de opdrachtgever, overige leden van de stuurgroep en uitvoerders), als daarbuiten (klanten, eindgebruikers, leveranciers, toezichthouders etcetera). Er zijn dus meer stakeholders dan alleen de opdrachtgever.

Samen met de andere externe factoren die invloed hebben op het project, vormen de stakeholders de *omgeving* van het project. De stakeholders betrokken houden is een essentiële taak van de projectmanager. Zij bepalen immers de acceptatie van het projectresultaat en dus het succes van de projectmanager. Stakeholdermanagement doe je op drie fronten tegelijk: de stakeholders analyseren, de manier van benadering bepalen en de stakeholders betrokken houden, zie figuur 2.3.

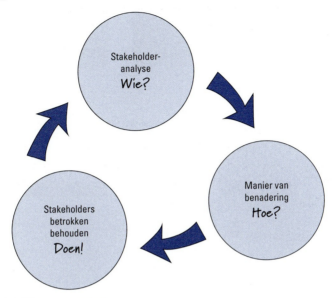

Figuur 2.3   Het stakeholdermanagementproces

Stakeholderanalyse
Stakeholdermanagement is een uitdaging die veel aandacht vraagt tijdens het hele project. Het is dus geen eenmalige, maar een regelmatig terugkerende activiteit die wordt vastgelegd in het projectmanagementplan (of apart in een communicatieplan).

Voordat je dit plan kunt maken, inventariseer je welke personen invloed hebben op het project en wat hun belang is. Er valt weinig toe te voegen aan datgene wat al over de stakeholderanalyse is geschreven in managementboeken. Wel aan de manier waarop het vaak wordt toegepast. En dan doel ik op de reactieve manier, waarbij stakeholdermanagement wordt ingezet als 'een plakset voor een lekke band'. Het wordt pas gebruikt als er problemen zijn... En dat is jammer. Want net als verwachtingsmanagement zou stakeholdermanagement meteen bij aanvang van het project moeten beginnen. Dat is namelijk het moment waarop er nog ruimte en flexibiliteit bestaat bij de stakeholders en er dus de meeste mogelijkheden liggen om het projectverloop te beïnvloeden. Daarom besteed ik veel aandacht aan *hoe* je proactief stakeholdermanagement integreert in je eigen gedrag. En hoe je het positief laat werken voor beide partijen, want dan wordt managen *van* stakeholders, managen *vóór* stakeholders.

?   *Start jij meteen met stakeholdermanagement of pas als het moet?*

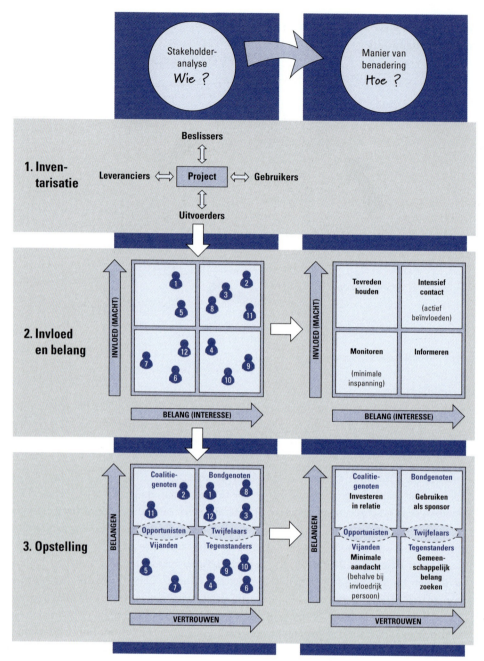

Figuur 2.4   Stappen van de stakeholderanalyse

In figuur 2.4 staan de stappen van de stakeholderanalyse weergeven. Ze geven je antwoord op de vraag: *wie zijn je stakeholders en hoe staan ze tegenover je project?* De stappen zijn:
1. Stakeholders inventariseren
2. Invloed en belang van elke stakeholder analyseren
3. Opstelling per stakeholder analyseren

De eerste stap, de inventarisatie, lijkt eenvoudig. Het is een simpele vraag: wie kunnen het succes van je project positief of negatief beïnvloeden? Toch valt het niet mee. Ook ik concludeer regelmatig dat ik deze vraag te weinig stel, waardoor ik achteraf in het project verrast wordt door invloeden waar ik geen rekening mee gehouden heb. Daar komt bij, dat door de reactieve aanpak, vaak alleen de belanghebbenden waar een probleem mee is op het lijstje komen. Stakeholdermanagement beperkt zich dan tot het 'plakken van de (relationele) band', waarbij alle aandacht naar de probleemgevallen gaat. Problemen voorkomen en juist aandacht geven aan de positieve relaties kan het project vaak veel meer brengen.

Gebruik daarom als checklist bij de inventarisatie figuur 2.5 met de groepen beslissers, gebruikers, leveranciers en uitvoerders. En zorg dat niet alleen de 'duiveltjes' op je radar komen. Dan telt de lijst al snel meer dan twintig personen. Bovendien voorkom je met deze checklist dat je de eindgebruiker uit het oog verliest, omdat je bijvoorbeeld de stuurgroepleden alle aandacht geeft (zij bepalen uiteindelijk of je je werk goed uitvoert). Zo voorkom je dat je te veel op controle stuurt en te weinig op resultaat. Iets wat de TomTom nooit zou doen...

Voorkom dat je alleen de 'duiveltjes' op de radar zet en reactief de 'lekke band plakt'

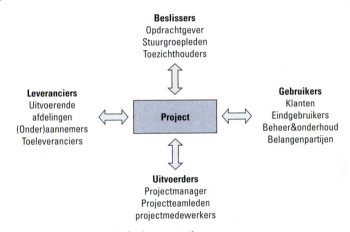

Figuur 2.5 Checklist stakeholderinventarisatie (Hedeman, 2008)

Na het inventariseren van de stakeholders kun je hun positie ten opzichte van je project bepalen. Meestal wordt hiervoor de *power/interest-grid* (Mendelow, 1991) gebruikt:
- **Invloed (macht)**: welke invloed heeft de stakeholder op de besluitvorming?
- **Belang (interesse)**: hoeveel belang heeft de stakeholder bij de resultaten van het project?

Elke stakeholder plaats je in het betreffende kwadrant van figuur 2.6. Door invloed en belang in kaart te brengen kun je gericht bepalen op welke manier de stakeholders bij het project betrokken moeten worden: *intensief contact, tevreden houden, informeren en monitoren*.

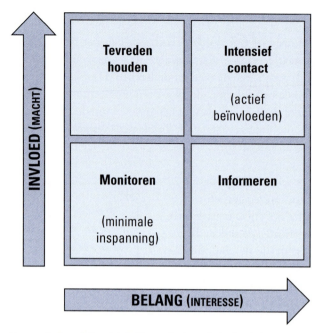

Figuur 2.6 Benadering stakeholders op basis van invloed en belang

Tot slot kun je de positie van elke stakeholder ten opzichte van de projectdoelstellingen en jezelf als projectmanager beoordelen (Hedeman, 2008):
- **Overeenstemming belangen**: in hoeverre onderschrijft de stakeholder de doelen van het project?
- **Vertrouwen**: Hoe groot is het vertrouwen van de stakeholder in de projectmanager (en het projectteam)?

Ook dit levert een matrix op die helpt bij het bepalen van de juiste aanpak (figuur 2.7):
1. *Bondgenoten* zitten op één lijn met jou. Werk veel met ze samen en hou de relatie goed. Zet ze in als *projectsponsor* of om een vijand te benaderen.
2. *Coalitiegenoten* hebben dezelfde belangen als het project, maar hebben nog weinig vertrouwen in de relatie met jou. Daardoor is hun gedrag onvoorspelbaar. Wijziging van belangen kan een einde maken aan de gelegenheidscoalitie. Investeer in de relatie door goed te communiceren over elkaars verwachtingen en concrete afspraken te maken. Vertrouwen opbouwen kost tijd, dus zorg dat je positieve resultaten zichtbaar maakt en uitdraagt.
3. *Tegenstanders* hebben een andere kijk op het project, maar er is wel vertrouwen en daardoor zijn ze in hun gedrag voorspelbaar. Met tegenstanders onderhandel je over gemeenschappelijke en afwijkende belangen. Deze gesprekken kunnen zelfs leiden tot nieuwe inzichten voor je zelf. Tegenstanders kunnen hierdoor zelfs bondgenoten worden. Dit gaat sneller dan de overgang vanuit coalitiegenoot omdat er al vertrouwen is.
4. In principe is alle aandacht voor *vijanden* verloren energie. Beperk het contact tot zakelijke discussies en wees duidelijk over je eigen opvattingen. Niet reageren maar acteren is hier zeker van toepassing. Alleen als een vijand op basis van invloed en belang hoog is ingeschaald, kan het zinvol zijn om – door intensief contact – een vertrouwensband op

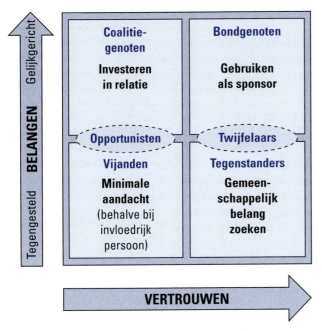

Figuur 2.7 Benadering stakeholders op basis van hun positie

te bouwen. Hierbij kan soms een bondgenoot helpen met de toenadering, als deze een betere relatie heeft met de vijand.

Tussen de kwadranten bevinden zich ook nog de twijfelaars en de opportunisten. Zij hebben op basis van hun belangen nog geen standpunt ingenomen. Met de *twijfelaars* is, door de goede verstandhouding, goed te praten. Betrek ze bij je project en geef ze voldoende informatie. De *opportunisten* kijken bewust nog even de kat uit de boom. Hun gedrag is dus zeer onvoorspelbaar. Kies in verband met het ontbreken van een goede relatie voor een zakelijke benadering en zoek daarbij naar gemeenschappelijke belangen.

Bedenk dat een stakeholder meer petten op kan hebben. Een logistiek manager kan bijvoorbeeld opdrachtgever zijn (doel snellere levertijden), leverancier van projectmedewerkers (voor de projectuitvoering) en gebruiker van het projectresultaat (aangepast logistiek systeem). Een goed uitgevoerde stakeholderanalyse maakt dit inzichtelijk. De stakeholderanalyse is verder geen vast gegeven, maar kan veranderen tijdens het project. Je Agile TomTom-stemmetje zal inmiddels zeggen: 'En als het niet verandert door de buitenwereld, dan verbeter ik het plaatje zelf wel met de juiste interventies bij de juiste personen!'

Word vanzelf een beïnvloeder door vroeg informatie te gebruiken die er eigenlijk al was

Door op tijd de stakeholderanalyse uit te voeren, breng je jezelf van een reactieve in een beïnvloedende positie. En dat met informatie die er gewoon al was! Je kunt invloed gaan uitoefenen op wie welke positie in de projectorganisatie krijgt en je start gesprekken in de projectinrichtingsfase vaak met een 1-0 voorsprong. Geniet hierbij van het 'deed ik dat vroeger ook-gevoel' als je discussiepartners ziet stuntelen zonder duidelijke tactiek door een gebrekkige voorbereiding. Dan besef je dat je stappen aan het zetten bent om veel slimmer gedrag toe te passen. Iets wat we in hoofdstuk 4 *Factor 10-gedrag* zullen gaan noemen.

Altijd informeren
Vind jij rapporteren leuk? Je valt niet uit de toon als je hier een negatief antwoord op geeft. Velen zien rapporteren van de projectstatus als een vervelend administratief dingetje. En ergens is dat wel te begrijpen, want rapporteren kan veel van je kostbare tijd vragen, zeker als het om meerdere belanghebbenden met verschillende voorkeuren gaat. Ook kunnen gedachten als: 'Het gaat toch goed, dus wat zou ik moeten rapporteren?', of 'Vertrouwen ze me dan niet?' de zin in rapporteren aardig verminderen.

De TomTom heeft ons echter laten zien dat passief gedrag contraproductief kan werken. Geen duidelijkheid tonen ten aanzien van de consequenties voor de eindtijd gaf onrust bij de bestuurder. De gedachte 'rapporteren is in het belang van de opdrachtgever' zit ons in de weg. Door het te zien als 'rapporteren is in het belang van jezelf' open je een scala aan natuurlijke beïnvloedingsmogelijkheden. *Elk rapportagemoment is een kans om je successen te delen en de stakeholders te bespelen.*

Het informeren van je stakeholders is geen verplichting maar een kans

Zorg er wel voor dat de manier van informeren past bij de situatie. Ik krijg wel eens de reactie 'Mijn opdrachtgever wil ontzorgd worden en zit niet te wachten op al die info.' Begrijpelijk, maar dat mag geen reden zijn om jezelf te kort te doen! Verzin maar een list. Bedenk hierbij dat informeren geen grote ceremonie hoeft te zijn. Hou het klein, duidelijk en doelgericht. Het kan ook bij de koffieautomaat. Verder straal je professionaliteit uit als je je voorstel voor onderlinge communicatie uit de stakeholderanalyse afstemt met de belanghebbenden. Zo voorkom je verkeerde verwachtingen.

Wanneer je informeren als *jouw* belang gaat zien, kun je het ook op je eigen manier gaan doen. Je kunt bijvoorbeeld een mail van een eindgebruiker die tevreden is over een nieuwe toepassing doorsturen naar de opdrachtgever met alleen de tekst 'ze weten het te waarderen'. Liefst nog door in het onderwerp in plaats van 'FW: feedback nieuwe toepassing' te zetten: 'SUCCES: feedback nieuwe toepassing' (figuur 2.8). Je opdrachtgever hoeft dan niet eens de mail te lezen om de boodschap mee te krijgen. Na op en neer gepingpong van mailverkeer over een probleem heb ik zelf de gewoonte om in de afsluitende mail 'OPGELOST: …' te zetten in het onderwerp.

Zorg er dus voor dat de stakeholders beschikken over de informatie waarvan jij vindt dat ze moeten beschikken. Informatie waardoor hun vertrouwen in je groeit en waardoor ze handelen vanuit de doelen van het project. Informeer ze, zodat ze gaan denken vanuit *wij* in plaats vanuit *ik* en *jij*. Stuur bijvoorbeeld een berichtje vanaf een leverancier waar je een risicoanalyse doet, zodat je baas weet dat je goed bezig bent. Laat even vallen tijdens de lunch met een stakeholder dat zijn collega morrelt aan de specificaties, wat niet in het belang is van de voortgang, maar dat jij er bovenop zit. Die stakeholder gaat je vanzelf ongevraagd helpen. Informeer je opdrachtgever dat als hij vandaag nog reageert je morgen alles kunt leveren, terwijl je daarna drie dagen voor een ander project weg bent. Deze informatie creëert op een natuurlijke manier druk en je maakt meteen duidelijk dat je werk genoeg hebt. Vertel bij een aanpassing die nog net in het budget past, dat alle ruimte nu op is en de opdrachtgever er goed aan doet volgende keer ook wat punten te hebben die mogen vervallen. Je laat hiermee zien dat je exact weet wat de budgetruimte is, straalt uit dat jij ook niet van budgetoverschrijdingen houdt en geeft de tijd om erover na te denken.

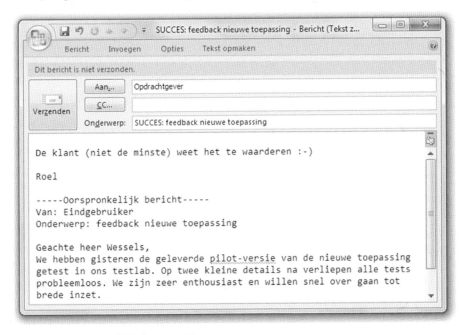

Figuur 2.8 Succes vieren met kleine bewuste acties

Je zult zien dat bewust informeren en rapporteren je gaat helpen om het projectverloop naar je hand te zetten. En mocht je denken dat het averechts werkt in een organisatie die vanuit micromanagement al continu vraagt om rapportages? Juist dan kan jouw ritme van informatiemomenten de controledrang afremmen en je opdrachtgevers in een staat van vertrouwen brengen. In hoofdstuk 8 over *heartbeat* kom ik terug op dit ritme.

Communiceer vóórdat er problemen zijn
Veel leer je door eerst je hoofd te stoten. Bij mij was een punt van aandacht dat ik soms te veel vertrouwde op de kracht van het project en daarmee verzuimde sommige stakeholders aangesloten te houden. Al dat afstemmen kostte in mijn ogen vooral veel tijd en met een goed verhaal kon ik de belanghebbenden toch ook 'op het laatste moment' bijpraten? Dat werkt inderdaad vaak goed, totdat je zulke complexe projecten onder je hoede krijgt dat het niet altijd meer lekker lopende project kunnen zijn. Of dat er zoveel stakeholders met

tegenstrijdige belangen en onrealistische wensen zijn dat dat goede verhaal even niet meer mogelijk is. In die situaties bleek het onhandig dat ik als projectmanager 'iets' te laat de boel ging rechtstrijken bij de niet-geïnformeerde belanghebbenden. Vooral omdat de belanghebbenden die ik genegeerd had meestal de ongeïnteresseerden waren of degenen waar ik geen klik mee had. Juist de personen waarbij de belangen-vertrouwen-matrix in de stakeholderanalyse schreeuwt om actie dus. Ai!

Gesprek met de CFO

Met een vriend nam ik voorafgaand aan een nieuw project de lijst van gegadigden voor strategische kennismaking door. Gelukkig was hij kritisch en merkte op dat de CFO op mijn stakeholderlijstje stond, maar zonder actie erbij. 'Wanneer ga je die doen?', vroeg hij. Ik gaf aan dat de CFO van een organisatie met 1200 werknemers niet zat te wachten op zo maar een gesprek met een programmamanager die niet eens het belangrijkste programma onder zijn vleugels had. 'Dus je zondigt nu al en kiest de makkelijke weg?', zei hij vervolgens. En ik besefte dat hij gelijk had. Over stakeholdermanagement kun je van alles leren, maar je moet het DOEN.

Om je een bevestiging te geven dat het zin heeft om de relatie met stakeholders op te bouwen vóórdat er problemen zijn, zal ik vertellen hoe het gesprek uiteindelijk verliep. Want ik ben de tweede werkdag met de CFO gaan praten en wat heb ik er later veel aan gehad!

Allereerst, hoe maak je zo'n afspraak? We concludeerden al dat een informeermoment geen grote ceremonie hoeft te zijn. En als je officieel een afspraak laat maken door de secretaresse van de CFO wordt het dat wel én je bent pas over drie weken aan de beurt. Bovendien zat ik niet te wachten op een gesprek van een uur, vooral omdat het niet prettig voelde een directielid zo lang van zijn werk te houden. Dus maakte ik geen afspraak en klopte gewoon op de deur. Ik had mij voorgenomen alleen even de hand te schudden en me voor te stellen. Dat kon veel beter tussendoor.

Nu moet je weten dat de CFO, zoals zo vaak, redelijk alleen op de bovenste verdieping een kamer had naast de CEO. Dus stapte ik, nog een beetje buiten adem van het traplopen, naar binnen met als enige voorbereiding een gepaste openingszin: 'Goedemorgen, mijn naam is Roel Wessels. Ik ben aangenomen als programmamanager en kom dus vooral uw geld opmaken. Daarom leek het mij wel zo netjes me even persoonlijk voor te stellen.' De CFO keek verbaasd op van zijn werktafel en ik meende in zijn ogen te kunnen lezen dat hij verrast was dat er zich werknemers op deze verdieping durfden te begeven. Hij zei ook meteen: 'Leuk, kom even zitten.' Dat heeft uiteindelijk meer dan een uur geduurd. Nadat hij gevraagd had wat mijn programma precies was, legde hij uit waar volgens hem de uitdagingen van de organisatie lagen. Daar hebben we een redelijke tijd over gesproken. En toen de inhoudelijke kant op was, bleken er vier schilderijen met jazzmuzikanten achter zijn werktafel op te hangen. Dat was een mooie aanleiding om het ook over niet-zakelijke dingen te gaan hebben.

Achteraf was dit een duidelijk gevalletje: niet te lang over nadenken, gewoon doen. Even de hand schudden en jezelf voorstellen zal iedereen waarderen. Voorkom dat dingen zo groot worden dat ze niet meer lijken te passen. Het meest verrassende voor mij was echter, dat ik later in gesprekken waar de CFO bij zat, dacht: Daar zit een bondgenoot waar ik me niet geforceerd voor hoef te bewijzen. Dat kwam doordat ik in dat allereerste gesprek had laten zien met welk detail ik de projectfinanciën begrootte en volgde tijdens de projectuitvoering. Dat kon alleen toen in dat persoonlijke gesprek, want tijdens een projectrapportage zit niemand te wachten op die details.

Als ik rapporteerde, wist ik dat de CFO begreep dat de getallen die ik noemde niet zo maar uit de lucht gegrepen waren en ik merkte dat hij opmerkingen maakte waardoor de rest van de directie ook vertrouwen kreeg. Verder kon ik later, toen er wat financiële uitdagingen zaten in een project, vooraf wat oplosroutes met hem bespreken. Het is bijzonder om te zien hoeveel er vóóraf samen mogelijk is dat later niet kan tijdens de gezamenlijke review. We weten natuurlijk dat de echte beslissingen vooraf ingeregeld worden, maar je moet wel eerst de positie creëren om met de juiste mensen de issues te kunnen bespreken.

Dat eerste gesprek was een geslaagde opening van de *emotionele bankrekening*, zoals Stephen Covey het noemt. Meer hierover volgt in hoofdstuk 4. Met ook nog eens een mooi startsaldo dat je later in de hitte van de strijd veel moeilijker kunt verdienen. Doe bij de start van je projecten dus een goede stakeholderanalyse (figuur 2.9) en verwerk de aanpak in je communicatieplan, maar vooral: bedenk per stakeholder een allereerste proactieve actie en vul de emotionele bankrekening als het project nog leuk is. Dan ga je vanzelf van reactief naar proactief naar beïnvloeden!

Start met communiceren als het project nog leuk is

Nr	Naam	Wensen	Analyse invloed & belang			Analyse opstelling			Stakeholdermanagement	
			Invloed (laag 1, hoog 5)	Belang (laag 1, hoog 5)	Manier van benadering	Belangen (tegengesteld 1, gelijkgericht 5)	Vertrouwen (laag 1, hoog 5)	Manier van benadering	Communicatie tijdens uitvoeringsfase	Proactieve actie eerste moment
Beslissers										
1										
2										
3										
…										
Gebruikers										
4										
5										
6										
…										
Leveranciers										
7										
8										
9										
…										
Uitvoerders										
10										
11										
12										
…										

Figuur 2.9   Tabel met stakeholderanalyse en de eerste proactieve actie

2.4 Scenario creator

In dit hoofdstuk hebben we gezien dat de TomTom op een pakkende manier aandacht geeft aan het realiseren van de weg naar het doel. En dat hij ook inspireert op het gebied van leiderschap en gedrag. Maar is dat Agile genoeg? Bij de TomTom zijn het doel en de eindbestemming namelijk bekend en stabiel, terwijl er in complexe en chaotische projecten (volgens het Cynefin raamwerk) vaak de uitdaging ligt dat je niet meteen de gedetailleerde route kunt bepalen tot het einddoel, bijvoorbeeld omdat er nog experimenten gedaan moeten worden of het doel nog niet eens bekend is. Op dat punt gaat de vergelijking met de TomTom inderdaad mank.

De TomTom is Agile omdat hij het meebewegen op veranderingen prefereert boven het volgen van het oorspronkelijke plan. De navigator *gaat uit van verandering* en toetst daarom de aannames voortdurend en gebruikt nieuw opgedane kennis om steeds de beste route naar het huidige einddoel te volgen. De TomTom houdt van *doen* en wil de weg op om tussenresultaten te realiseren, die vervolgens geverifieerd worden met de gemeten GPS-positie. Hierbij kiest de TomTom voor direct contact en zoekt steeds de samenwerking met de bestuurder door actuele consequenties in termen van het eindresultaat te communiceren. Waardecreatie en samenwerking zijn dus belangrijker dan contractueel en formeel scope-management, een belangrijk Agile basisbeginsel.

Maar hoe zit het dan met die starheid ten aanzien van het voorschrijven van het gewenste resultaat? Daarin is de TomTom inderdaad minder tolerant; geen ingevoerde eindbestemming betekent geen route. Hier zullen we de bestuurder (opdrachtgever) een beetje moeten helpen en dat gebeurt ook in de praktijk. Bijvoorbeeld als we op vakantie gaan en als resultaat niet een specifieke locatie zoeken, maar een locatie waar de zon schijnt. De aanpak is dan 'we gaan zo ver naar het zuiden tot we een plek vinden waar goed weer is.' We kiezen eerst een locatie in een bepaalde richting, bijvoorbeeld Frankrijk of Oostenrijk en bepalen pas tijdens de reis op welke tussenbestemming we stoppen of waarheen we doorreizen. De locaties zijn de (tussen)resultaten, goed weer is het doel. We doorlopen dus iteraties die vooraf niet bekend zijn, maar dat pas tijdens de reis worden. En zo werkt het ook met de iteraties in een Agile project. Je leert door te doen.

Altijd een plan

De TomTom leert ons niet alleen altijd een up-to-date plan te hebben, maar daar ook *meteen* bij de start over te beschikken. Dit klinkt wellicht als naïef idealisme. Bovendien, voor wie zou je dat doen, voor de opdrachtgever?

Straal actie uit zolang je het doel nog niet hebt bereikt

Voor *jezelf*. Want als de TomTom er een kwartier over zou doen om de route te berekenen, zou de bestuurder vertrouwen verliezen en denken 'ik verzin zelf wel iets'. Dat gebeurt ook in echte projecten. Het snel kunnen presenteren van de actuele route creëert rust en duidelijkheid, ook in een omgeving vol onzekerheden en dynamiek. En het zorgt voor feedback en het nemen van beslissingen door de stakeholders. Omgekeerd zet het ontbreken van een gedragen plan juist de deur open voor morrelen aan de doelstellingen, het ontstaan van verkeerde aannames, afwachtend gedrag bij je team of juist het opraken van projectbudget door het werken aan de verkeerde activiteiten. *Actie ondernemen zolang het doel nog niet bereikt is, is een essentiële eigenschap van de projectmanager.* Bij alle activiteiten: het maken van een plan, het leiden van een bespreking, het afstemmen van de aanpak. Het geeft de stakeholders vertrouwen in jou en jij krijgt zelfvertrouwen van de resultaten die de acties opleveren.

 Hoe snel na de projectstart kun jij de eerste contouren van het plan en het benodigde budget tonen?

Eerst een schets

Het lijkt tegenstrijdig én een goed plan maken én dit snel beschikbaar hebben, maar als het lukt, maakt het je leven als projectmanager een stuk prettiger. In hoofdstuk 6 zullen we dit snel beschikbare plan de schets met het team noemen en maak ik alles concreet. Voor nu helpt het wellicht te bedenken dat de projectschets veel weg heeft van de schets die een ontwerper maakt voordat het intensieve bouwwerk begint.

Het is uiteraard enorm Agile om te accepteren dat het maken van een honderd procent afgerond plan door onzekerheden lang duurt en daarom vroeg te starten met een snelle schets van de route naar het einddoel (een route die altijd nog kan wijzigen). Maar kunnen en durven schetsen is ook een belangrijke eigenschap van de projectmanager die gebruikmaakt van traditioneel georiënteerde methoden. Want ook al beperken deze methoden zich formeel helemaal niet tot het watervalmodel, de interpretatie is vaak dat de focus ligt op het hebben van een

 *Snel een plan tonen zorgt voor rust, duidelijkheid, beslissingen, feedback en actie*

volledig en gedetailleerd plan aan het einde van de definitiefase. Bedenk dat het gaat om jouw gedrag en niet alleen om het afgesproken proces. Door snel een schets neer te leggen neem je al *meteen aan het begin* van die definitiefase de regie en zorg je voor:
- Duidelijkheid en rust over richting en doel
- Snelle feedback van de klant
- Vertrouwen van de klant want deze ervaart actie
- Keuzes maken en besluiten nemen
- Acteren op stakeholders die steeds van mening veranderen
- Urgentie bij de omgeving
- De juiste actie van je team

Is elke schets dan een goede schets? Nee, een goede schets vraagt om vakmanschap. Want wil je niet de verkeerde verwachtingen wekken dan moet je de route kunnen tonen met 'alles erin'. Ook wat je niet weet! Waarom? Omdat de opdrachtgever daar van uitgaat. Alles erin betekent overigens niet alles in detail. Kijk maar eens naar de werkwijze van een aannemer bij een verbouwing. Stel je hebt nog geen keuze gemaakt over het type radiatoren. De aannemer maakt een offerte, waarbij hij een detailopgave maakt met alle materialen en werkuren ter waarde van 28.500 euro. Zitten daar de radiatoren dan in? Jawel, als je goed kijkt zie je in de lijst het begrip 'stelpost 5 radiatoren: 3500 euro'. Daarmee kadert de aannemer het plaatje af, zonder over alle informatie te beschikken. Menig projectmanager zou een eerste plan voorleggen met een raming van 25.000 euro, dus zonder de radiatoren. Met daarbij de opmerking dat het plan nog niet helemaal compleet is vanwege ontbrekende informatie. Maar de opdrachtgever leeft in de wereld van het doel en kan of wil dat niet begrijpen. Als je 25.000 euro noemt, gaat onbewust de verwachting voor het hele project naar dit budget én je zet geen druk op het proces van de radiatorkeuze bij de opdrachtgever. Wees dus creatief en zet altijd de hele route in je plan, inclusief afkadering van ontbrekende informatie, onzekere factoren, risicomanagement of te verwachte wijzigingen. Meer daarover later in dit boek.

Denk in scenario's
Als projectmanager ben je dus eigenlijk een *scenario creator*. Door steeds vooruitkijkend mogelijke routes te verkennen die leiden tot het doel, hou je de regie en creëer je anticiperend vermogen.

Laat dat denken in scenario's je ook helpen om niet te verlammen in situaties waarbij je even de oplossing niet meer ziet. Bijvoorbeeld omdat het niet lukt om én op tijd én binnen budget het doel te realiseren. Dan bestaat de kans dat je het contact met de stakeholders gaat mijden, want je hebt geen oplossing en dus geen gespreksstof. Laat dat niet gebeuren maar toon dan de twee routes die wél kunnen (maar niet aan beide eisen voldoen). Eén route die binnen budget maar iets te laat is en de ander op tijd maar boven budget. Leg het verhaal uit en benoem de acties die nodig zijn om het verhaal passend te maken. Zo voorkom je uitstelgedrag en maak je van het probleem een gezamenlijke uitdaging, waarbij je weleens verrast kunt worden door een opdrachtgever die de eisen aanpast door het voortschrijdend inzicht dat jij gebracht hebt. Dit mechanisme wordt in hoofdstuk 5 verder uitgewerkt als de *10%-confrontatieregel*.

Hou dus de regie en blijf actie tonen zolang het doel nog niet is bereikt, ook (of juist) als het tegenzit! Dan komt het beïnvloeden bijna vanzelf.

Samenvatting

- Dit leren we van de TomTom over Agile leiderschap:
  - Het draait slechts om het doel.
  - Alleen de route naar het doel is belangrijk, de afgelegde route is geschiedenis.
  - Herplannen is een vast gegeven, zoek steeds actief de beste route naar het doel.
  - Reageer niet in een reflex, maar acteer (doel)bewust.
  - Straal actie uit zolang je het doel nog niet hebt bereikt. Dat geeft de stakeholders vertrouwen en jou zelfvertrouwen.
  - Zorg elk moment dat de opdrachtgever de actuele status kent met de consequenties voor het einddoel.
  - Communiceer vanaf de start, dus vóórdat er problemen zijn.
  - Acteer volgens één afgestemde route, maar denk in verschillende scenario's.
  - Toon snel je eerste plan om rust, duidelijkheid, feedback, besluitvaardigheid en actie te creëren.
  - Zorg dat het plan – ongeacht onzekerheden – de route én de consequenties tot het eindpunt bevat.
- De stakeholderanalyse:
  1. Stakeholders inventariseren
  2. Invloed en belang van elke stakeholder analyseren
  3. Opstelling per stakeholder naar jou en het project analyseren
- Gebruik stakeholdermanagement proactief. Kijk niet alleen naar de boosdoeners en verras elke stakeholder aan het begin van het project met een communicatie- en beïnvloedingsmoment.

3 First time right: Het V-model en de kritische parameter

- Wat het V-model ons leert over het ontwikkelproces.
- Waarom fouten vroeg in het project meer impact hebben dan fouten later in het project.
- Hoe Design for X en Agile helpen vroeg te confronteren.
- Focus tijdens de hele route met de kritische parameter.
- Hoe het V-model kan helpen in je eigen gedrag.

Nu je aandacht gericht is op de route naar het doel, is het zaak om deze route verder te structureren. De meeste projecten, zeker projecten met als thema product- en dienstenontwikkeling, zijn gebaseerd op een verandertraject waarbij het resultaat bereikt wordt door eerst een ontwerp te maken, dit vervolgens te implementeren en tot slot het resultaat te toetsen. Bij deze projecten leent het V-model (figuur 3.1) zich bijzonder goed om de projectstructuur inzichtelijk te maken.[3]

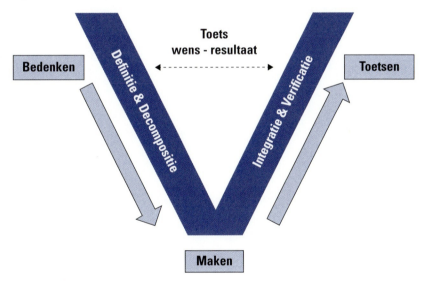

Figuur 3.1   Het V-model: bedenken - maken - toetsen

Het V-model van Paul Rook is afkomstig uit de softwareontwikkeling en is oorspronkelijk afgeleid van de watervalmethode. Het legt de relatie tussen de bij elkaar horende ontwerp- en testactiviteiten. Daarmee is het V-model een mooi hulpmiddel om de stap te gaan zetten naar *first time right-projectmanagement*. Ofwel het opleveren van een goed projectresultaat in één keer, zonder ongeplande correctieslagen.

---

[3] Dit hoofdstuk sluit aan bij de volgende competenties uit IPMA's ICB4: Strategy, Governance, structures and processes, Leadership, Resourcefulness, Results orientation, Project design, Requirements and objectives, Quality.

3.1 Inleiding V-model: ontwerp, realisatie, verificatie

Het V-model (Rook, 1986) is eigenlijk niets anders dan een andere representatie van de in hoofdstuk 1 behandelde fases, verkregen door de integratie- en testactiviteiten omhoog te kantelen tot de 'rechterzijde van de V'. In deze V staan aan de linkerzijde de activiteiten van het definitie- en ontwerpproces (het bedenken), aan de onderzijde de activiteiten van het realisatieproces (het maken) en aan de rechterzijde die van het integratie- en verificatieproces (het toetsen).

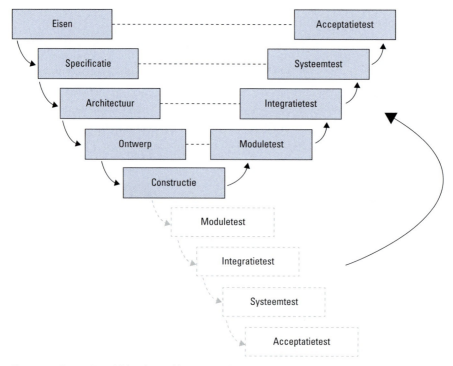

Figuur 3.2 Creëren V-model door het 'omklappen' van de integratie- en testactiviteiten

Uiteraard is het V-model een vereenvoudigde weergave van je werkelijke project. Daar ligt ook de kracht. Het snel kunnen projecteren van het V-model op je eigen project helpt bij het aanbrengen van structuur en het definiëren van proactieve actie, zoals we in hoofdstuk 3.2 zullen zien.

Horizontale relaties

De relatie tussen de linkerzijde en de rechterzijde van het V-model gaat verder dan het onderscheiden van de ontwerp- en de testzijde. In het V-model vind je namelijk voor *elke* specificatie- of ontwerpfase aan de linkerzijde een *corresponderende* testfase aan de rechterzijde. De eisen (requirements) van de opdrachtgever worden bijvoorbeeld getoetst met de acceptatietest, de systeemspecificatie met een systeemtest en de ontworpen onderdelen met een specifieke moduletest. Er is dus een groot aantal horizontale relaties tussen wens en resultaat, die naarmate je lager komt in de V over steeds kleinere deelstukken van het project gaan.

In figuur 3.3 is het V-model afgebeeld in relatie tot het projectmodel. Ze volgen beiden dezelfde horizontale tijd-as. Het V-model vult het projectmodel aan met de technische ontwerp en verificatie deliverables. Deze inhoudelijke tussenresultaten staan niet in het projectmodel (figuur 1.6) omdat het geen projectmanagementonderwerpen zijn. Alleen de specificatie deliverables uit de inrichtingsfase staan onder de gezamenlijke noemer 'definitiedocumenten' in het projectmodel, omdat ze nodig zijn om het projectmanagementplan op te kunnen stellen.

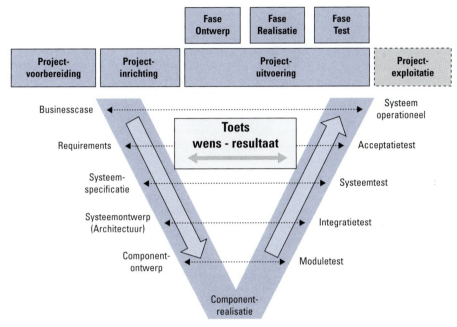

Figuur 3.3   Relatie van het V-model met het projectmodel

De begrippen in figuur 3.3 dekken het gros af van de projecten in de technische productontwikkeling, de ICT en de Bouw en infrastructuur. Maar je kunt het V-model ook toepassen voor projecten in andere branches zolang deze gebaseerd zijn op een ontwerp-, realisatie- en verificatietraject.

Integratieniveau
De verticale as van het V-model is het *integratieniveau* van je project. Langs deze as wordt het systeem *opgedeeld* in deelsystemen die wederom bestaan uit componenten. Deze componenten worden vervolgens in de rechterzijde van het V-model weer *geïntegreerd* tot een werkend eindproduct. In figuur 3.4 geef ik dit voor een auto weer. Het denken in systemen en het opdelen (decomponeren) van complexe systemen tot een architectuur valt onder het vakgebied Systems Engineering. Ik ben voorstander van een innige koppeling tussen projectmanagement en Systems Engineering. Daarom zal Systems Engineering bij

het bespreken van het planningsproces in hoofdstuk 5 en 6 veel aan bod komen. Net zoals de koppeling tussen projectmanagement en leiderschap hoog op mijn lijstje staat: *projectmanagement = structureren + beïnvloeden*.

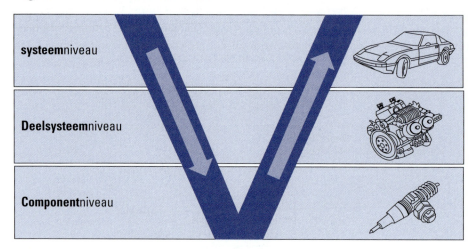

Figuur 3.4   Decompositie van systeem naar deelsysteem naar component

Het maken van een goede decompositie is vakwerk. Want alleen als het project goed is opgedeeld volgens duidelijke en stabiele interfaces, kunnen de deelstukken worden gedelegeerd aan andere afdelingen, uitbesteed aan toeleveranciers en geïntegreerd tot een eindproduct. Daarom geloof ik ook niet in het dogmatisch scheiden van management en inhoud, iets wat soms wordt geadviseerd. Je kunt systemen wel opdelen in deelstukken die minder management of inhoud bevatten, *maar je kunt dat niet doen zonder kennis van beide*.

3.2   Impact van issues begrijpen

Het V-model toont dat fouten vroeg in het project meer impact hebben dan fouten laat in het project

Welke fout heeft meer gevolgen: een fout die je maakt bij het opstellen van de *businesscase* of een fout die je maakt bij het *ontwerp van een onderdeel* van het systeem? Zonder context kun je deze vraag natuurlijk niet met volledige zekerheid beantwoorden, maar als je het V-model erbij pakt en er van uitgaat dat je fouten ontdekt bij het testen, dan zie je snel dat de kans op grote impact hoger is naarmate je vroeger in het project een fout maakt. Waarom? Omdat een fout in de businesscase (je bedenkt bijvoorbeeld een product voor de verkeerde doelgroep) pas ontdekt wordt ná lancering van het product als het product onvoldoende verkocht wordt. Een fout in ontwerp, fabricage of bestelling van een onderdeel ontdek je meteen bij het ontvangen of testen van dat onderdeel en resulteert dus direct in een correctieslag die bovendien veel korter is (zie figuur 3.5).

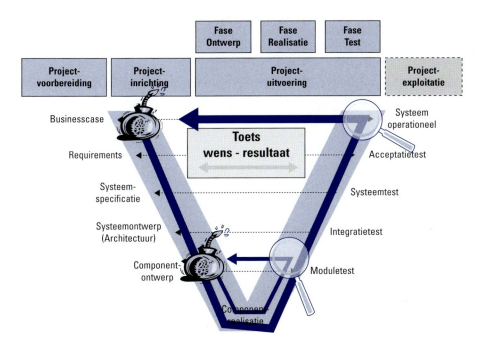

Figuur 3.5   Het V-model en de impact van issues

Risicoafbouw in het V-model

Het V-model laat zien dat het uitvoeren van een project volgens een lineaire watervalaanpak risicovol is. De kans is namelijk groot dat je het hele traject van idee tot oplevering al hebt doorlopen voordat je bij het testen ontdekt dat er problemen zijn. De risico's van het project worden pas laat afgebouwd en dat gaat natuurlijk in tegen het DNA van de projectmanager. Die wil juist vroeg in het project zicht op de belangrijkste problemen en de projectrisico's actief aanpakken (figuur 3.6).

Bij projecten die bestaan uit meerdere integratieniveaus van deelprojecten wordt het laat afbouwen van risico nog problematischer. Pas als alle systeemonderdelen zijn ontwikkeld en geïntegreerd, kunnen de systeemtests uitwijzen of het eindresultaat voldoet aan de oorspronkelijke wensen. Je krijgt dus pas feedback nadat een groot deel van het projectbudget gespendeerd is.

Het V-model laat dus zien dat 'wachten' op testresultaten resulteert in late feedback en grote kans op correctieslagen. Om dit te voorkomen heb je dus al feedback nodig tijdens de specificatie- en ontwerpfase links in het V-model.

   Wacht jij tot de testfase of zoek je al eerder feedback in je project?

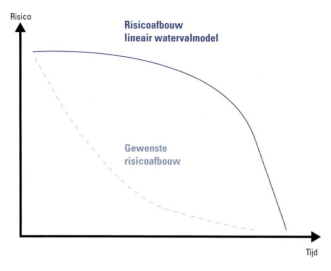

Figuur 3.6   Risicoafbouw lineair watervalmodel

Vroeg confronteren
Het is belangrijk om naast focus op de route tot het eindpunt ook aandacht te besteden aan de *opbouw van de route*. Want deze opbouw bepaalt op welk moment je feedback kunt krijgen over de juistheid van de richting en van de uitvoering van het project. Het toetsen van de huidige status ten opzichte van het einddoel noem ik ook wel *confronteren*. Voor de TomTom was dit eenvoudig, die meet de GPS-positie. Als projectmanager krijg je dit niet cadeau; vroeg feedback afdwingen vraagt om een proactieve mentaliteit. Je kunt dit doen door metingen uit te voeren, door vragen te stellen aan de eindgebruiker, extra onderzoeken te doen of prototypes te testen. Confronteren laat zien wat de echte status is van het te ontwikkelen product en welke waarde je inmiddels hebt gecreëerd. Dat is dus iets anders dan statusbepaling op basis van afgeronde activiteiten of gebruikt budget. Confronteren in de linkerzijde van de V levert het volgende op:
1) **Build the right product**: niet wachten tot het resultaat opgeleverd wordt aan de klant, maar de businesscase en de requirements aan het begin van het project toetsen.
2) **Build the product right**: de specificaties al toetsen vóórdat alle onderdelen ontworpen worden. Daarnaast het ontwerp van onderdelen al zo goed mogelijk verifiëren voordat het maakproces start.

Ik pleit er dus voor om je focus te verleggen naar de linkerzijde van het V-model. Dit is een cultuuromslag. Het betekent stoppen met ervan uitgaan dat de tests alle problemen wel afvangen (wat ze overigens niet doen) en steeds de vraag stellen: Wat kunnen we nú alvast doen, waardoor de test later een formaliteit wordt? De rechterzijde van het V-model, de testzijde, is er om aan te tonen dat de kwaliteit goed is, niet om pas dan testend ontbrekende kwaliteit op te bouwen.

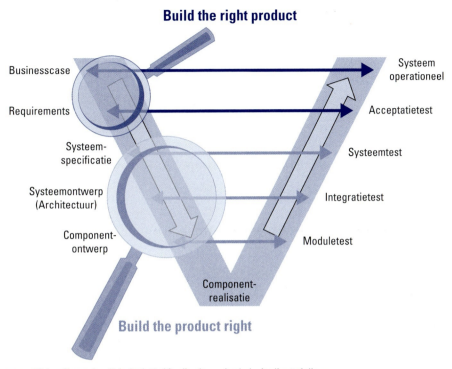

Figuur 3.7 Risicoafbouw door links in de V al feedback van de eindgebruiker te krijgen

Het leuke van het V-model is, dat het *hoe* en *waarom* duidelijk worden van activiteiten die leiden tot hogere kwaliteit. En dat is prettig in een wereld waarin werken aan kwaliteit vaak gezien wordt als inspiratieloos checklists afvinken. Met het V-model kun je kwaliteitsdenken uit die sfeer halen omdat het verband zichtbaar wordt tussen wat je extra doet en waarom je dat doet. Elk probleem dat je links in de V afvangt, zal namelijk later bij de officiële tests niet meer tot ongepland herstelwerk leiden. Bovendien geeft vroege feedback van de eindgebruiker inzicht in de status ten opzichte van het eindpunt. Daardoor kun je bijsturen en je hebt meteen een communicatiemoment richting de stakeholders.

Vroeg confronteren in de V kun je doen door:
1. links in het V-model toetsmomenten toe te voegen aan de specificatie- en ontwerpfase. Dit bespreken we in Design for X (paragraaf 3.3)
2. deelfunctionaliteiten in iteraties te ontwikkelen. Dit wordt behandeld in Agile projectmanagement (paragraaf 3.4).

Beide methoden zijn complementair en kunnen samen in je project worden toegepast. Ze breiden het V-model uit tot een raamwerk waarin vroege confrontatie leidt tot actieve risicoafbouw, gebaseerd op de volgende thema's:

- Proactief gedrag in plaats van reactief gedrag
- Vroeg afdwingen van feedback van de opdrachtgever/eindgebruiker om keuzes te maken en de voortgang te toetsen
- Afbouw van risico tijdens het gehele project in plaats van alleen tijdens de afsluitende testfase
- Eerder ervaring opdoen in het veld door tussenresultaten al door de eindgebruiker te laten testen
- Het toetsen van het ontwerp in aanvulling op het testen van de implementatie
- Het 'horizontaal koppelen' van ontwerp en verificatie voordat het traject van realisatie en integratie doorlopen wordt. Denk hierbij aan inspecties, analyses, modelberekeningen en simulaties

3.3 Vroege feedback met Design for X

Misschien denk je dat vroeg confronteren ingewikkeld is. Dat is gelukkig niet het geval. Nog mooier, je hebt er regelmatig bewust of onbewust al gebruik van gemaakt. Hierbij enkele voorbeelden:
- Maquette maken bij ontwerp nieuw gebouw
- Testprotocol opstellen in de ontwerpfase (in plaats van pas in de testfase)
- Model van het systeem maken en berekeningen uitvoeren
- Prototype maken met een 3D-printer om te controleren of alles past
- Mening eindgebruiker toetsen met een enquête
- Proefballonnetje oplaten in de politiek
- Realisatieplan bespreken met een organisatie die dezelfde realisatie al eens heeft uitgevoerd
- Haalbaarheidsstudie uitvoeren met een proefexemplaar
- Zelf op locatie gaan meten in plaats van afgaan op de input van de opdrachtgever
- Reviewen van een voorstel met kennisdragers

Het is dus geen *rocket science*, maar dat wil niet zeggen dat het meevalt om het consequent toe te passen. Want waar moet je op letten tijdens de specificatie-, ontwerp- en realisatiefases? Die focus kun je aanbrengen met de *kritische parameter*.

Kritische parameters zijn de essentiële elementen van het te ontwikkelen product, dienst of organisatie die bij het afronden van het project gerealiseerd moeten zijn, of die tijdens het project bepalend zijn voor het boeken van resultaat.

Denk bijvoorbeeld aan technische aspecten zoals productieoutput, systeemnauwkeurigheid, energieverbruik, kostprijs of levertijd. Maar ook aan niet-technische zaken zoals klanttevredenheid, het competentieniveau van projectmedewerkers, reactiesnelheid van de opdrachtgever, de snelheid van HRM bij het invullen van vacatures, het aantal wijzigingsverzoeken, of de besluitvaardigheid van de opdrachtgever. Een vakman weet op *welke kritische parameters* hij moet letten tijdens het definiëren en het uitvoeren van het project. Hij dwingt verder af dat deze parameters tijdens het hele project actief worden gevolgd, dus niet pas bij de

First time right: Het V-model en de kritische parameter

laatste testfase! En zorgt dat er bij geconstateerde afwijkingen *meteen* wordt overgegaan tot correctieve actie.

De stratenmaker

Tien jaar geleden moest er bij mijn nieuwe woning een oprit worden aangelegd. De voorbereidingen waren getroffen en er lag een laag van een halve meter zand. De stratenmaker kon dus aan de slag. Die middag hadden we een afspraak met een stratenmaker voor het aanleggen van de bestrating. En zoals het een academisch ingenieur betaamd, was ik goed voorbereid; ik had de hele oprit uitgewerkt op 5 millimeter ruitjespapier, voorzien van alle mogelijke details, hoekjes en sierbandjes. Ik voelde me een topopdrachtgever.

Leer van de manier waarop vakmensen hun project besturen

De stratenmaker gaf de indruk die ik verwachtte van een stratenmaker. Kort van stof, niet erg gericht op communicatie en uitstralend dat het aanleggen van een oprit niet veel voorstelde. Dus ik toverde mijn papierschets te voorschijn. Maar al snel merkte ik dat mijn details zijn ene oor in gingen en het andere meteen weer uit. Na mijn uitleg stelde hij drie vragen: 'Hoeveel vierkante meter?', 'Ligt er voldoende dikte aan zand?' en 'Welke steen?'

Ik bleef enthousiast, want dat stond bijna allemaal op mijn schets. Nou ja, het aantal vierkante meter moest ik ter plekke uitrekenen door hokjes te tellen. En welke steen, daar zouden we deze week een ei over gaan leggen.

Figuur 3.8 Ken jij de kritische parameters van de definitie- en de uitvoeringsfase?

'Ik moet weten welke steen het is', zei de stratenmaker. 'Anders kan ik geen offerte maken.' Dus ging ik enthousiast uitleggen waar ons keuzeproces uit bestond en dat de stenen zeker op tijd zouden worden geleverd. Maar hij brak me af: 'Als ik de steen niet weet, weet ik niet hoe vaak ik moet knippen en kan ik geen prijs maken!'

BAM, die zat. Ik was als opdrachtgever met open ogen in de kuil gevallen 'veel informatie hoeft niet de juiste informatie te zijn'. Ik stond hier tegenover een vakman die zich niet liet afleiden en exact de *kritische parameters* kende om een offerte te kunnen maken: *het aantal vierkante meters, ligt er voldoende zand en welke steen.*

 Ken jij de kritische parameters van je project tijdens de definitiefase?

Drie dagen voordat het bestraten zou beginnen, ging de telefoon. Nog voor ik een naam hoorde, klonk het: 'Zo kunnen we niet werken, het barst van het onkruid.' Natuurlijk, dat pad achter de poort was wel voorzien van zand, maar daar stond inmiddels het nodige onkruid. Ik vertelde dat al op mijn actielijstje stond het onkruid dit weekend weg te halen. In een reflex voegde ik er aan toe: 'Goed trouwens dat je dat checkt, maar hoe heb je dat gezien met die hoge poort…' Hij gaf aan dat hij uiteraard altijd kwam controleren of alles klopte en dat hij even over de muur geklommen was. Deze vakman hield niet van aannames…

Een vakman kent de kritische parameters en geeft zo aandacht aan de juiste zaken

 Neem jij de kritische parameters van je project ook zo serieus, dat je ze controleert in plaats van dat je uitgaat van aannames?

Die maandag was het dan zover. Toen ik koffie en wat koeken kwam brengen, waren ze al een behoorlijk eind gevorderd. De stratenmaker legde met hoog tempo de stenen, zittend op zijn knieën. Zijn collega vulde met een kruiwagen steeds de stapel stenen aan, maar donderde de stenen zo lomp naast de stratenmaker neer, dat er steeds een paar op zijn rechterschoen vielen. Dat wordt heibel, dacht ik en besloot heel even te blijven kijken.

En jawel, het werd heibel, al was de oorzaak precies het omgekeerde van wat ik had verwacht. De stratenmaker schoot uit zijn slof nadat hij een aantal maal de stenen juist niet tegen zijn schoen had voelen tikken. Kennelijk zat het na dertig jaar bestraten helemaal in zijn systeem dat hij de stenen alleen snel genoeg kon oppakken als ze zo dichtbij werden gedropt dat ze tegen zijn voet kwamen. Geen tikken voelen betekende te ver reiken en dus niet snel genoeg kunnen bestraten. Voor mij was het duidelijk: deze vakman kende ook de kritische parameters van de uitvoeringsfase!

 Je zult al wel aanvoelen welke vraag hierbij hoort: ken jij de kritische parameters van je project tijdens de uitvoeringsfase?

De kritische parameters geven *focus op de dingen die er toe doen*. Ze helpen dus om bewust te acteren in plaats van te reageren op alle projectprikkels. Sturen op de kritische parameters (vaak *leading indicators*) is dus veel meer dan alleen sturen op tijd en geld (wat vaak *lagging indicators* zijn). Het kennen van de kritische parameters is nuttig voor het houden van overzicht en het creëren van (team)focus in complexe situaties. Samen met situationeel leiderschap beschouw ik focus op de kritische parameter als hét middel om er bovenop te zitten zónder te micromanagen, bij het maken van de planning, tijdens de projectuitvoering en bij de statusrapportage. Kritische parameters zijn *meetbaar* en later in dit boek zullen we zien dat het belangrijk is om naast de wenswaarde van de eindsituatie ook de wenswaarde van de tussenresultaten (bijvoorbeeld een prototype) te kennen.

Focus op de kritische parameters geeft controle zonder te micromanagen

Figuur 3.9 Voorbeelden van kritische parameters

Er zijn overigens veel overeenkomsten tussen de kritische parameters van het project en de *CTQ (Critical to Quality)* kwaliteitsparameter van Six Sigma (een methodiek die zich richt op het reduceren van variatie in processen). Bij Six Sigma zijn de CTQ's kwaliteitseigenschappen die belangrijk zijn voor het proces en daarmee bepalend voor het succes van het uitvoerende team. Six Sigma kent ook de *CTC (Critical to Customer)*, die aangeeft welke eigenschappen belangrijk zijn voor de klant. Een bekend voorbeeld is het geluid van een dichtslaande autodeur als CTC voor de eindgebruiker, terwijl de maattoleranties en de demping van deur een CTQ zijn voor de autofabrikant (zie figuur 3.10). In Six Sigma maak je ook een decompositie, waarbij het eindresultaat wordt gerelateerd aan meetbare en beïnvloedbare eigenschappen van de deelresultaten.

Kritische parameters van projecten zijn dus vaak CTQ's, maar hou het vooral praktisch. Focus geven aan de juiste items in je plan, aanpak en teamgedrag is voor een projectmanager belangrijker dan alles dichttimmeren met een gevalideerd meetproces (dat uiteraard wel heel

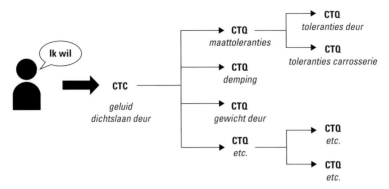

Figuur 3.10   Vertalen van de wens van de klant (CTC) in kwaliteitsparameters van het product (CTQ's)

belangrijk is voor een Six Sigma Black Belt). Bij het bepalen van de kritische parameters van je project kun je dus uitstekend 'shoppen' in de CTQ-breakdown als deze beschikbaar is. Maar gebruik vooral je gezonde verstand, zodat dié elementen die bepalend zijn voor de projectbeheersing op de radar komen. En dat kunnen dus ook elementen zijn die als CTQ wat minder voor de hand liggen; reactietijd wijzigingsaanvragen of motivatie van het team na een ingrijpende reorganisatie.

Design for X
Als je de kritische parameters kent, kun je hier op bijsturen aan de linkerzijde van het V-model. Dit heet *Design for X* (DfX), waarbij X staat voor de eigenschap (of kritische parameter) die aan het einde van het project gerealiseerd moet zijn.

Voorbeelden:
- Design for Manufacturing (DfM): al tijdens specificatie en ontwerp ervoor zorgen dat de producten eenvoudig kunnen worden geproduceerd en geassembleerd.
- Design for Reliability (DfR): al tijdens specificatie en ontwerp borgen dat de verwachtingen ten aanzien van betrouwbaarheid en onderhoudskosten tijdens de latere levensduur van het product zullen worden waargemaakt.
- Design for Testability (DfT): al tijdens specificatie en ontwerp borgen dat het product eenvoudig en effectief getest kan worden.
- Design for Six Sigma (DfSS): al tijdens specificatie borgen dat het product of dienst voldoet aan de wensen van de klant en tijdens ontwerp borgen dat de variatie van de kritische eigenschappen van de dienst of geproduceerde producten binnen een gespecificeerde bandbreedte ligt.

Design for X realiseer je dus door te sturen op de kritische parameters vanaf het begin van het project. Dat betekent voor de projectmanager dat je de activiteiten links in de V doordrenkt met de vraag: Hoe krijg ik nu al feedback over de status ten opzichte van het gewenste eindresultaat? En dat is dus afrekenen met de cultuur om de definitie-, ontwerp- en maakfase te beschouwen als een inhoudelijke *blackbox* en er 'met oogkleppen op' doorheen te stampen om vervolgens pas in de testfase te zien waar je staat. DfX maakt van de activiteiten links in de V een soort *whitebox* (je creëert al zicht op de inhoudelijke kwaliteit tijdens de

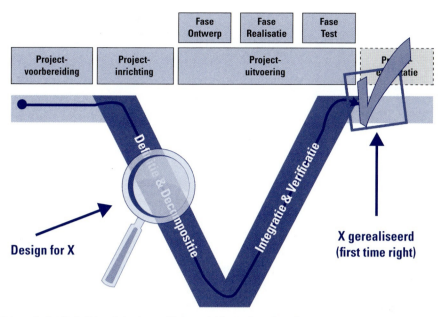

Figuur 3.11   Design for X: tijdens het ontwerp afdwingen dat X gerealiseerd wordt

ontwerpfase) waarin je meteen bijstuurt op basis van de gemeten kritische parameters. Bij het bespreken van het planningsproces in hoofdstuk 5 zullen we uitgebreid terugkomen op het integreren van DfX in het projectmanagementplan.

DfX brengt met de kritische parameter het proactieve element binnen handbereik. Dit sluit mooi aan op de rode draad van dit boek: van reactief naar proactief naar beïnvloeden. Overigens noem ik proactief projectmanagement zelf *Design for Execution*. Dat bereik je als je in de inrichtingsfase zo'n goede basis voor de uitvoering legt, dat de uitvoeringsfase (executiefase) een 'soepel lopend feestje' wordt. Uiteraard zal het er op dit feestje soms ook stevig aan toegaan, maar dat geldt dan voor onderwerpen die vooraf niet te voorzien waren of door de omstandigheden zijn veranderd. En problemen oplossen die niet te voorkomen waren is toch dankbaarder werk dan problemen oplossen die er niet hoefden te zijn!

3.4   Vroege feedback door Agile te werken

Naast DfX is er een tweede manier om vroeg feedback te krijgen in het project, namelijk door Agile te werken. Want als er veel onzekerheden of wijzigingen zijn, dan is het verstandig om de V niet één keer te doorlopen, maar in meerdere iteraties. Richten we onze pijlen bij DfX dus op de linkerzijde van het V-model, bij Agile doen we gewoon veel korte V-tjes na elkaar als sprints. Agile en sturen op de kritische parameters met DfX zijn uitstekend te combineren en versterken elkaars werking.

Elke iteratie een V

Wat Agile betekent voor het V-model is te zien in figuur 3.12. De bovenzijde van de V blijft ongewijzigd. Het traject tot en met het systeemontwerp zal ook in een Agile project doorlopen moeten worden om de architectuur en de *product backlog* op te kunnen stellen en de sprints te plannen. Rechts in de V wijzigt de bovenzijde ook niet. Wel zullen de systeemtests korter zijn omdat de sprintresultaten al op systeemniveau getest zijn.

De verschillen zitten dus in de onderzijde van de V. Het traject ontwerp-realisatie-test wordt in een Agile project voor elke deelfunctie uit de product backlog als een apart V-tje uitgevoerd. Aan het einde van de sprint worden de resultaten op systeemniveau getest omdat Agile verlangt dat de sprintresultaten beoordeeld moeten kunnen worden door de eindgebruiker. Dit zijn meteen de vroege feedbackmomenten waarnaar we streven. In figuur 3.12 zijn voor de overzichtelijkheid alle V-tjes binnen een sprinttermijn getoond als één V. Maar in werkelijkheid doorlopen de deelfuncties tijdens de sprint allemaal eigen V-tjes, die uiteindelijk geïntegreerd worden tot één sprintresultaat (zie eventueel figuur 1.10).

Bij de start van een sprint is het mogelijk om de scope aan te passen. Voor deze wijzigingen wordt dan het specificatie- en planningstraject uit de linkerbovenzijde van de V (opnieuw) doorlopen. Daarom start de V van de sprints op specificatieniveau.

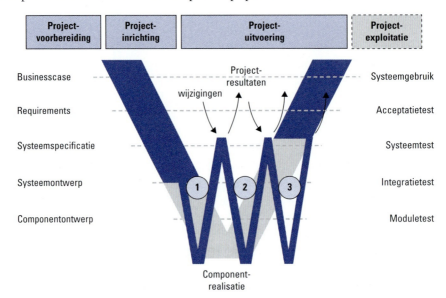

Figuur 3.12   Het V-model en het Agile proces met drie sprints

Effecten

Het voordeel van vroege feedback met DfX en Agile zal nu duidelijk zijn. Maar wat doen de twee methoden in vergelijking met het watervalmodel voor thema's zoals risicoafbouw, aanpassingsvermogen, zichtbaarheid en waardecreatie? Deze vergelijking is weergegeven in figuur 3.13, waarbij ook het effect van de combinatie van Agile met DfX samen is meegenomen. Bedenk hierbij dat incrementeel ontwikkelen (Agile) en het sturen op de kritische parameters (DfX) uitstekend samengaan, maar dat Agile niet bij elk type project (zinvol) kan worden ingezet, bijvoorbeeld bij sommige bouw- of hardware-georiënteerde projecten. DfX kan in principe bij alle projecten worden toegepast.

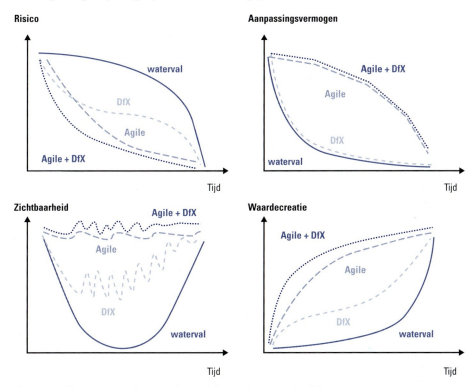

Figuur 3.13 Effect van Design for X en Agile vergeleken met het watervalmodel

Bij de thema's in de figuur hoort de volgende beschrijving:
- **Risicoafbouw**: ontwikkeling volgens het watervalmodel geeft pas afbouw bij de afsluitende tests. DfX geeft in het begin een stevige afbouw door de toetsmomenten links in het V-model. Bij Agile worden daadwerkelijk tussenproducten opgeleverd waardoor de risicoafbouw het hoogst is. Toevoeging van DfX levert met name in de definitiefase (voordat de eerste sprint is gestart) nog een extra reductie op.
- **Aanpassingsvermogen**: dit is laag bij het watervalmodel, want wijzigingen betekenen dat je 'terug' moet in de V. DfX verandert hier niets aan. Agile uiteraard wel; per sprint zijn er wijzigingen mogelijk. Hoe meer sprints er nog resteren en hoe korter ze zijn, des te wendbaarder je nog bent.
- **Zichtbaarheid**: ook hier is het watervalmodel zwak. In feite ga je aan het begin van het project 'met de duikboot onder water' en op het einde toon je pas resultaten tijdens de integratie- en testfase. DfX verbetert de zichtbaarheid, doordat feedbackmomenten ook communicatiemomenten zijn. Agile heeft de hoogste zichtbaarheid aangezien elke sprint

eindigt in ten minste een demo voor de opdrachtgever en mogelijk zelfs een commercieel tussenproduct. Toevoeging van DfX vergroot die zichtbaarheid nog iets, doordat naast de sprintresultaten ook steeds de status van de kritische parameters getoond wordt.
- **Waardecreatie**: het watervalmodel levert pas bij de afsluitende testfase resultaat en dus waarde op voor de klant. DfX levert eerder waarde op, omdat de confrontatiemomenten bewijs opleveren dat het product of dienst scoort ten aanzien van de kritische parameters. Agile spant ook hier de kroon, omdat elke iteratie een afgerond tussenproduct oplevert. DfX vergroot dit effect door de aanvullende validatie van de activiteiten links in de V.

3.5 Het V-model en je eigen gedrag

Als opmaat voor het volgende hoofdstuk, de factor 10, gaan we alvast een factor 10-element behandelen. De gedachte van proactief acteren in het V-model kun je namelijk ook gebruiken in je eigen gedrag. Als je een belangrijke activiteit namelijk niet beschouwt als *een moment*, maar als *een kleine V met rechts bovenin het resultaat*, dan ontstaan er links in die V confrontatiemomenten die de activiteit effectiever laten verlopen. Je vergroot zo de kans op resultaat en creëert bewust (gezonde) druk om besluiten te nemen en keuzes te maken.

De bespreking

Ik zal het dicht bij huis houden. Je moet een bespreking organiseren omdat er onduidelijkheid bestaat over de oplossingsrichting van een probleem. Natuurlijk heb je het lijstje 'effectieve vergadertips' al vele malen langs zien komen, maar zoals zo vaak, je hebt het druk, dus eerst maar snel een uitnodiging sturen vanuit Outlook.

Proactief handelen wordt eenvoudiger als je een activiteit als een klein V-tje ziet

Grote kans dat je vanaf dat moment tot de start van de bespreking onbewust in de 'reageermode' komt. Reageren op afmeldingen, op vragen waar de bespreking over gaat, op een eigen gedachteflits 'Oh, die moet er ook bijzitten', of op de onrust de avond vooraf dat het misschien toch handig is om nog even snel wat sheets in elkaar te zetten voor de opening van de bespreking. En dat reageren gaat door als de bespreking begint. Je ergert je aan mensen die te laat komen, maar ook aan de personen die wel op tijd zijn en achterover gaan zitten met de opmerking 'Ik ben benieuwd waar we het een heel uur over gaan hebben.' De irritatie blijft tijdens de bespreking. Want de bespreking verloopt niet volgens plan, er zijn veel discussies over informatie die eigenlijk vooraf al beschikbaar had moeten zijn en uiteindelijk is een essentieel persoon toch niet aanwezig. Aan het einde van de bespreking probeer je uit alle macht nog concrete afspraken te maken, maar het voelt onbevredigend: dit was geen effectieve bespreking.

Hoe vaak denk jij: ik had niet de regie en liep achter de feiten aan?

Het voorgaande kun je voorkomen door het V-model te gebruiken. Probeer de bespreking niet meer als een moment te zien, maar als een kort V-traject. Bedenk vervolgens wat je in aanloop naar de bespreking kunt doen om deze bij voorbaat te laten slagen. *Confronteer en creëer actie vóór de bespreking* (zie figuur 3.14), bijvoorbeeld met deze initiatieven:

1. Zorg bij de uitnodiging voor een scherpe doelstelling, een goede titel van de bespreking en liefst al een agenda. Als iemand de uitnodiging accepteert, moet deze *inhoudelijk getriggerd zijn* en niet omdat het tijdstip toevallig nog vrij is. Kies de genodigden bewust en toon dit door de reden van deelname zo concreet mogelijk te maken.
2. Stuur ruim vóór de bespreking een mail waarin je aangeeft waarover samen een besluit genomen moet worden. Maak ook duidelijk welke acties vooraf nodig zijn, bijvoorbeeld om informatie te verkrijgen die nodig is om samen keuzes te kunnen maken. Zo leg je de lat hoog en de deelnemers zien dat de tijd efficiënt gebruikt gaat worden, wat aanstekelijk werkt. Bovendien start je met deze actie de *warming-up*, waardoor iedereen voorbereid en gretig zal aanschuiven.
3. Check vooraf, liefst door persoonlijk contact, dat de belangrijkste personen er ook echt bij zijn. Als iemand twijfelt, geef dan aan waarom zijn aanwezigheid belangrijk is. Problemen? Stem dan af dat de persoon bijvoorbeeld 20 minuten aanwezig is en maak duidelijk wat je die tijd verwacht. Kan de persoon helemaal niet meer, laat deze dan vooraf aan de anderen zijn visie of analyse toesturen.

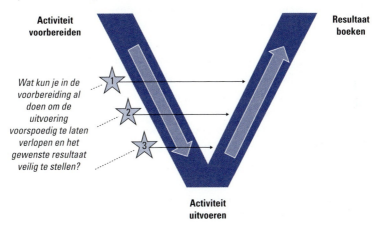

Figuur 3.14 De omgeving op scherp zetten met het V-model voorafgaand aan de activiteit

Je kunt je vast voorstellen wat deze initiatieven doen met je bespreking. De deelnemers komen de vergadering actief en gemotiveerd binnen met de houding 'aan de slag, want anders redden we het niet in een uur!' Je gesprekspartners zijn voorbereid, zowel inhoudelijk als mentaal, omdat er al enkele dagen naar dit moment is toegewerkt en ze vooraf belangrijke informatie hebben ontvangen. Bovendien begrijpt iedereen waarom zijn aanwezigheid gewenst is. Dat werkt motiverend en zorgt ervoor dat ze er zelf alles aan doen om er ook echt bij te zijn.

En komt iemand toch te laat? Dan hoef je als voorzitter eens een keer niet slap gedrag te vertonen door te zitten afwachten, of te roepen 'We beginnen alvast', terwijl je na de binnenkomst van de laatkomer toch weer alles herhalen moet. Door de investering vooraf kun je zelfverzekerd acteren: 'We beginnen niet zonder Carel, hij beseft dat zijn aanwezigheid noodzakelijk is om te presteren samen. Ik bel hem nu meteen.' Je weet namelijk dat Carel meteen zal opnemen omdat hij aangaf de bespreking belangrijk te vinden. Vijf minuten later stormt hij hijgend binnen met de woorden: 'Sorry, sorry, het liep uit, maar dat gaan we nu snel goedmaken!'

Neem regie en zorg vóóraf dat een activiteit eigenlijk niet meer kan mislukken

Ik noem dit *gratis-en-voor-niets-gedrag*; je doet eigenlijk niets extra's, je doet dingen alleen eerder en met de juiste aandacht. Je investeert in de voorbereiding en creëert zo de randvoorwaarden om het team te laten excelleren. Zo eenvoudig kan regie nemen soms zijn. Ervaar de kracht van regie nemen en zorg voor confrontatiemomenten 'links in de V' bij belangrijke activiteiten, zoals besprekingen, het maken van een offerte, het geven van een presentatie, het voeren van onderhandelingen, het nemen van een moeilijk besluit of het voorbereiden van een feest. Deze vorm van regie nemen wordt in hoofdstuk 5 geïntegreerd in het persoonlijke planningsproces als de *10%-confrontatieregel*.

Uitstelgedrag tegengaan

Naast het creëren van een warming-up bij belangrijke activiteiten, is confronteren ook een mooi middel om druk te creëren. Deze druk kan dienst doen als:
- wapen tegen het studentensyndroom
- middel om keuzes te maken en beslissingen te nemen

Het *studentensyndroom*, ofwel uitstelgedrag, ligt altijd op de loer. Ik zou liegen als ik vertel dat ik er nooit last van heb. Ook ik schuif werk voor me uit, of besef achteraf dat ik sommige dingen eerder had moeten opstarten. Vaak komt dit doordat het traject tot een deadline onoverzichtelijk is. Anders gezegd, de deadline ligt verder weg dan je persoonlijke horizon. Schuif je werk voor je uit, dan krijg je dus geen signaal dat je minder tijd over hebt, de resterende tijd voelt als oneindig.

Een oplossing is tussendoelen binnen je persoonlijke horizon te plannen. Beschouw het traject tot de deadline weer als een kleine V en bouw vóór de deadline een paar confrontatiepunten in. Zo hak je het onoverzichtelijke pad op in losse sprintjes en creëer je gezonde druk voor je zelf. De tussenresultaten zijn meteen ook communicatie- en dus beïnvloedingsmomenten. Ook dit voorbeeld van regie nemen komt later terug in het planningsproces.

We zien het studentensyndroom ook terug bij het nemen van *beslissingen*. Waarom zou je vandaag een keuze maken als er nog twee weken tijd is? Omgedraaid, hoe vaak wacht je met het nemen van een beslissing terwijl je twee weken later eigenlijk geen extra informatie hebt? *Weg twee weken*. En het is gevaarlijk, want men zegt wel eens: *neem je geen besluit, dan neemt het besluit jou*. Uitstelgedrag leidt dus vaak wel tot een besluit, alleen is het niet door jou genomen.

Ik ben van mening dat veel beslispunten verder weg lijken dan ze in werkelijkheid zijn, doordat de confrontatie niet wordt aangegaan. Zet de juiste mensen bij elkaar, zorg dat ze weten welke opties er zijn en vertel ze wat het oplevert om vandaag te beslissen. Je zult zien dat er veel mogelijk is. Wil je de regie houden dan helpt het dus om zélf de beslismomenten te plannen. Het is net als met de auto op vakantie gaan. Vooraf bepalen of de stapel vakantiespullen gaat passen in de auto en of het echt allemaal mee moet, zorgt vaak voor oeverloos gediscussieer. Ga gewoon inladen. Op het moment dat de auto vol zit, dient zich vanzelf de urgentie en wijsheid aan welke spullen echt mee moeten. *Confronteren is vaak ook beslissen.*

Een handig hulpmiddel om het nemen van beslissingen af te dwingen is mijn *knopenhakmatrix* uit figuur 3.15. Ik stoorde mij er aan dat een beslissingstabel eigenlijk vaak een uitsteltabel blijkt te zijn. Hoe uitgebreider de tabel, hoe duidelijker het is dat er nog informatie ontbreekt. Logisch dat de gedachte overheerst dat er nog geen besluit genomen kan worden. De knopenhakmatrix is een tabel als elke andere beslissingstabel, met één essentiële aanvulling: men is verplicht om óf het besluit in te vullen, óf de actie die gaat leiden tot de informatie die het besluit mogelijk maakt.

Onderwerpen waarover een besluit genomen moet worden	Keuzeopties	Score op criteria (bv kritische parameters)			Besluit óf actie die informatie oplevert leidend tot besluit	
		Criterium 1	Criterium 2	Criterium 3	Besluit	Actie
Onderwerp 1	optie 1: ...					
	optie 2: ...					
	optie 3: ...					
Onderwerp 2	optie 1: ...					
	optie 2: ...					
Onderwerp 3	optie 1: ...					
	optie 2: ...					
	optie 3: ...					
	optie 4: ...					

Figuur 3.15   Het hakken van knopen stimuleren met de knopenhakmatrix

Ik heb de knopenhakmatrix vaak toegepast in teams, maar ook voor mezelf. Het bewust nadenken over die (uitstel)actie leidt tot een leuk psychologisch proces dat vluchtgedrag elimineert. Na een gepassioneerde argumentatie over wat allemaal nog niet bekend is en waarop gewacht moet worden, trekt men vaak zelf al de conclusie: 'Tja, dan weten we wel méér, maar het brengt de keuze eigenlijk niet dichterbij. We kunnen net zo goed nú kiezen.' Als de actie wél zinvolle informatie oplevert, ligt er een duidelijke route naar het besluit. Je combineert dus snelheid en kwaliteit en voorkomt 'wachten zonder actie'.

Uiteraard gaat dit alleen op als het nemen van besluiten nodig is. Er zijn ook situaties waarbij je nog geen besluit hoeft te nemen en je de keuze bewust zo laat mogelijk wilt maken. Daarmee hou je het aantal vrijheidsgraden langer open of voorkom je dat je onnodig herstelwerk moet doen door foute aannames. Overigens is dat nog steeds te sturen met de knopenhakmatrix door in de actiekolom te plaatsen tot wanneer je wacht met kiezen.

Samenvatting

- Het V-model toont de horizontale relaties tussen de definitieactiviteiten en de corresponderende testactiviteiten.
- Wachten op de testfase resulteert in late feedback en significant correctiewerk. Om correctieslagen te voorkomen vraag je feedback tijdens specificatie, ontwerp en implementatie.
- Vroeg confronteren doe je met Design for X en Agile projectmanagement. Deze methoden kunnen samen ingezet worden.
- Design for X realiseer je door te sturen op de kritische parameter X vanaf het begin van het project.
- Bij Agile doorloop je voor elke deelfunctie de V afzonderlijk. Deze deelfuncties integreer je tijdens de sprint tot één sprintresultaat voor de klant.
- Focus op de kritische parameters tijdens het project geeft controle zonder te micromanagen.
- Zet jezelf en je team op scherp door activiteiten als een klein V-tje te beschouwen. Gebruik dit ook tegen uitstelgedrag en om beslissingen af te dwingen.

4 De factor 10

- Ontdek de kracht van factor 10-gedrag.
- Hoe je met omdenken ook op moeilijke momenten regie neemt.
- Met Stephen Covey naar onafhankelijkheid en wederzijdse afhankelijkheid.
- Hoe je met situationeel leiderschap stuurt op basis van de taakvolwassenheid van de medewerker.

De stap van reactief naar proactief naar beïnvloeden kun je op meerdere manieren uitvoeren. Als je er voor open staat, zal je zien dat het barst van de kansen. Dat noem ik de factor 10. Daarbij is het belangrijk dat je manier van beïnvloeden aansluit bij je eigen stijl en past binnen je integriteitsgevoel. Want anders doe je het niet of hou je het niet vol en geloven bovendien anderen je niet.[4]

4.1 Slim leiderschap en gedrag is de factor 10

Je zult deze uitspraak op feestjes wel herkennen: 'Ik maak werkweken van 70 uur!' Wat denk jij dan? Dat is een harde werker, of die is succesvol met zijn nieuwe bedrijf? Of denk je: Liever jij dan ik? Met van tijd tot tijd veel uren maken is niets mis, we kennen dat gevoel vlak voor de deadline allemaal wel. De focus, de spanning, doorknallen om dingen af te maken en de euforie als het gelukt is. Maar als het structureel wordt en je eigenlijk niet zonder werkweken van 70 uur kan omdat je werk anders niet afkomt, dan gaat het de verkeerde kant op. De verkeerde kant met je carrière, maar ook met je hobby's, vriendschappen, relaties, je gezondheid, met jezelf dus.

Meer gaan werken als het drukker wordt is een normale reflex, maar kent ook grenzen. Een dag heeft tenslotte niet meer dan 24 uur. Bovendien zijn topprestaties niet mogelijk als er geen balans is tussen werken en rust nemen. *Hard werken* noem ik de *factor 2*. En het vervelende van die factor 2 is dat er geen factor 3 is, dan zit je letterlijk aan de 24 uur. Als de situatie er dus om vraagt om er nog een tandje boven op te doen, zal een harde werker niet verder kunnen opschalen. En dat is zuur.

Hard werken is de factor 2, slim werken de factor 10

Dan is het uiteraard makkelijk scoren als ik aangeef dat ik voorstander ben van de factor 10. Zeker als ik verkondig dat ik *slim werken* de factor 10 noem. Exact 10? Nou nee, ik heb het afgerond naar een mooi getal. En ik heb wel eens geconstateerd dat slim werken een factor

---

[4] Dit hoofdstuk sluit aan bij de volgende competenties uit IPMA's ICB4: Power and interest, Culture and values, Self-reflection and self-management, Personal integrity and reliability, Personal communication, Relations and engagement, Leadership, Teamwork, Conflict and crisis, Resourcefulness, Negotiation, Risk and opportunity, Stakeholders, Change and transformation.

17 of 40 voordeel oplevert. Maar ik wil er geen exacte wetenschap van maken. Waar het om gaat is dat je met slim werken veel beter kunt opschalen dan met hard werken alleen. Alleen gebruikmaken van de factor 2 is onvoldoende voor een (project)manager. Onvoldoende om je werk goed te blijven doen, onvoldoende om er een leven naast te kunnen hebben en zeker onvoldoende om verder te kunnen groeien.

Aan de factor 2 alleen heb je niet genoeg als projectmanager

Wat is de factor 10 dan? Ik noem iets *factor 10-gedrag* als je werk bewust op een slimmere manier uitvoert waardoor het veel sneller, beter of met minder energie gebeurt dan normaal het geval is. Bewust slimme keuzes maken, bewust handelen, bewust beïnvloeden, kritisch zijn, je eigen ervaring goed inzetten, de juiste analyses maken enzovoort. De factor 10 heeft alles te maken met het inzetten van het juiste leiderschap en gedrag. Dit leiderschap is onontbeerlijk bij de projectvoorbereiding, het managen van de stakeholders, het motiveren en aansturen van het team enzovoort. Een onmisbare component dus voor de projectmanager die samen met het team doelen wil bereiken en het projectverloop positief wil beïnvloeden.

Na dit hoofdstuk zal de factor 10 vaak terugkomen. Je zult zien dat een integrale benadering van leiderschap en gedrag (de *soft skills*) samen met de methoden en technieken (de *hard skills*) kan leiden tot een enorm krachtige gereedschapsset voor de projectmanager.

Voorbeelden
Zonder de indruk te willen wekken dat het volgende lijstje hét factor 10-lijstje is, volgen hier enkele voorbeelden van de factor 10. Zo wordt de factor 10 vanzelf duidelijk en zie je dat het geen *rocket science* is. Ik heb ter indicatie ook de winst in tijd erbij gezet die ik zelf heb ervaren. Daarbij is het belangrijk te beseffen dat de tijdswinst vaak niet eens het grootste voordeel van factor 10-gedrag is. Voordelen zijn bijvoorbeeld een beter resultaat, meer draagvlak, minder (ongewenste) wijzigingen of beter gemotiveerde medewerkers.

Voorbeelden van de factor 10:
- Voor een activiteit de specialist met de juiste competenties beschikbaar maken in plaats van een medewerker kiezen die toevallig tijd beschikbaar heeft: 4 uur in plaats van 2 weken doorlooptijd.
- Opdrachtgevers het gevoel geven dat het hún idee is versus ze het idee opdringen als jouw idee: 10 min in plaats van 2 dagen overtuigen.
- Teamleden durven loslaten en coachen door ze zichtbaar het vertrouwen te geven en ze verantwoordelijk te maken voor het resultaat: iedere week 30 minuten begeleiding in plaats van dagelijks een uur.
- Bij het maken van een voorstel eerst een beslismoment afdwingen om het aantal varianten dat beschreven moet worden te beperken: 3 dagen aan het voorstel schrijven in plaats van 2 weken.

- Bij de start van een opdracht actief de scope en de doelstellingen op scherp zetten, in plaats van te wachten tot discussies later aanpassing van het plan vragen: 2 dagen investeren in plaats van later 3 weken het plan aanpassen.
- Een bespreking 'als een V-tje' voorbereiden zoals behandeld in paragraaf 3.5: een uur voorbereiding in plaats van 4 uur nazorg en correcties.
- Bij de jaarlijkse budgetronde niet eerst 20 fte vragen omdat die nodig zijn en dan herplannen omdat je 4 fte minder krijgt, maar vóóraf gestaffeld per fte's je plan inclusief targets opstellen (16-18-20-22 fte). Zo kun je meteen aangegeven wat je kunt leveren en je hoeft maar één keer een plan te maken. 4 dagen in plaats van 20 dagen werken aan het plan (en de aanpassingen).
- Gelijk krijgen door het juiste stakeholdermanagement, versus alleen gelijk hebben door je voorstel inhoudelijk nog verder te detailleren: 3 gesprekken van 30 minuten versus 3 dagen een voorstel onderbouwen.

Bij deze voorbeelden zie je ook onderwerpen terugkomen uit de vorige hoofdstukken. Niet reageren, maar acteren van de TomTom, al communiceren vóórdat er problemen zijn en proactief gedrag geïnspireerd door het V-model zijn voorbeelden van factor 10-gedrag. Bewust handelen en regie nemen zorgt voor een stevige *boost* in het resultaat.

Leiderschap	Management
Goede dingen doen	Dingen goed doen
Doel	Route
Wat en waarom	Hoe en wanneer
Effectiviteit	Efficiëntie
Verandering	Stabiliteit
Toekomst	Heden
Werken aan het project	Werken in het project
Inspireren	Coördineren
Motiveren	Instrueren
Focus op organiseren	Focus op organisatie
Draagvlak	Afdwingen
Creëren	Implementeren
Doelen bereiken	Resultaten behalen
Innoveren	Problemen oplossen
Nieuwe mogelijkheden	Standaardiseren
Beleid	Procedures
Uitdagen	Risico reduceren
Sturen op vertrouwen	Sturen op controle
Volgers	Medewerkers

Figuur 4.1 De verschillen en balans tussen leiderschap en management

Leiderschap versus management

Zeg jij ook wel eens met een afkeurende toon: 'Dat is echt een manager en duidelijk geen leider'? Waarschijnlijk wel. Toch wil ik, alvorens we de competentie leiderschap op een voetstuk gaan zetten, graag een lans breken voor het managementvak. De Amerikaanse leiderschapsexpert Warren Bennis zei het heel treffend: 'Leiderschap gaat over 'de goede dingen doen', waar management gaat over 'de dingen goed doen'.' Leiderschap en management zijn dus complementair, je hebt ze beiden nodig. De één richt zich op groei en ontwikkeling, de ander op beheersing en controle, zoals je ziet in figuur 4.1.

Leiderschap is de goede dingen doen, management de dingen goed doen

Als projectmanager heb je zowel leiderschaps- als managementcompetenties nodig om een project tot een goed einde te brengen. Wellicht ken je voorbeelden uit je omgeving waarbij die balans niet aanwezig is. Mensen die een voortreffelijke visie kunnen neerzetten, maar niet in staat zijn om de uitvoering adequaat aan te sturen. En andersom leidinggevenden die het team punctueel de taken laten uitvoeren, maar geen gevoel hebben voor draagvlak en motivatie. Het beheersen en in balans brengen van leiderschap en management is daarom soms als een &-&-&-paradox die het uiterste van je vraagt.

4.2 Omdenken en de kracht van regie nemen

Om factor 10-gedrag toe te passen maak ik vaak gebruik van de handige denktechniek van *omdenken*, ontwikkeld door de Nederlander Berthold Gunster (Gunster, 2010). Omdenken is denken in termen van kansen en niet van problemen, waarbij je de werkelijkheid accepteert zoals die is. Let op, dit is iets anders dan het probleem niet onderkennen! Je verzet je dus niet tegen het probleem, maar gebruikt de situatie om iets nieuws te creëren. In plaats van je te verzetten met 'ja, maar', zet je je volledig open voor de mogelijkheden volgens 'ja, en'. Dit helpt om de regie te houden en andere creatieve oplossingen te bedenken.

Factor 10-gedrag door omdenken: creatief en met lef de regie nemen

Juist in moeilijke situaties is de verleiding groot om de regie los te laten waardoor je niet meer kunt profiteren van effectievere opties. Of nog vervelender; je door angst het probleem juist groter maakt. Dit geldt bijvoorbeeld voor fietsen op een mountainbike. Word je angstig dan knijp je in de remmen en ga je langzamer fietsen. Maar door langzamer te fietsen wordt sturen juist moeilijker… Ook in projectmanagement kun je in reactieve patronen vervallen waardoor je de problemen alleen maar groter maakt. Vaak heb je dit niet eens door. Je zou het *factor ½-gedrag* kunnen noemen. Omdenken, ogenschijnlijk 'tegendraads' handelen, kan dan verrassend effectief zijn en juist factor 10-gedrag opleveren. Ik zal vier voorbeelden bespreken:

1. De regie overnemen als je wordt aangesproken op falen
2. De scope bewaken door wijzigingen uit te lokken
3. Met risicomanagement kansen creëren
4. Je bij de projectstart opstellen als de vragende partij

1 De regie overnemen als je wordt aangesproken op falen

Het eerste voorbeeld gaat over omdenken als je wordt aangesproken op problemen in je project waarbij standaardgedrag je verzetten of juist schuldbewust reageren is in plaats van de regie nemen. Voordeel factor 10-gedrag: tegen elkaar strijden wordt samenwerken.

> Ik was programmamanager van een nieuw productiesysteem, waarvan de eerste serie uitgeleverd was aan enkele klanten in Azië. Na een week hard werken en ook zaterdag nog wat actiepunten wegpoetsen, was het zondag eindelijk familiedag. We zouden om 11 uur vertrekken voor een leuk uitje. Om half tien zag ik echter 'per ongeluk' een escalatiemailtje op mijn smartphone. Met veel schreeuwende hoofdletters gaf de salesmanager uit Azië aan dat bij één van de klanten van alles mis was gegaan met de machine, dat de klant geen vertrouwen meer had en dat er vóór woensdag 12:00 uur een plan moest liggen hoe alles zou worden opgelost. De salesmanager was boos, dat zag je ook aan het feit dat de mail aan veel personen geadresseerd was.
>
> Ik baalde en was boos dat mijn team met de rug tegen de muur werd gezet. Verder zag ik de bui al hangen om met mijn mensen plannen te moeten gaan maken, terwijl ze vol zaten met bestaand werk. Maar als ik nú niet de regie nam, zou het probleem de hele dag doorspoken. Doordat alles al uitvergroot was, besefte ik dat verzetten geen zin had. Dit hielp mij om de stap te zetten naar omdenken, ik had geen keus: als ik niet meteen actie zou nemen, zouden anderen het doen, waardoor het probleem alleen maar groter zou worden.
>
> De salesmanager was boos. Ik ook, want wij werden voor het blok gezet. Ik besloot niet te reageren maar te acteren: over mijn boosheid heenstappen, me niet verdedigen en meteen een e-mail terugsturen. In die e-mail zou ik de salesmanager bevestigen in zijn boosheid en ik zou meteen actie voorleggen die paste binnen zijn verzoek *maar óók mijn eigen team zou helpen*.
>
> Daarnaast wilde ik de salesmanager verrassen door mee te bewegen en gelijk door te schakelen. Mijn voorstel was dat wachten tot woensdag niet in het belang was van de klant. Ik gaf aan dat er eigenlijk *maandagochtend* al een plan moest liggen. Dan konden de we klant verrassen. (Bovendien waren er maandagochtend allemaal reguliere besprekingen en dan werkten mijn mensen toch al niet aan het project, maar die reden hoefde de salesmanager niet te weten.) Ik verzocht de salesmanager om mij met zijn invloed te helpen om het benodigde team voor maandagochtend beschikbaar te maken voor deze klus.

Van tegenstander naar bondgenoot door factor 10-gedrag

> Je voelt hem al aan. Vanaf dat moment verliep het proces soepel. De salesmanager reageerde verrast. Hij was vooral blij dat hij meteen serieus genomen werd en er die zondag niet alleen voor stond. Hij ging ook meteen alles in werking zetten om het team te ondersteunen. Ik had binnen 15 minuten van een tegenstander een bondgenoot gemaakt! Op maandagochtend werd de problematiek besproken, dat kostte dus geen projecttijd. En doordat wij maandag al een antwoord hadden, was ook de klant verrast en bereid om mee te denken. Omdenken had geleid tot samen een probleem oplossen in plaats van elkaar te bestrijden.

? *Heb jij voorbeelden hoe je je zin kreeg door eerst mee te bewegen en anderen hun zin te geven?*

2 De scope bewaken door wijzigingen uit te lokken

Wijzigingen voorkomen? Standaardgedrag is gedisciplineerd de scope te bewaken en bij wijzigingen netjes wijzigingsbeheer toe te passen. Het uitgangspunt is *nee* verkopen of extra kosten doorbelasten aan de opdrachtgever. Niets mis mee, maar ik zal laten zien dat je met omdenken meer kunt bereiken, namelijk door je niet te verzetten (want wijzigingen kun je ook voorzien) en juist flexibel mee te bewegen op basis van 'eerst twee keer ja en dan pas nee'. Het factor 10-effect: je bouwt de relatie op en bewaakt *samen* de scope.

Dit omdenken is gebaseerd op mijn observatie dat het vaak voor de projectmanager wel duidelijk is wat de scope is, maar dat de opdrachtgever aan het begin van het project nog moet worden opgevoed op dit gebied. Vaak zal deze namelijk helemaal niet beseffen dat een extra vraag meer tijd kost of afwijkt van het contract. Omdenken kent in dit voorbeeld twee elementen.

Het eerste is omdenken door beschikbare flexibiliteit te gebruiken in plaats van starheid te tonen. Maak bij het contract maar eens een lijstje van elementen die wél nog mogen wijzigen met een bijbehorende datum tot wanneer dit geldig is. Uiteraard kies je die elementen waarbij het voor jou ook echt geen probleem is. Je toont flexibiliteit en mogelijkheden die er al waren. Vraag vervolgens om een reactie van de opdrachtgever. Vaak trigger je daardoor het proces om vooruit te denken over wat er zou kunnen wijzigen. Je presenteert je zelf als flexibel en zet de ander aan het denken. De opdrachtgever concludeert vaak zelf al: 'Oh, de rest zal dan wel niet mogen wijzigen, toch?' Bingo, het besef is ingedaald.

Zeg pas nee als je eerst twee keer ja hebt gezegd

Het tweede element van omdenken gaat als volgt. Stel dat de opdrachtgever twee dagen na de start van de uitvoering vraagt of iets op een andere manier kan. Het heeft nogal wat impact en gelukkig kun je dat goed onderbouwen. Je zegt *nee*. Ook al begrijpt de opdrachtgever je verhaal, welke indruk maak je? Juist, de indruk van een starre risicomijder. Niet goed voor je imago en ook niet handig voor de rest van je project, want dit is de eerste indruk die de opdrachtgever van je krijgt. Het is handiger om eerst twee keer het spel mee te spelen. Geef aan dat wat de opdrachtgever vraagt eigenlijk toch wel veel extra werk is, maar dat je er over zal nadenken. Vervolgens verras je de opdrachtgever met een *ja*, liefst ook nog gratis en voor niets. Gevolg is dat de opdrachtgever zich gematst voelt en de projectscope beter heeft leren kennen. Doe dat nog een tweede keer, maar schakel bij het derde verzoek om. Dan kun je zonder schroom vertellen dat het niet professioneel zou zijn als je nu weer zo flexibel was en niet aan je eigen belangen zou denken. De opdrachtgever zal het hele verhaal van meerwerk en kosten slikken. Hij heeft beide kanten van je leren kennen en scope bewaken doe je vanaf nu samen.

Als ik dit verhaal vertel, krijg ik vaak de opmerking dat het bij deze aanpak wel uitmaakt wat de eerste twee wijzigingen zijn waar je *ja* tegen zegt. Mijn antwoord daarop is dat factor 10-gedrag uiteraard betekent dat je die eerste twee wijzigingen stuurt, of misschien wel een beetje uitlokt. Regie nemen is essentieel! Doe inspiratie op bij de autohandelaar of een andere verkoper, zij weten vooraf exact welke extra opties (wijzigingen dus) jij gaat vragen en ze cadeau kunnen doen. En bedenk dat het belangrijk is dat je hierbij ook echt de belangen van de opdrachtgever behartigt (deze mag zich achteraf niet 'geflest' voelen), zie Coveys win-win later in dit hoofdstuk. Succes!

3 Met risicomanagement kansen creëren

Wij westerlingen moeten meestal een positieve pet opzetten voordat we zeggen: 'Oh, maar een crisis biedt ook kansen.' Een crisis zorgt er vaak voor dat er besluiten genomen worden die er zonder crisis niet gekomen waren. Onder druk wordt alles vloeibaar. Bovendien leidt een crisis bijna altijd weer tot een opleving, de ontwikkeling van nieuwe technologie, de bouw van iets nieuws of tot andere doorbraken.

Laat je hierdoor inspireren door het risicomanagementproces niet alleen te gebruiken om risico's te identificeren, maar ook om kansen te zien. Een aantal projectmanagementmethoden doen dit al en dat helpt, maar dit is zeker ook een mentaal proces. Hou de moed erin bij tegenslagen en probeer ook de positieve effecten te zien. Risicomanagement is een vorm van onzekerheidsmanagement. Stel dus niet alleen de vraag wat er mis kan gaan, maar ook welke mogelijkheden er zijn om meer te bereiken. Doe aan omdenken en dus aan kansmanagement.

4 Je bij de projectstart opstellen als de vragende partij

De laatste vorm van omdenken voelt misschien niet altijd comfortabel, maar kan wel voor een belangrijke omslag in je gedrag zorgen en heeft veel factor 10-potentie. Daarbij doel ik op je houding tijdens het eerste moment van het project, de projectvoorbereidingsfase.

Breng je met je eigen opstelling in de meest gunstige positie

Op het moment dat je een projectopdracht krijgt, is het logisch dat je blij bent met de nieuwe klus. En bij dankbaarheid past eigenlijk geen kritische houding. We hebben echter eerder gezien dat het allereerste moment van het project juist het moment is met de meeste mogelijkheden om de opdracht te beïnvloeden. Een interessante vorm van omdenken is dat je je niet alleen opstelt als de projectmanager die een cadeautje ontvangt, maar ook als de projectmanager die professioneel en kritisch de opdracht beoordeelt.

Beeld je dus in dat er nog andere opties zijn en het alleen zin heeft om aan een project te beginnen als het ook succesvol kan worden afgerond. Daardoor kom je in een krachtigere positie, ga je andere vragen stellen en zal het gesprek andere wendingen krijgen. Het eerder besproken 'teruggeven van de opdracht' uit hoofdstuk 1 past in deze omdenk-filosofie. Je hoeft de opdracht niet letterlijk terug te geven, het gaat om je houding.

Dit mechanisme kun je uiteraard ook in andere situaties toepassen, bijvoorbeeld als je ergens gaat solliciteren. Door je niet te focussen op de gedachte 'ik hoop dat ze mij willen' maar op 'kijken of *ik* deze functie wel wil' stel je je onafhankelijker op, ontstaan er andere discussies en zal de vragende partij je eerder beschouwen als een gelijkwaardige gesprekspartner.

Uiteraard hangt succes af van je werkelijke positie. Omdenken vereist een gevoel van onafhankelijkheid en durf. Het voorgaande zal niet lukken als het van je afdruipt dat je deze klus keihard nodig hebt. Uiteindelijk blijven de verkoopwetten gewoon geldig, of je nu omdenkt of niet. In dit geval is dat het *schaarste*-principe, één van de zes universele principes beschreven door de beïnvloedingswetenschapper Robert Cialdini (Cialdini, 1984). Als een product, in dit geval jij als projectmanager, zeldzaam is, wordt het in de beleving meer waard en kun je inspelen op de angst van het verlies. Een ander bruikbaar principe van Cialdini is *wederkerigheid*: als je iets voor een ander doet, voelt deze zich verplicht om iets voor jou terug te doen. Dit principe kun je koppelen aan het omdenken bij 'eerst twee keer *ja*, dan pas *nee*' bij scopebewaking en komt in de volgende paragraaf terug bij Coveys emotionele bankrekening.

4.3   De schatkamer van Stephen Covey

Als we het over de factor 10 hebben, kunnen we eigenlijk niet om het gedachtegoed van Stephen R. Covey heen. Allereerst niet omdat hij met zijn boek *De zeven eigenschappen van effectief leiderschap* (Covey,1989) het werkzame leven en het gezinsleven van miljoenen mensen heeft veranderd. Ten tweede omdat die zeven eigenschappen de basis vormen voor de projectmanager die effectiever wil worden in het realiseren van doelstellingen. In mijn masterclasses merk ik dat Covey nog niet bij iedereen tussen de oren zit. Omdat de zeven eigenschappen zo belangrijk én zo mooi zijn, zal ik ze kort bespreken, waarbij ik steeds de link leg naar de wereld van de projectmanager:

Werk aan je onafhankelijkheid en je vermogen tot wederzijdse afhankelijkheid

1. **Wees proactief**
2. **Begin met het einde voor ogen**
3. **Belangrijke zaken eerst**
4. **Denk in termen van win-win**
5. **Probeer eerst te begrijpen en dan pas begrepen te worden**
6. **Streef naar synergie**
7. **Houd de zaag scherp**

Deze eigenschappen bevatten individueel al veel wijze lessen, maar de combinatie en samenhang maakt het plaatje compleet. De eerste drie eigenschappen hebben te maken met het bereiken van *onafhankelijkheid*. Onafhankelijke mensen zijn effectief omdat ze hun eigen doel kiezen, handelen vanuit hun eigen denken en zich niet laten afleiden door wat anderen doen. Daarmee nemen ze zelf verantwoordelijkheid over hun koers en geven externe factoren niet de schuld bij falen. De vierde, vijfde en zesde eigenschap gaan over het erkennen van *wederzijdse afhankelijkheid*. Dit is het besef dat je andere mensen nodig hebt om zelf succesvol te zijn en dat je zelf kunt bijdragen aan het succes van anderen. Geloof in sturen op samenwerking leidt tot betere prestaties. Wederzijdse afhankelijkheid lukt echter pas als je zelf onafhankelijk bent. Onafhankelijkheid en wederzijdse afhankelijkheid worden compleet gemaakt met de zevende eigenschap; het onderhouden en blijven verbeteren van jezelf en van het vermogen om anderen te inspireren.

1. Wees proactief

Covey stelt dat je verantwoordelijk bent voor je eigen leven: 'Ik ben de kracht'. Reactieve mensen ontslaan zich zelf graag van elke verantwoordelijkheid en leggen de schuld van falen bij anderen of externe gebeurtenissen. Proactieve mensen richten zich vooral op hun eigen gedrag en realiseren zich dat dit gedrag afhankelijk is van hun eigen beslissingen en niet van de omstandigheden.

Covey maakt proactief zijn toepasbaar met *de cirkel van invloed en betrokkenheid*, afgebeeld in figuur 4.2. In de cirkel van betrokkenheid staan de dingen die we niet kunnen beïnvloeden, zoals de buitenwereld, onze afkomst, opvoeding en ons verleden. Over die zaken hoeven we ons niet druk te maken. Onze aandacht dient volledig te worden gericht op de cirkel van invloed. Proactieve mensen richten zich op datgene wat ze wél kunnen beïnvloeden.

Over de buitenste cirkel zegt Covey nog iets interessants: je hebt geen invloed op de cirkel van betrokkenheid, maar wél over hoe je er op reageert. Niet reageren maar acteren dus, wat ons ook al werd geadviseerd door de TomTom. Stop je energie dus in zinvolle initiatieven. Dit doen en volhouden is overigens moeilijk genoeg. Maar wat als het je lukt? Je cirkel van invloed zal groeien! Je wordt dus dubbel beloond. Ook de stakeholderanalyse uit hoofdstuk 2 gaf gedragsadvies dat aansloot bij de cirkel van invloed en betrokkenheid. Geen energie stoppen in je vijanden (cirkel van betrokkenheid) of ze benaderen via een bondgenoot (cirkel

Acties in de cirkel van invloed laten deze groeien

van invloed) bijvoorbeeld. Het is een krachtig hulpmiddel om je energie te richten op dat wat beïnvloedbaar is.

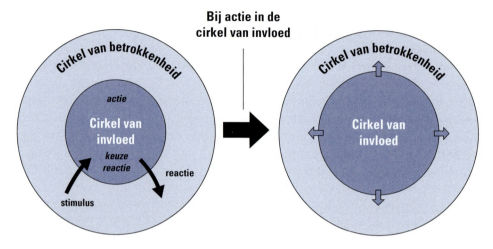

Figuur 4.2   Actie in de cirkel van invloed heeft effect én maakt deze cirkel groter

> **?** *In welke situatie verspilde je energie omdat je actie koos in de cirkel van betrokkenheid? Welke actie uit de cirkel van invloed had je beter kunnen kiezen?*

De cirkel van invloed en betrokkenheid kunnen ook helpen bij het functioneren in een micromanagende omgeving, besproken bij de &-&-&-paradox (hoofdstuk 1). Je kent de opmerking vast en zeker: 'Op mijn werk zijn *ze* alleen nog maar bezig met meten en met KPI's. Er is geen tijd meer voor menselijkheid!' Een sfeer van controle kan inderdaad zeer demotiverend werken. Maar tegelijk is deze reactie ook energieverkwisting, want je vecht met de cirkel van betrokkenheid. Het woord *ze* zegt boekdelen over anderen de schuld geven. Het klinkt hard, maar als je je laat controleren dan ben je in feite passiever dan degene die jou controleert. Neem dus het initiatief, meet zelf, toon je resultaten en maak keuzes die jou helpen om je tijd anders in te richten. Kijk eens om je heen en verwonder je dat anderen in dezelfde situatie wél tijd over houden voor menselijkheid. Hun cirkel van invloed is waarschijnlijk al gegroeid. Dat kostte tijd en vroeg om vakmanschap en creativiteit. Hoe eenvoudig het plaatje ook is, de cirkel van invloed en betrokkenheid doet een stevig beroep op je vastberadenheid en doorzettingsvermogen.

2. Begin met het einde voor ogen

Covey zegt: 'Je kunt hard werken om de ladder te beklimmen, om aan het einde van je leven te ontdekken dat de ladder tegen de verkeerde muur stond.' Effectieve mensen weten waar ze heen willen en werken voortdurend aan het bereiken van hun bestemming. Ze zijn in staat hun dagelijkse acties in de bredere context van de grotere doelen te plaatsen en focus te houden.

Covey doelt hierbij op het hebben van een kompas in je persoonlijke leven, maar deze eigenschap sluit natuurlijk ook uitstekend aan bij het projectmanagementvak. Begin met het einde, het *waarom* voor ogen, dan volgt het doel vanzelf. Effectieve mensen werken van 'achter naar voren', ze beginnen vanuit het einddoel en werken terug in de tijd naar het heden. Bijvoorbeeld bij het maken van een plan. Later in dit boek maken we de vertaling naar de projectuitvoering door het einde van het project te zien als 'de landingsbaan'. De tip is dan om *vanaf het eerste moment* van het project de landingsbaan zichtbaar te maken, waardoor iedereen zich richt op de resterende route tot het doel. Bij de rapportage resulteert dit in communiceren in time-to-go, costs-to-go, hours-to-go etcetera.

Maak al aan het begin van het project de landingsbaan zichtbaar

3. Belangrijke zaken eerst

Ging het bij de eerste twee eigenschappen vooral over wát je wilt bereiken en doen, bij de laatste op het individu gerichte eigenschap gaat het over hoé je dit het beste kan doen. Daarbij gaat het over het stellen van *prioriteiten*, wat een interessante kijk biedt op timemanagement. De methode die Covey aanreikt, *Coveys kwadrant*, is overigens gebaseerd op de *prioriteitenmatrix* van Dwight D. Eisenhower, die zei: 'Urgente zaken zijn zelden belangrijk en belangrijke zaken zelden urgent.'

Coveys kwadrant bestaat uit vier kwadranten opgebouwd uit twee tegenstellingen: belangrijk versus onbelangrijk en urgent versus niet-urgent (figuur 4.3). Als je je werkzaamheden verdeelt over deze kwadranten, krijg je zicht op je prioriteiten:
1. **Belangrijk & urgent:** taken die onmiddellijke aandacht vragen (reactief gedrag)
2. **Belangrijk & niet-urgent:** taken die met het bereiken van je doelen te maken hebben (proactief gedrag)
3. **Onbelangrijk & urgent:** onnodige interrupties (afleiding)
4. **Onbelangrijk & niet-urgent:** leuk om te doen, maar leveren weinig op (verspilling)

Naast het aspect van timemanagement geven de kwadranten aan waar je je op moet richten om je doelen te bereiken. Namelijk kwadrant 2 dat de *proactieve* activiteiten bevat. Het is daarom zaak om *zo veel mogelijk tijd in kwadrant 2* te spenderen. En dat betekent regie nemen en keuzes maken, want anders zullen urgente reactieve activiteiten steeds voorgaan. Het is dus verstandig om bewust tijd te plannen voor kwadrant 2, bijvoorbeeld door tijd te blokken in je agenda. Zo plan je toch ook je vakantie? Pakken we het V-model erbij, dan zie je dat de activiteiten aan de linkerzijde van de V hoofdzakelijk in kwadrant 2 vallen. Maar je bent gewaarschuwd, plan je deze activiteiten niet bewust, dan komt het er niet van…

4. Denk in termen van win-win

Acteren vanuit win-win is de eerste eigenschap die betrekking heeft op het aangaan van wederzijdse afhankelijkheid. Wederzijdse afhankelijkheid heeft alles te maken met het opbouwen van duurzame relaties en dus onderling *vertrouwen*. Covey heeft een mooie metafoor bedacht om de hoeveelheid opgebouwd vertrouwen te beschrijven: de *emotionele bankrekening*. Op deze bankrekening, die we al kort aanstipten bij

Als je emotionele bankrekening in de plus staat, kan de ander meer van je hebben

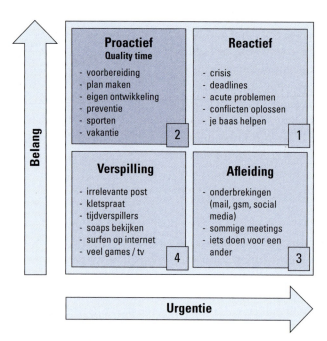

Figuur 4.3 Coveys kwadrant met het onderscheid in belangrijk en urgent

stakeholdermanagement in hoofdstuk 2, kun je net als bij een echte bankrekening storten en opnemen. Staat er voldoende saldo op, dan is het vertrouwen hoog en verloopt de onderlinge communicatie eenvoudig en effectief. Je mag zelfs fouten maken, de ander zal je niet op je woorden pakken. Andersom kan ook. Is het saldo laag of zelfs negatief, dan is er weinig flexibiliteit en loop je op eieren. Je investeert in de onderlinge relatie door stortingen te doen op de rekening van de ander; je beloftes waarmaken, beleefd en eerlijk zijn, je verdiepen in de ander, verwachtingen uitspreken en professioneel handelen. Opnemen van saldo gebeurt als je het tegenovergestelde doet, je bijvoorbeeld onbeleefd of oneerlijk bent, de ander negeert, fouten maakt of de verwachtingen niet realiseert.

> *Werk jij actief aan het onderlinge vertrouwen met je stakeholders?*
> *Probeer eens te oefenen met de emotionele bankrekening: doe bewust*
> *stortingen en opnames en ervaar het effect van een positief saldo.*

Werken aan win-win is belangrijk als je relaties opbouwt. Mensen acteren nogal eens vanuit een win-verliesmentaliteit: verliest de ander, dan win jij. Op lange termijn resulteert win-verlies echter in verlies-verlies, omdat je steeds saldo opneemt van de emotionele bankrekening van de ander. Om effectief te kunnen samenwerken moet je daarom niet denken in termen van concurrentie, maar in termen van win-win. Overigens geeft Covey aan dat deze variant eigenlijk 'win-win or No Deal' is. Je maakt namelijk alleen een afspraak als beide partijen er beter van worden. Lukt dat niet, dan volgt er geen deal. Hierdoor zet je de relatie niet op het spel ten behoeve van toekomstige plannen.

Denken in win-win is een houding die vraagt om leiderschap. Het betekent steeds wederzijds profijt zoeken bij interacties. Je moet bereid zijn iets voor elkaar over te hebben, van elkaar te leren en elkaar te beïnvloeden. Het vergt van de projectmanager wijsheid, zelfbewustzijn, inlevingsvermogen, geweten, een onafhankelijke wil, creativiteit en kracht. Om bijvoorbeeld niet alle energie te stoppen in het risicomijdend dichttimmeren van een contract, maar deze energie te investeren in het vergroten van het projectresultaat voor beiden. Je niet richten op het verdelen van de koek dus, maar investeren in het groter maken ervan.

Langetermijnrelaties zijn alleen mogelijk als je de ander iets gunt

5. Probeer eerst te begrijpen en dan pas begrepen te worden

Net als win-win is ook Coveys vijfde eigenschap belangrijk voor de projectmanager bij het opbouwen van relaties. Covey stelt dat de meeste mensen niet luisteren om te begrijpen maar om zelf het woord te kunnen voeren. We horen de ander wel, maar filteren het verhaal vanuit ons eigen referentiekader en lezen in de woorden van de ander dus eigenlijk ons eigen verhaal. Daarom is het belangrijk om te luisteren met de intentie om de ander écht te begrijpen. Dit noemt Covey *empatisch luisteren*. Empatisch luisteren betekent dat je je verplaatst in de ander, naar de wereld kijkt zoals de ander er naar kijkt en wil begrijpen wat de ander voelt. Dit zonder je eigen persoonlijkheid op een zijspoor te zetten, want die is nodig om een goede verstandhouding op te bouwen.

Richten we ons op de projectmanager, dan is Coveys vijfde eigenschap essentieel om effectief te communiceren. Begrijpen hoe de ander de wereld ziet helpt om te begrijpen hoe je je eigen verhaal of acties moet verpakken. Daarnaast is het begrijpen van de ander een essentiële randvoorwaarde bij het aansturen van je team met behulp van situationeel leiderschap. Deze aansturingsvorm wordt behandeld in de volgende paragraaf.

6. Streef naar synergie

Als je de eerste vijf eigenschappen beheerst, ben je toe aan de zesde. Waarom? Omdat je hierbij al het voorgaande op het gebied van individuele effectiviteit en samenwerking gaat combineren. Synergie bereik je als de som der delen groter is dan het geheel. Hierbij gaat het erom dat je verschillen respecteert en gebruikt om nieuwe inzichten op te doen. Het wordt dan niet jouw besluit, of het besluit van de ander, maar een nieuwe variant. Synergie leidt dus tot creatieve uitkomsten door gebruik te maken van de kracht van de individuen en de groep samen.

Het is belangrijk dat je als projectmanager sturing geeft aan dit proces en bepaalt welke mate van synergie je wilt bereiken. Vaak zul je aan het begin van het V-model andere wensen hebben dan aan het eind. In het begin is er behoefte aan creatieve ideeën en doorbraken, wat vraagt om een wisselwerking van mensen met verschillende inzichten. Tijdens de uitvoering is juist intensief samenspel nodig bij de uitvoering van het plan, wat makkelijker is als alle neuzen dezelfde kant opstaan.

Synergie bereik je als de som der delen groter is dan het geheel

7. Houd de zaag scherp

De laatste eigenschap gaat over het onderhouden en verbeteren van je allerbelangrijkste bezit: jezelf. Werken aan jezelf wordt vaak op de proef gesteld in het hectische leven van alledag. Covey beschrijft dit in een voorbeeld, waarbij een houtzager met een botte zaag verzuimt deze te slijpen omdat hij nog zoveel te zagen heeft. Boodschap: door soms tijd te nemen om onszelf aan te scherpen, kunnen we daarna veel effectiever zijn. Covey onderscheidt hierbij vier dimensies waarop we ons kunnen aanscherpen:

1. **De fysieke dimensie**: voeding, beweging, rust en ontspanning (let op de connectie met kwadrant 2 in figuur 4.3).
2. **De spirituele dimensie**: streven naar duidelijke waarden, geestelijke ontwikkeling en zelfbeeld (belangrijk voor eigenschap 2).
3. **De mentale dimensie**: vermogen om te lezen, analyseren, schrijven en plannen.
4. **De sociaal-emotionele dimensie**: empatisch vermogen, dienstbaarheid en synergie bereiken (belangrijk voor eigenschappen 4 t/m 6).

4.4 Situationeel leiderschap

Situationeel leiderschap geeft samen met de kritische parameter grip zonder micromanagement

Mensen in beweging zetten is één van de belangrijkste kwaliteiten van de projectmanager. Hoe goed je hierin bent, bepaalt voor een groot deel je succes. Covey liet al zien dat effectief leiderschap vraagt om inzicht in wie je zelf bent, begrijpen hoe je medewerkers en stakeholders denken en weten hoe je deze kennis op de juiste manier inzet. Je projectmedewerkers op de juiste wijze aansturen heet *situationeel leiderschap*. Net als Coveys zeven eigenschappen is ook dit onderwerp breed uitgemeten in vele boeken en publicaties. Toch vind ik het verstandig om de betekenis en toepassing van situationeel leiderschap apart te behandelen. Want als je bij dit onderwerp de essentie mist, is het gedachtegoed moeilijk te integreren in je eigen stijl. En dat is vervelend, want samen met het sturen op de kritische parameter vormt situationeel leiderschap hét kader om bovenop de details in je project te zitten zonder te vervallen in micromanagement.

Situationeel leiderschap leg ik in drie stappen uit. Vanuit didactische overwegingen, maar vooral omdat elke stap een mooi *take away*-moment kent waar je in de praktijk je voordeel mee kunt doen:

1. **Quinns concurrerende waardenmodel**: Kunnen acteren in verschillende rollen.
2. **De Managerial Grid-theorie van Blake & Mouton**: Onderscheid maken in taakgerichte en mensgerichte aansturing.
3. **Situationeel leiderschap van Hersey & Blanchard**: Je leiderschapsstijl baseren op de taakvolwassenheid van de medewerker.

1 Quinn: kunnen acteren in verschillende rollen

Het is net als met de gereedschapskoffer van de vakman; het gereedschap stem je af op het type werk, niet andersom. Zo werkt het ook bij leiderschap. Het is belangrijk om verschillende leiderschapsstijlen te beheersen en deze op het juiste moment toe te passen. Dat maakt je effectiever in je werk en voorkomt dat je gedrag voorspelbaar en saai wordt.

Ik krijg bij dit onderwerp weleens de vraag: 'Maar ik moest toch vooral mezelf blijven?' Dat is inderdaad een belangrijk punt. Verschillende leiderschapsrollen aannemen wil niet zeggen dat je moet gaan faken. Leidinggeven begint nog steeds met weten wie je zelf bent en uiteraard heeft dit invloed op je manier van leidinggeven. Het is juist de uitdaging om binnen je persoonlijke stijl te leren acteren in verschillende rollen en bewust keuzes te maken over welke pet je op wil zetten. Dat je daarbij voorkeuren hebt is logisch, dat maakt wie je bent.

Wil je gevoel krijgen voor verschillende leiderschapsrollen dan is het handig om je te verdiepen in het concurrerende waardenmodel van Robert Quinn (Quinn, 1994, 2005). Quinn maakt in dit model onderscheid tussen vier klassieke managementmodellen die elkaar aanvullen. Het ene model is niet beter dan het andere, het werkte alleen beter in de bijbehorende situatie. Quinn daagt ons uit om een zo groot mogelijk repertoire aan rollen te leren beheersen. Hij zette de modellen en rollen in één figuur en vergeleek ze aan de hand van twee dimensies:
1. De dimensie met uitersten *flexibiliteit* en *beheersing*
2. De dimensie met uitersten *intern* gericht en *extern* gericht

In figuur 4.4 kun je zien dat dit acht rollen oplevert, die als ze naast elkaar staan enigszins op elkaar lijken en als ze tegenover elkaar staan tegengestelde eigenschappen (concurrerende waarden) hebben.

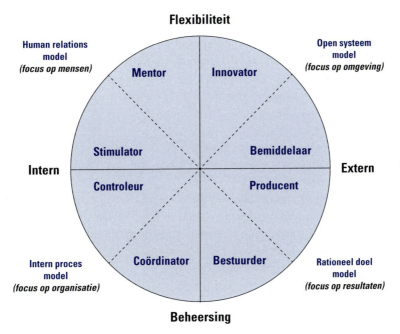

Figuur 4.4   Quinns concurrerende waardenmodel

Probeer je voor te stellen hoe je zelfs binnen één reeks van activiteiten van rol kunt veranderen om effectiever te zijn. Bijvoorbeeld bij het doen van een voorstel aan de stuurgroep:
1. Bestuurder: je formuleert de doelstelling en bedenkt een visie om te komen tot het juiste besluit.
2. Coördinator: je plant de bespreking en zorgt dat de juiste deelnemers aanwezig kunnen zijn.
3. Bemiddelaar: vooraf ga je bij enkele deelnemers langs om zaken voor te bespreken en meningen te polsen.
4. Producent: je werkt stevig door aan een onderbouwde en overtuigende presentatie.
5. Innovator: tijdens de presentatie zorg je voor een goede sfeer en ga je flexibel om met vragen en opmerkingen.
6. Stimulator: na je verhaal leg je de bal bij de groepsleden zodat ze actief meedenken en niet het gevoel hebben tot een bepaalde keuze gedwongen te worden.
7. Coördinator: als het besluit genomen is, vat je alles scherp samen en communiceer je de afspraken en de acties.
8. Controleur: naderhand check je de opvolging van de actiepunten.

Zorg bewust voor afwisseling in je spel

Je ziet hier een afwisseling van leiderschapsstijlen, zelfs binnen het uitvoeren van één reeks van activiteiten, die leidt tot hogere effectiviteit. Zou je je bijvoorbeeld puur als producent opstellen, dan heb je een mooie presentatie maar mis je de kracht van afstemming in de wandelgangen vooraf. Bovendien bestaat het risico dat je uitgaat van 'ik heb gelijk, dus ik krijg gelijk', waardoor je bij tegenspraak in de bespreking zou kunnen gaan drammen. Zorg dus dat je net als een goede tennisser veel afwisseling hebt in je spel...

2 Blake & Mouton: taakgericht en mensgericht aansturen

Ging het bij Quinn nog vooral om de synergie van verschillende leiderschapsrollen, bij Robert Blake en Jane Mouton gaat het om de vertaling naar de aansturing van medewerkers, waarbij onderscheid wordt gemaakt tussen taakgerichte en mensgerichte aansturing (figuur 4.5).

Leiders die in hoge mate mensgericht aansturen geven vooral aandacht aan de relationele kant van het werk. Ze leggen uit *waarom* dingen nodig zijn, tonen belangstelling en houden rekening met persoonlijke wensen. Taakgerichte leiders leggen de nadruk op de inhoudelijke aspecten van het werk, *hoe* de uitvoering moet plaatsvinden en wat de kwaliteit van de resultaten is. Blake en Mouton vatten dit samen in het Managerial Grid-model (Blake & Mouton, 1964) en gaven namen aan de leiderschapsstijlen: de *commander*, de *countryclub chairman*, de *easy rider* en de *team leader*. De laatste stuurt op betrokkenheid en motivatie (mensgericht), maar kan ook inhoudelijk (taakgericht) richting geven. Volgens Blake en Mouton is deze stijl het meest effectief, maar net als bij Quinn gaat het hier ook vooral om *bewust schakelen* tussen mensgerichte en taakgerichte aansturing.

Kijk eens naar je eigen leiderschapsstijl. Maak jij bewust onderscheid tussen taakgerichte en mensgericht aansturing?

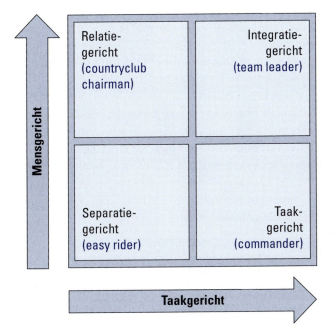

Figuur 4.5   Het Managerial Grid-model van Blake en Mouton

3 Hersey en Blanchard: de taakvolwassenheid van de medewerker bepaalt de stijl van aansturen

Begrip hebben van leiderschapsstijlen is slechts de helft van het verhaal om het beste uit de medewerker te halen. Want wanneer pas je welke leiderschapsstijl toe? Dat antwoord gaven Paul Hersey en Ken Blanchard in hun theorie van *situationeel leiderschap* (Hersey en Blanchard, 1977) door het Managerial Grid-model uit te breiden met het competentieniveau van de medewerker.

Om de juiste stijl van leiderschap in te kunnen zetten moet je namelijk eerst het competentieniveau van je medewerkers inschatten. Competentie bestaat hierbij uit twee aspecten:
1. **Bekwaamheid**: het *kunnen*, gekoppeld aan kennis, vaardigheden en ervaring.
2. **Bereidheid**: het *willen*, gekoppeld aan betrokkenheid, zelfvertrouwen, durven en motivatie.

Een medewerker zal in zijn competentieontwikkeling een groeiproces doorlopen. Hersey en Blanchard onderscheiden in dit groeiproces vier stadia die leiden tot hoge taakvolwassenheid:

C1 Enthousiaste beginner: een nieuwe medewerker met nieuwe taken. Deze medewerker is gemotiveerd om alles aan te pakken, maar heeft nog niet de vereiste bekwaamheid en onderschat of overschat zichzelf.

C2 Ontgoochelde leerling: na een voortvarend begin ontstaat twijfel en frustratie. Blanchard noemt dit: *The honeymoon is over*. De medewerker heeft enige bekwaamheid opgebouwd maar is nog onzeker. Doet de eerste negatieve ervaringen op, heeft te veel hooi op de vork genomen of stoort zich juist aan niet volledig te worden losgelaten.

C3 Voorzichtige presteerder: de medewerker beschikt nu over voldoende bekwaamheid om de taken zelfstandig uit te voeren. Het ijs is echter nog dun. Het zelfvertrouwen is afhankelijk van de werkcontext en zal bij onverwachte problemen leiden tot aarzeling of twijfel. Er is behoefte aan steun en feedback van de leidinggevende om niet terug te vallen naar C2.

C4 Zelfsturende professional: de medewerker is bekwaam en bereid om zelfstandig de taken uit te voeren en stuurt zelf bij om het gewenste resultaat te realiseren.

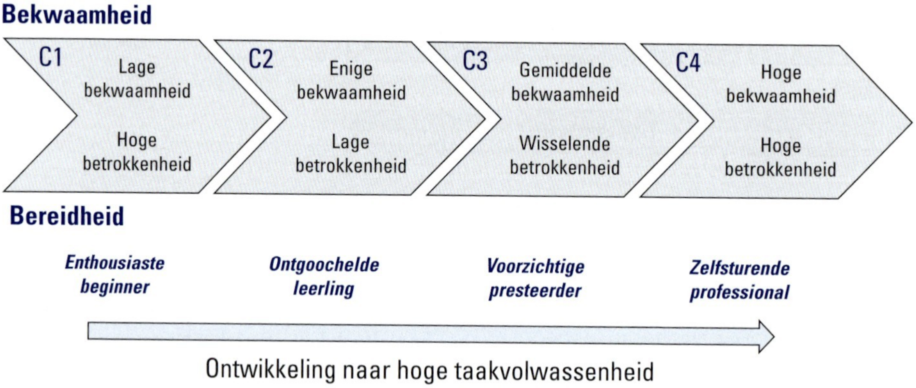

Bekwaamheid

C1	C2	C3	C4
Lage bekwaamheid	Enige bekwaamheid	Gemiddelde bekwaamheid	Hoge bekwaamheid
Hoge betrokkenheid	Lage betrokkenheid	Wisselende betrokkenheid	Hoge betrokkenheid

Bereidheid

| Enthousiaste beginner | Ontgoochelde leerling | Voorzichtige presteerder | Zelfsturende professional |

Ontwikkeling naar hoge taakvolwassenheid

Figuur 4.6   Ontwikkelniveaus volgens Hersey en Blanchard

Je kunt je voorstellen dat medewerkers afhankelijk van hun bekwaamheid meer (taakgerichte) sturing nodig hebben en afhankelijk van hun bereidheid meer (mensgerichte) ondersteuning. In figuur 4.7 zijn de competentieniveaus nogmaals weergegeven in vier kwadranten, waarbij de assen bekwaamheid en bereidheid bewust zijn omgekeerd, beginnend bij hoog en eindigend bij laag. Dat geeft de mogelijkheid om de assen sturing en ondersteuning toe te voegen met de vier stijlen van situationeel leiderschap: instrueren, begeleiden, overleggen en delegeren.

S1 Instrueren: veel sturend, weinig ondersteunend gedrag. De projectmanager schrijft het *hoe* voor en geeft duidelijke instructies aan de medewerker. Hij controleert bovendien de uitvoering en het opgeleverde resultaat. Ondersteunend gedrag past hij niet te veel toe, want dit kan juist worden uitgelegd als slapheid of het belonen van onvoldoende prestaties. De verantwoordelijkheid voor het resultaat ligt bij de leidinggevende projectmanager. Als de projectmanager overigens zelf niet inhoudelijk kan sturen, organiseert deze die hulp via anderen.

De factor 10

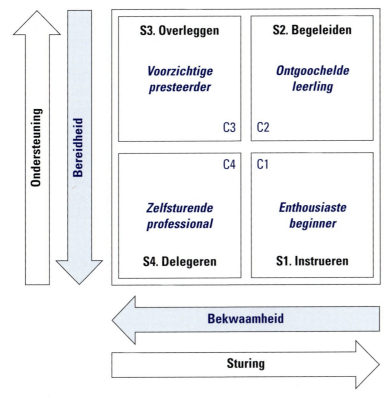

Figuur 4.7   Competentieniveau en bijbehorende leiderschapsstijl

S2 Begeleiden: de projectmanager vertelt meer over het *wat* en het *waarom* om de medewerker te betrekken bij de werkzaamheden. De taakuitvoering (het hoe) wordt nog steeds voorgeschreven en de uitvoering wordt gecontroleerd, maar de communicatie verschuift naar actief vragen stellen, uitleggen, stimuleren en motiveren.

S3 Overleggen: deze leiderschapsstijl wordt ook wel *steunen* genoemd. De medewerker beschikt over voldoende bekwaamheid om zelf de vertaling te maken van het *wat* naar het *hoe*. De projectmanager laat meer los, is vooral klankbord en helpt de medewerker als deze daar behoefte aan heeft. S3-leiderschap is dus vooral actief aandacht geven aan de medewerker en steun bieden.

S4 Delegeren: de resultaatverantwoordelijkheid is bij deze leiderschapsstijl volledig overgedragen aan de medewerker. De leidinggevende projectmanager delegeert de benodigde bevoegdheden naar de medewerker, die zelf de manier van taakuitvoering bepaalt en de voortgang bewaakt. De projectmanager acteert als eindverantwoordelijke vooral voorwaardenscheppend, in plaats van sturend en controlerend.

Bij situationeel leiderschap wordt het succes van de projectmanager dus niet bepaald door zijn eigen voorkeursstijl, maar door het vermogen om de kwaliteiten van de medewerkers in te schatten en hier naar te handelen. Coveys wederzijdse afhankelijkheid en 'eerst begrijpen, dan pas begrepen worden' komen dus weer om de hoek kijken. Bedenk verder dat het toetsen van het competentieniveau een dynamisch proces is. Het is afhankelijk van de taak, maar dezelfde taak kan voor een medewerker in verschillende situaties (mate van complexiteit, onzekerheid, draagvlak van de omgeving) tot een ander competentieniveau leiden en dus een andere aansturing vereisen. Daarmee vraagt situationeel leiderschap om veel *fingerspitzengefühl* van de projectmanager en het vermogen om op de juiste momenten te sturen en los te laten. En dat laatste lukt pas als je zelfleiderschap in orde is, beschreven in Coveys eerste drie eigenschappen. Maar als het eenmaal lukt, is situationeel leiderschap een onbetwiste factor 10-vaardigheid. Managers die deze kunst beheersen zijn effectiever, werken efficiënter, hebben beter gemotiveerde medewerkers en weten meer creativiteit uit hun team te halen.

Bij situationeel leiderschap doe je wat nodig is, niet wat je het liefst doet

Plaats de individuen van je team elk in het bijpassende kwadrant op basis van hun competentie C1 t/m C4. Stel je de vraag of je iedereen met de juiste situationeel leiderschapsstijl S1 t/m S4 aanstuurt.

Coachend leiderschap

Je zult inmiddels wel aanvoelen dat het beheersen van situationeel leiderschap een belangrijk hulpmiddel is bij 'er bovenop zitten zonder te micromanagen'. Je doet bij het sturen op resultaat namelijk alleen dat wat nodig is en ook nog eens op de meest effectieve manier. Hierdoor kun je ten aanzien van detail ver gaan, zonder dat het als irritant of betuttelend wordt ervaren door de medewerker. Want sturen op detail kent voor elk kwadrant een andere verpakkingsvorm, zoals intensief klankborden in S3 en nauwkeurig instrueren in S1.

In figuur 4.8 staat het hele model van situationeel leiderschap samengevat, waarin we alvast vooruitkijken naar de toepassing tijdens de uitvoering. In de figuur staat ook het begrip *coachend leiderschap* weergegeven, wat betekent dat je met het juiste situationeel leiderschap de medewerker helpt in zijn ontwikkeling en groei. Sommigen bestempelen het S2- en S3-kwadrant als de coachingskwadranten, maar persoonlijk vind ik dat je coachend leiderschap voor élk kwadrant kunt inzetten. Met coachend leiderschap zet je je medewerkers in hun kracht, pas je het juiste situationeel leiderschap toe en ontwikkel je hun kwaliteiten zodat ze groeien in taakvolwassenheid.

Men zegt wel eens: *delegeren is moeilijk*. Dat is nu goed te begrijpen, want het vraagt én S4-leiderschap van de leidinggevende, maar óók C4-taakvolwassenheid van de medewerker. Mijn observatie is echter dat *de overgang van S2 naar S3* voor de leidinggevende misschien nog wel moeilijker is; de overgang tussen 'bepalen hoe de medewerker zijn taken uitvoert' naar 'je overgeven aan de voorkeuren van de ander en toch grip houden op het resultaat'. In de praktijk zul je met de medewerker veel op en neer pingpongen tussen S2 en S3 en ervaren dat het een grijs gebied is tussen twee fundamenteel verschillend aanstuurstijlen.

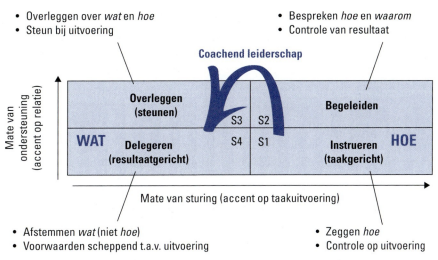

Figuur 4.8   Situationeel en coachend leiderschap

Afsluitend enkele voorbeelden waarbij situationeel leiderschap *niet* op de juiste manier wordt toegepast:

- *Een zelfsturende professional (C4) directief (S1) aansturen*: de professional zal je ervaren als micromanager en gedemotiveerd raken. In hoofdstuk 7 over de projectverleider zullen we zien dat de medewerker zich zelfs zal aanpassen aan de (verkeerde) leiderschapsstijl en kan terugvallen naar C2.
- *De C1-medewerker overschatten en onterecht als zelfsturende professional (S4) aansturen*: de medewerker zal zwevend gedrag vertonen of de verkeerde weg inslaan. Bovendien is de kans groot dat je te laat achter de verkeerde inschatting komt omdat je (onterecht) uitging van 'geen bericht is goed bericht'.
- *Een medewerker die zichzelf als zelfsturend professional ziet maar het eigenlijk niet is:* als er alleen ondersteuning nodig is (de medewerker is dus eigenlijk C3), dan valt de schade nog te repareren, al zal niet iedereen met een scheef zelfbeeld zich laten ondersteunen of begeleiden. Moet er ook sturend worden ingegrepen, dan heb je een probleem als de betreffende taak een sterk autonoom karakter vraagt.

4.5   De factor 10 van de projectmanager

De projectmanager beschikt dus over veel mogelijkheden om doelmatiger te worden. Slim acteren, omdenken, verbanden zoeken, het juiste type situationeel leiderschap vertonen, alert zijn en de zeven beginselen van Covey geven je een arsenaal aan middelen waar je meer mee kunt bereiken dan met hard werken, de factor 2, alleen. En lijken de tips moeilijk uitvoerbaar, bedenk dan dat *bewust* toepassen belangrijker is dan *perfect* toepassen. Door steeds met aandacht te handelen en na te denken over de doelmatigheid van wat je doet, zal je gezonde

verstand al heel wat factor 10-momenten creëren. Bewust een zitplaats kiezen in een vergadering bijvoorbeeld. Of enkele minuten voor de onderhandeling bewust stilstaan wat je minimale doelen zijn en wat je kunt weggegeven aan de tegenpartij. Door bewuster te acteren ben je al een heel eind op weg en je vooruitgang zal je stimuleren om steeds een stap verder te zetten.

Werken aan organiseren of aan de organisatie
De factor 10 kun je niet alleen toepassen in je eigen gedrag, maar ook in de oplossingen die je kiest. Stop je energie bijvoorbeeld niet automatisch in procedures, maar investeer wat meer in logica en het menselijk gedrag.

In hoofdstuk 1 concludeerden we al dat vaak ingezet wordt op extra regels om veranderingen door te voeren. Maar het kan ook anders, wat weergegeven is in figuur 4.9. Je ziet dat er drie soorten regels zijn: *opgeschreven regels, logische regels en impliciete regels*. De nieuwe procedures vallen onder de opgeschreven regels. De logische regels zijn niet opgeschreven maar volgen uit de structuur van de organisatie of het systeem. Impliciete regels liggen ten slotte verankerd in het gedrag van de medewerkers en de cultuur van de organisatie.

Je kunt het vergelijken met de spelregels en het spel bij voetbal. Het aantal spelers, de afmetingen van het veld, wat buitenspel is en hoe je bepaalt wie wint, zijn de opgeschreven regels. Het samenspelen is echter tactiek die volgt uit de logica dat je gebruikmaakt van de kracht van het team door over te spelen. Dat hoef je dus niet officieel vast te leggen in regels, een goed team maakt daar vanzelf gebruik van. Hetzelfde geldt voor het individuele spelgedrag van de spelers. Ook dat schrijf je niet voor, maar je zet in op de creativiteit en het spelinzicht van het individu.

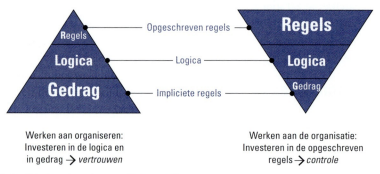

Figuur 4.9   De impliciete regels en de opgeschreven regels

Pas dit mechanisme eens toe in je project. Wil je investeren in vertrouwen (gedragscultuur, links in figuur 4.9) of in controle (procedures, rechts in de figuur)? Probeer eens niet te investeren in extra regels, maar stop je energie juist in het wijzigen van het gedrag van het team of grijp in op de logica. Het volgende voorbeeld kennen we allemaal. Een vergadering die start om 9:00 uur duurt al snel de hele ochtend, terwijl om 11:00 uur starten ervoor zorgt dat iedereen er automatisch op gebrand is om effectief te vergaderen zodat de vergadering vóór de lunch is afgerond. Iets soortgelijks kun je toepassen als je input nodig hebt van mensen uit je organisatie. Je kunt dan regeltjes opstellen door deadlines te communiceren en vervolgens steeds reminders te sturen. Maar je kunt ook het leveren van input koppelen aan een korte plenaire sessie waarin iedereen 5 minuten krijgt om de input te tonen en een persoonlijke samenvatting te geven. Reken maar dat je niet aan de slag hoeft om de mensen hun deadline te laten halen. Mensen die moeten optreden zorgen zelf wel dat ze niet afgaan. Zo eenvoudig is de factor 10 soms.

De factor 10 is voor iedereen toepasbaar, ongeacht de persoonlijke stijl!

Samenvatting

- Hard werken is factor 2, slim leiderschap en gedrag vormen de factor 10.
- Leiderschap is de goede dingen doen, management de dingen goed doen. Je hebt ze allebei nodig!
- Gebruik omdenken om met ogenschijnlijk tegendraads gedrag de regie naar je toe te trekken. Verzet je niet tegen de werkelijkheid, maar creëer iets nieuws, ook dit is acteren in plaats van reageren.
- Pas Coveys zeven eigenschappen van effectief leiderschap toe en in het bijzonder:
  - De cirkel van invloed en betrokkenheid
  - Coveys kwadrant (belangrijk ⇔ urgent)
  - De emotionele bankrekening
- Coveys tweede eigenschap is 'begin met het einde voor ogen'. Maak vanaf het eerste moment van het project de landingsbaan zichtbaar waardoor iedereen zich richt op de resterende route tot het doel. Bij de rapportage resulteert dit in communiceren in time-to-go, costs-to-go, etcetera.
- Voor de factor 10 heb je situationeel leiderschap nodig:
  - Er is geen 'beste' manier van leidinggeven. Effectief leiderschap hangt af van de situatie. Durf te variëren!
  - Maak onderscheid in taakgericht en mensgericht sturen.
  - Stem je stijl af op de taakvolwassenheid van de medewerker:
    - S1 Instrueren (taakgericht)
    - S2 Begeleiden
    - S3 Overleggen
    - S4 Delegeren (resultaatgericht)
- De factor 10 is voor iedereen toepasbaar. Bewust toepassen is belangrijker dan perfect toepassen.

5 Het plan deel I: project breakdown

- Hoe de 10%-confrontatieregel helpt tegen uitstelgedrag.
- Creëer je eerste beïnvloedingsmoment met de project charter.
- Waarom een plan geen boodschappenlijstje mag zijn.
- Met de product breakdown structure eenvoudig een compleet overzicht maken van testbare en delegeerbare deelresultaten.
- Hoe je het fundament van je project verbetert en proactief maakt met het V-model en DfX.

Heb jij een vaste aanpak om te komen tot een betrouwbaar en door het team en opdrachtgever gedragen plan? Of is het planningsproces voor jou een intuïtief gebeuren dat je steeds anders doet? Mijn persoonlijke ervaring is dat ik de eerste jaren als projectleider soms lang staarde naar het lege template van het projectmanagementplan. Waar moest ik beginnen? Eenmaal bezig kwam ik dan wel op stoom, maar kon dan de prikkel missen om tussentijds met de stakeholders af te stemmen. *Dat moet ik de volgende keer anders doen*, dacht ik dan en lijmde de

Ik miste een plan om het plan te maken

brokken aan elkaar. Het kwam iedere keer wel weer goed, maar ik miste een strakke aanpak om een plan te maken. Een aanpak om het team zo goed mogelijk te betrekken bij het proces en om structureel de stakeholders te informeren en te beïnvloeden.[5]

5.1 De 10 stappen van het maken van een plan

Misschien worstel je ook met de manier waarop je tot een projectmanagementplan komt. Troost je, je staat niet alleen. Vele organisaties worstelen met de vraag hoe plan en planning nu eigenlijk tot stand moeten komen. En dat zijn niet alleen organisaties die net beginnen met projectmatig werken. Vaak is er geen gedragen werkwijze waaraan (beginnende) projectmanagers zich kunnen optrekken. Planningen maken kent kennelijk een hoog 'ontdek het zelf'-gehalte. Gevolg is een wisselende kwaliteit, beperkte onderlinge feedback en een grote mix van stijl en aanpak binnen organisaties. Er ligt wel een template, maar een leidraad hoe die te vullen ontbreekt. En hierbij gaan we nog even voorbij aan het feit dat het planningsproces veel meer is dan het schrijven van het projectmanagementplan alleen. Dat document is een eindresultaat waaraan verschillende informatie-, analyse-, beslis- en creatiestappen vooraf zijn gegaan. Kunnen projectmanagementmethoden als PRINCE2 en *PMBOK Guide* of het ICB competentieraamwerk van IPMA daar dan niet bij helpen? Voor een deel wel, maar deze methoden beschrijven vooral *wat* er in een plan moet komen te staan. Over de

---

[5] Dit hoofdstuk sluit aan bij de volgende competenties uit IPMA's ICB4: Strategy, Results orientation, Project design, Requirements and objectives, Scope, Quality, Resources, Procurement, Select & balance.

manier *hoe* je dat doet, zijn ze minder duidelijk. Op dat gebied laten ze de vrijheid aan de projectmanager en zijn organisatie.

Als er onvoldoende sturing of begeleiding is binnen het planningsproces, loop je de volgende gevaren:
- De projectmanager vergeet stappen of loopt vast in het proces.
- Het projectmanagementplan mist structuur of aansluiting op de werkvloer, waardoor het of niet onderhoudbaar is of helemaal niet gebruikt wordt.
- Door het ontbreken van een aanpak is het moeilijk voor de projectmanager om teamleden te betrekken bij het opstellen van het plan.
- Om tijdens het planningsproces af te kunnen stemmen met de stakeholders heb je tussenresultaten nodig. Als er geen gestructureerde aanpak is, dan ontbreekt het vaak aan die tussenresultaten of het onderbouwende verhaal erachter.
- Kennisuitwisseling wordt moeilijker, maar minstens zo belangrijk: de interfaces en koppeling tussen de (deel)plannen worden minder expliciet, wat gevolgen heeft voor synchronisatie van de deelprojecten tijdens de uitvoeringsfase.

In dit en het volgende hoofdstuk leg ik uit hoe je een projectmanagementplan kunt maken en hoe je je team en de stakeholders maximaal kunt betrekken bij dit proces. Maar eerst laat ik je kennismaken met de 10%-confrontatieregel, een belangrijk hulpmiddel bij alle activiteiten in de definitiefase.

De 10%-confrontatieregel
Ik zal het maar meteen opbiechten. Ik noem het wel de 10%-confrontatieregel, maar eigenlijk zou ik het net zo goed de 8%-, 15%- of 20%-confrontatieregel kunnen noemen. De regel heeft ook geen wetenschappelijke basis, het is een hulpmiddel dat ik zelf gebruik om *duikbootgedrag* te voorkomen. Duikbootgedrag vertoon je als je bij de start van een activiteit 'onder water duikt', hard doorwerkt en pas helemaal aan het einde als het af is weer 'aan de oppervlakte komt'. Duikbootgedrag betekent dus dat er tijdens de activiteit geen zichtbaarheid is of afstemming plaatsvindt met de stakeholders. Focus is goed, maar kan ook leiden tot blindstaren.

 Heb jij wel eens last van duikbootgedrag?

Met de 10%-confrontatieregel voorkom ik duikbootgedrag door bij de start van de activiteit het commitment aan te gaan om na ongeveer 10% van de doorlooptijd van de activiteit al 'boven water te komen' en een tussenresultaat te tonen aan de stakeholders. In figuur 5.1 staan drie activiteiten met een voorbeeld voor het 10%-confrontatiemoment. Het is belangrijk dat je begrijpt dat dat moment niet vrijblijvend is. *Je wacht dus niet af óf je iets te melden hebt, maar maakt vóóraf de afspraak dat je iets melden komt.* Dat is spannend, want vaak weet je dan helemaal nog niet wat je kunt communiceren. Dat komt vanzelf wel. Het commitment

Met de 10%-confrontatieregel voorkom je duikbootgedrag

zorgt er namelijk voor dat je meteen overzicht moet creëren en de belangrijke (proactieve) zaken duidelijk krijgt. En dat kost vaak niet meer dan een uur van je tijd. Je zult verbaasd zijn wat je in die korte periode bereikt door een stok achter de deur én het contact met de omgeving. Over factor 10-gedrag gesproken!

Naast het feit dat het helpt bij de communicatie met je stakeholders, helpt het 10%-confrontatiemoment ook om op tijd keuzes te maken. Het voorkomt bijvoorbeeld dat je te lang investeert in de voorbereiding van iets, of aan de verkeerde dingen werkt. Hoe belangrijk een goede voorbereiding ook is, het mag nooit tot blindstaren leiden. Het einddoel staat voorop, laat je dus helpen door de 10%-confrontatieregel!

Waarschijnlijk heb je al opgemerkt dat het 10%-confrontatiemoment een praktische invulling is van het 'kleine V-tje' uit paragraaf 3.5. Door je zelf op te leggen om bij het afspreken van de einddatum ook meteen het eerste feedbackmoment aan te kondigen, leg je de basis voor vroege afstemming. Dat is spannend en taakstellend, maar het geeft je automatisch een duw waarna het vliegwiel zijn werk gaat doen en je je niet meer kunt verstoppen. Zo zet je vanzelf de stap van reactief naar proactief naar beïnvloedend gedrag.

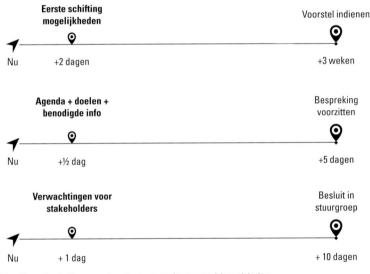

Figuur 5.1 Het 10%-confrontatiemoment met tussenresultaat voor drie activiteiten

Het plan om een plan te maken

Voor het maken van het projectmanagementplan kun je de tien stappen volgen die staan beschreven in figuur 5.2. Hiermee verzamel je de essentiële projectinformatie en zet je de juiste structuur neer voor een betrouwbare route tot het einddoel. Bovendien biedt iedere stap de mogelijkheid om (een deel van) het team te betrekken bij de uitvoering. De stappen werken zowel bij een traditionele fasering als bij een Agile aanpak, maar ook bij de combinatie van beiden als je project bestaat uit deelprojecten met waterval en Agile processen.

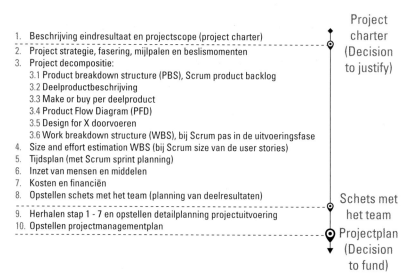

Figuur 5.2 De 10 stappen van het planningsproces

In het stappenplan is de 10%-confrontatieregel zelfs *twee keer* verwerkt; bij stap 1 en stap 8. De tijd tot een afgerond projectmanagementplan is gewoon te lang om te doorlopen zonder intensief contact met de stakeholders. Duikbootgedrag ligt op de loer, met het gevaar dat je opdrachtgever onrustig wordt of zich afvraagt of je wel wat zinnigs doet en het vertrouwen in je kwijtraakt, zeker als de opdrachtgever een doenermentaliteit heeft. Uiteraard wil je het tegenovergestelde bewerkstelligen en de opdrachtgever juist proactief beïnvloeden. Dat levert twee belangrijke vroege feedbackmomenten op:

1. **Project charter**: A4-tje met de scope van het project, projectdoel en de belangrijkste op te leveren resultaten. Aangevuld met het benoemen van de stakeholders, teamleden, projectrisico's en de wijze van communicatie. *De project charter is dé kans om vroeg interactie met je omgeving te hebben.*
2. **Schets met het team:** planning op hoofdlijnen, maar met voldoende detail om timing en kosten, de op te leveren deelresultaten (deliverables) en inzet van mensen en middelen te kunnen onderbouwen. Onderscheidt zich onder meer van het latere detailplan doordat het nog geen leidraad voor de uitvoering van de werkzaamheden bevat. De schets met het team is een planning van deelresultaten, niet van activiteiten.

Figuur 5.3 Het planningsproces kent twee 10%-confrontatiemomenten

Net als bij de houtskoolschets van de schilder bepaal je bij de schets met het team de contouren van het project om de verwachtingen richting de stakeholders te kunnen managen. Je doorloopt hierbij heel wat stappen in relatief korte tijd. Deze stappen worden bij het opstellen van de detailplanning herhaald en verfijnd door middel van aanvullende informatie, haalbaarheidsstudies en de opgeleverde (vaak inhoudelijke/technische) deliverables uit de inrichtingsfase. Bovendien wordt detail op activiteitenniveau toegevoegd om het plan geschikt te maken als leidraad voor de uitvoeringsfase. De detailplanning wordt vaak uitgewerkt in een planning tool, zoals Microsoft Project. Voor een project met een doorlooptijd van anderhalf jaar duurt het traject om te komen tot de schets ongeveer een week en de rest van de definitiefase twee maanden. Bij een project van twee maanden wordt vaak binnen een week een projectplan (met offerte) verwacht, waardoor de schets met het team in een halve dag moet kunnen worden gemaakt.

5.2 Stap 1: Project charter

De stappen van het planningsproces bestrijken de volledige voorbereidings- en inrichtingsfase. Het belangrijkste resultaat van de projectvoorbereiding is de *project charter*. Wellicht een beetje verwarrend want in het projectmodel in hoofdstuk 1 staat *projectopdracht*. De naam project charter, de term volgens de *PMBOK Guide*, dekt de lading in mijn ogen beter en wordt ook bij andere methoden zoals Six Sigma gebruikt. Overigens is de PRINCE2-term *project brief*.

De project charter is dé kans om vroeg feedback te krijgen

De andere deliverables van de voorbereidingsfase zijn de *businesscase* en het *plan projectinrichting*. De businesscase is uiteraard belangrijk, maar is in feite de verantwoordelijkheid van de opdrachtgever. Als projectmanager zal je de businesscase grondig bestuderen en bijdragen aan de verbetering door er vragen over te stellen en voorstellen voor aanpassingen te doen. De project charter kun je zien als jouw antwoord op de businesscase. Het plan projectinrichting is je plan om de inrichtingsfase te doorlopen en zal onder andere de tien stappen van het planningsproces bevatten. Dat plan is belangrijk omdat je hiermee de verwachtingen afstemt ten aanzien van de duur en de kosten van de inrichtingsfase, maar ook om de juiste middelen ter beschikking te krijgen voor de projectinrichting. Blijf wel pragmatisch, beperk het plan projectinrichting tot één tot enkele A4-tjes.

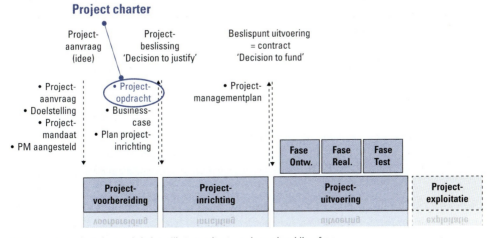

Figuur 5.4 De project charter als belangrijkste resultaat van de voorbereidingsfase

Inhoud project charter

De project charter bevat de informatie en afspraken die nodig zijn om het project te kunnen starten. Denk hierbij aan de volgende elementen:
- Achtergrond (context en aanleiding)
- Projectdefinitie:
  - Doel van het project
  - Belangrijkste projectresultaten
  - Scope en afbakening (wat zit niet in de scope)
  - Raakvlakken
  - Restricties
- Zakelijke rechtvaardiging (businesscase)
- Eisen klant op hoofdlijnen
- Projectorganisatie op hoofdlijnen
- Projectstrategie
- Belangrijkste risico's
- Projectplan op hoofdlijnen

Deze informatie kan natuurlijk in allerlei vormen worden opgeschreven, maar ik heb persoonlijk de voorkeur voor *een formaat dat op één A4-tje past* zoals is afgebeeld in figuur 5.5. Waarom? Allereerst omdat één velletje alle excuses weghaalt dat het opstellen een grote klus is die je vervolgens voor je uitschuift. Ten tweede dwingt een A4-tje je tot het terugbrengen van alle materie tot de essentie. *In der Beschränkung zeigt sich erst der Meister.* Ten slotte past een opgevouwen A4-tje in je broekzak waardoor je het altijd bij je hebt en bij alle gesprekken kunt aanscherpen. Maar kun je dit resultaat met een ander template behalen, dan is dat uiteraard ook prima. Op internet vind je vele voorbeelden.

Door de project charter sta je meteen met 1-0 voor

Zo vroeg mogelijk een eerste versie

De project charter is één van de drie deliverables waarvan ik vind dat een projectmanager altijd zélf het initiatief moet nemen om deze te maken. De andere twee zijn de *product breakdown structure* en de *heartbeat* die later behandeld zullen worden. Een project charter maak je allereerst voor je zelf, hiermee creëer je heel vroeg een formeel tussenresultaat waarmee je enorm veel inzicht krijgt. Dit inzicht kun je gebruiken in de (beïnvloedings)gesprekken met de stakeholders. Het is verstandig om in deze fase ook de *stakeholderanalyse* uit te voeren (zie paragraaf 2.3), omdat deze aangeeft hoe te communiceren met de belanghebbenden.

 Wil je de opdrachtgever verrassen? Neem zelf het initiatief om snel na het eerste gesprek het project in de vorm van een project charter te bespreken. Vaak zul je complimenten krijgen over je professionele aanpak.

De project charter heeft een eenvoudige structuur, maar schijn bedriegt. Het vertalen van je eerste indrukken tot de essentie van het project is niet makkelijk. Daarmee heeft de project

Het plan deel I: project breakdown

Projectnaam:	Projectmanager:	
	Opdrachtgever:	
Projectbeschrijving (context en aanleiding)	Projectdoel en financiële impact (businesscase)	
Projectscope (en afbakening)	Stakeholders	
Projectresultaten (belangrijkste deliverables, KPI's)	Belangrijkste activiteiten, timing	
Teamleden	Belangrijkste risico's	
Review- en communicatieplan	Goedkeuring	
	Naam: Functie: Paraaf: Datum:	

Figuur 5.5   De project charter in A4-formaat

charter alle eigenschappen van een 10%-confrontatiemoment: het gevoel hebben dat je nog te weinig weet, tekortkomingen zien en willen perfectioneren, waardoor uitstellen en niet-communiceren op de loer liggen. Ik adviseer projectmanagers daarom maximaal twee uur te besteden aan de eerste versie van hun project charter, met als voorwaarde dat ze hem wel *helemaal* invullen (dus niet blijven hangen in het perfectioneren van alleen het vakje projectbeschrijving). Daarbij kunnen ze dus alleen gebruikmaken van de informatie uit het eerste gesprek, hun eigen ervaring en enkele vragen aan andere kennisdragers. Maar dat is meer dan voldoende om het eerste paaltje in de grond te slaan en de vervolggesprekken met een 1-0 voorsprong in te gaan. Dit vervolgtraject zal effectiever en anders verlopen dan wanneer je niet was gestart met de project charter. Dan zou het ook een periode met veel nadenken en analyseren worden, maar waarschijnlijk ook een periode zonder veel actie…

5.3   Stap 2: Projectstrategie en -fasering

Met de project charter op zak kan het echte werk gaan beginnen. Probeer echter eerst nog het beslispunt *decision to justify* expliciet te passeren met de stuurgroep of de opdrachtgever. Ook als zij daar niet direct waarde aan hechten, wat niet ongewoon is. Verzin maar een aanpak die past bij de cultuur van de organisatie; een officiële bespreking, langsgaan bij de stakeholders en ze een handtekening te laten zetten, of door een e-mail te richten aan je opdrachtgever waarin je vermeldt waar deze een *go* voor heeft gegeven.

Verantwoordelijkheden krijg je vanzelf, voor bevoegdheden moet je knokken

Waarom is dit zo belangrijk? Omdat dit hét moment is om je mandaat expliciet te maken. Want niets gaat vanzelf. Als projectmanager krijg je vanzelf de verantwoordelijkheden, maar voor de bijbehorende bevoegdheden zal je moeten knokken. Neem hierbij nog even het omdenken uit paragraaf 4.2 in herinnering: je bij de projectstart kritisch opstellen en het decision to justify-moment zien als overdracht van de opdrachtgever naar de projectmanager. Tot dat moment valt er te onderhandelen, erna ben *jij* officieel verantwoordelijk voor de projectrealisatie.

Strategische aanpak

Wat is de beste aanpak om de projectdoelstellingen te realiseren? Denk hierbij aan vragen als:
- Welke fasering kies je, met welke belangrijke tussenresultaten?
- Wat doe je Agile, wat doe je traditioneel waterval?
- Hoe leer je de eindgebruiker kennen?
- Hoe ga je om met de stakeholders?
- Wat doe je zelf, wat besteed je uit aan partners?
- Hoe beheers je de risico's?
- Waar zitten de te verwachten wijzigingen?
- Hoe toets je zo vroeg mogelijk de specificaties?
- Hoe motiveer je het team?

Het bedenken van de strategie vraagt om inzicht. Inzicht die je hebt opgedaan in de voorbereidingsfase. De strategie verwerk je tot een projectfasering met bijbehorende thema's per fase. Hierbij kun je uitgaan van het projectmodel of de standaardfasering die in je organisatie gebruikt wordt. Met de strategie verfijn je deze fasering door bijvoorbeeld een extra fase toe te voegen omdat je een tussenresultaat wil toetsen met de eindgebruiker. Ook maak je keuzes welke projectonderdelen je Agile en welke je waterval wilt uitvoeren. Maar maak het allemaal niet te ingewikkeld: *de projectstrategie dient eenvoudig en logisch te zijn en om te zetten tot een projectfasering*.

Fasering en mijlpalen

In het projectmodel zijn de elementaire fases al opgenomen. Fasering betekent een project opknippen in afzonderlijke delen met elk een vooraf gedefinieerd resultaat. Je kunt fasering toepassen om het volgende te bereiken:
- Structureren van een project
- Beheersen van een project (opdelen in kleinere stappen)
- Omgaan met onzekerheden (bijvoorbeeld definitiefase versus uitvoeringsfase)
- Stimuleren van besluitvorming

De kracht van besluitvorming stimuleren wordt wel eens over het hoofd gezien. Zeker in de inrichtingsfase kan het waardevol zijn om de fase op te knippen zodat er op tijd besluitvorming wordt afgedwongen. Bijvoorbeeld om de stakeholders keuzes te laten maken tussen concepten of om een haalbaarheidsstudie of een leveranciersselectie uit te voeren. Door de extra fase zorg je ervoor dat het belangrijke besluit niet de hele inrichtingsfase opeist en zo het planningsproces compliceert, zie figuur 5.6.

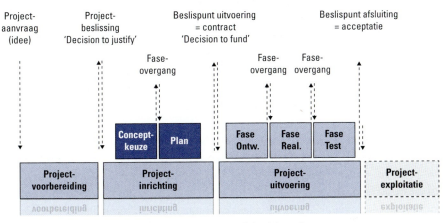

Figuur 5.6 Projectinrichting verder opgesplitst in twee fases voor de besluitvorming

Bij elke *faseovergang* wordt een fasebeoordeling uitgevoerd. Dat betekent dat getoetst wordt of alle tussenresultaten (deliverables) van de fase correct zijn afgerond. Zo'n toetsmoment noemt men ook wel een *mijlpaal*. Hierbij worden tevens de status van de beheersaspecten als tijd, geld, resources, kwaliteit en de kritische parameters getoetst ten opzichte van het plan. Een mijlpaal hoeft theoretisch gezien geen faseovergang te zijn, maar het is wel verstandig om hiervoor te kiezen. Een faseovergang waarbij een belangrijke besluit moet worden genomen noemt men een *beslispunt*.

5.4 Stap 3.1 en 3.2: Product breakdown structure

Hoe weet je of alles wat nodig is om het einddoel te bereiken in het plan staat? Met wat er in staat, bepaal je de doorlooptijd, het benodigde budget en de gewenste resources. Maar wat weet je nog niet? Wie een plan maakt, dient een beeld te hebben van de compleetheid. Want anders kun je er niet op vertrouwen en kijk je naar slechts een deel van het project. Het identificeren van 'alles' resulteert al gauw in een enorme lijst aan items. Om door de bomen het bos te kunnen blijven zien, is het verstandig om het project slim op te delen en te structureren: de *project decompositie*. Project decompositie leidt tot overzicht én detail.

Geen boodschappenlijstje
Je herkent de situatie vast wel. Je zit met je team bij elkaar om het plan op te stellen van een nieuw project. Na wat discussie over en weer word je onrustig. Je streeft namelijk niet naar discussie, maar wil conclusies zien. En… wie moet straks de eindconclusie opmaken en commitment geven aan de opdrachtgever? Jij! Dus sta je op, loopt naar het whiteboard en spreekt de legendarische woorden: 'Wat moet er allemaal gebeuren?'

Goed hier aan is, is dat je in actie komt. En wat je uitstraalt, krijg je terug: binnen *no time* staat het whiteboard vol acties. Je hebt het voor elkaar gekregen om een bespreking die dreigde te verzanden in discussies om te zetten in een spervuur van ideeën. Van alle kanten worden de 'things to do' genoemd, waarbij je je best moet doen om de eerst nog passieve groep bij te houden om alles op te schrijven. Deze aanpak heeft echter ook een keerzijde. De lijst van acties op het whiteboard kent namelijk geen onderlinge samenhang. En dat zal je later gaan opbreken, je bent een 'boodschappenlijstje' aan het maken…

Een 'things to do' boodschappenlijstje mist structuur en koppelingen

Met boodschappenlijstjes is uiteraard niets mis als je gaat winkelen. Een boodschappenlijstje is ook heel handig als *eindoverzicht* om de projectuitvoering op activiteitenniveau aan te sturen. Maar het ontbreekt aan koppelingen tussen de activiteiten onderling en aan de relatie tussen de activiteiten en het te realiseren eindresultaat. Daardoor weet je niet of de lijst compleet is en bij wijzigingen moet je alle activiteiten opnieuw tegen het licht houden. Start daarom met de inventarisatie van de benodigde tussenresultaten en hun onderlinge relatie: de *product breakdown structure*.

De product breakdown structure
Als je bij aanvang van het project nog niet goed weet welke tussenresultaten je op moet leveren, is het uitwerken van de product breakdown structure (PBS) een uitstekend middel om stapsgewijs inzicht te krijgen in het project. Je maakt de PBS door het gewenste eindresultaat stap voor stap op te delen in deelproducten (tussenresultaten) en dit net zo lang te herhalen en te verfijnen totdat alle benodigde deelproducten geïdentificeerd zijn. Men noemt dit productgericht of resultaatgericht plannen. Het zorgt ervoor dat alle noodzakelijke tussenresultaten die nodig zijn om het projectdoel te realiseren, geïdentificeerd en beschreven worden.

Productgericht plannen met de PBS heeft naast het krijgen van een compleet projectoverzicht de volgende voordelen:
- Het maakt het project resultaatgericht.
- Het geeft een duidelijk en visueel beeld van de projectscope.
- Het is een werkwijze die aansluit bij de leefwereld van de klant en de werkwijze van je architect(en) en specialisten.
- Door de visuele structuur is het eenvoudig voor anderen om de compleetheid te toetsen en aan te vullen.
- De structuur wordt het uitgangspunt voor de tijdsplanning, benodigde middelen en kosten.
- Door de deelproducten te voorzien van deelspecificaties en testvoorschriften worden ze geschikt om individueel uit te voeren en op te leveren. Ze worden dus delegeerbaar.
- Met deze decompositie kunnen ook vele andere eigenschappen van het eindproduct, zoals gewicht, energieverbruik en kostprijs, worden gebudgetteerd voor de deelproducten.
- Het maakt het mogelijk het project op te delen in deelprojecten met duidelijke interfaces naar de omgeving.

Het plan deel I: project breakdown

- De structuur kan ook dienen als uitgangspunt voor de projectinformatie- en documentatiesystemen en operationele systemen, zoals logistiek, inkoop en service.

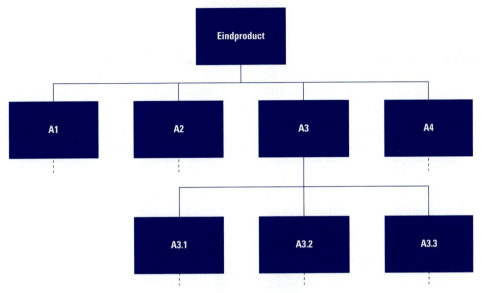

Figuur 5.7   Voorbeeld product breakdown structure (PBS)

De PBS is dus een hiërarchische boom zoals weergegeven in figuur 5.7. Deze boom moet zo compleet mogelijk zijn omdat deze later de basis gaat vormen van het projectmanagementplan. Het aantal niveaus waarin je het eindresultaat opdeelt, is afhankelijk van twee thema's:
1) **Doelgroep**: het gewenste detail zal per deelproduct afhangen van de verantwoordelijke of uitvoerder. De opdrachtgever zal vooral geïnteresseerd zijn in de bovenste rij deelproducten, want deze rij toont meestal de scope. Onderdelen die je uitbesteedt aan derden op basis van resultaatverplichting zul je zelf niet verder detailleren. Deelproducten die je eigen teamleden uitvoeren, zul je opdelen totdat je het individueel werkniveau raakt. Hierbij speelt het competentieniveau van het individu ook een rol; S1-aansturing vraagt om meer detail dan S4-aansturing.
2) **Specificeerbaarheid en testbaarheid**: deel het product op in stukken die individueel gespecificeerd en getest kunnen worden. Opdeling in details die niet gespecificeerd en getest kunnen worden, is niet interessant en zelfs een beetje misleidend.

Meer dan een overzicht van onderdelen

Het is belangrijk om te begrijpen dat de PBS niet alleen deelproducten bevat die onderdeel gaan uitmaken van het eindproduct. Het is dus veel meer dan een *exploded view* van het eindresultaat. Ook tussentijdse producten en tussenresultaten die nodig zijn voor het uitvoeren van het project horen er in te staan. Denk hierbij aan managementdocumenten, specificaties, haalbaarheidsstudies, prototypes, testdocumentatie, kwaliteitsdocumenten enzovoort. En vergeet niet dat *intakes* die van

Met de PBS hak je de olifant in kleine stukjes

buiten het project komen (PRINCE2 noemt ze *externe producten*) een plek moeten krijgen, ook al worden ze niet door je eigen team opgeleverd. De stelregel is: elk tussenresultaat dient ergens in de PBS een plek te krijgen, anders is het geen onderdeel van het project. Toch worden op dit punt regelmatig denkfouten gemaakt, waardoor de PBS alleen de fysieke deelproducten bevat. Om dit uit te leggen gebruik ik het dicht-bij-huis voorbeeld uit figuur 5.8: de verhuizing van meubilair van de ene naar de andere kantoorruimte.

Als je bij dit voorbeeld de denkfout zou maken om de PBS te beperken tot de fysieke onderdelen van het eindresultaat, dan zou in de bovenste regel alleen het blok 'verhuizing meubilair naar nieuwe ruimte' afgebeeld zijn. Gevolg: het project bevat slechts een deel van de scope en op het moment dat men gaat starten met verhuizen, blijkt de nieuwe ruimte nog niet leeg te zijn en opgeknapt. Bovendien zijn de meubels nog niet geschikt gemaakt voor de verhuizing. Stress dus voor de projectmanager en veel improvisatie tijdens de projectuitvoering. Daarom dienen *alle* deelresultaten meegenomen te worden, dus ook het leegmaken en opknappen van de nieuwe ruimte, het opruimen en inpakken van de meubels en de installatie en ingebruikname van het meubilair na de verhuizing. *De PBS is het fundament van alle actie!*

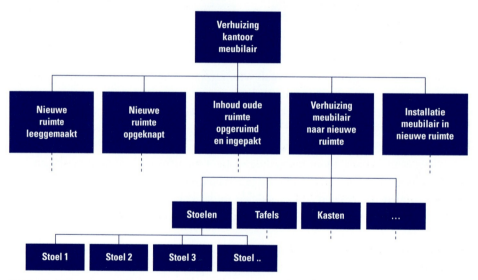

Figuur 5.8   PBS van de verhuizing van meubilair van de ene naar de andere ruimte

In figuur 5.8 kun je goed zien dat de bovenste regel van de PBS de *scope* zichtbaar maakt. Deze regel toont bijvoorbeeld dat het opknappen van de oude ruimte na de verhuizing niet tot het project behoort. Merk verder op dat het projectplan op basis van deze PBS automatisch ook *tussentijdse succesmomenten* toont. Als er nog niets is verhuisd maar de nieuwe ruimte is opgeknapt en geschilderd, kan al een mooi resultaat getoond worden aan de opdrachtgever.

De PBS is ook bruikbaar voor projecten die niets te maken hebben met het ontwikkelen van producten of diensten. Stel je bent verantwoordelijk voor de HRM-activiteiten in een bedrijf. Het HRM-jaarplan zou in de breakdown als bovenste items de resultaten kunnen hebben: verhoging medewerkertevredenheid, werving nieuwe medewerkers, verhoging competentieniveau personeel. Deze items kun je vervolgens met je team verder uitsplitsen in deelresultaten. Je zult verrast zijn welke items en ideeën naar boven komen in dit groepsproces.

De PBS werkt ook als je geen producten ontwikkelt

Twijfel je nog aan de voordelen van de PBS? Dwing jezelf om bij het maken van het plan te starten met de PBS en ervaar al na een uur de voordelen van het hebben van een structuur van tussenresultaten.

Productbeschrijvingen en requirements management
De PBS bestaat dus uit deelresultaten en niet uit activiteiten. Dit is eenvoudig te toetsen door na te gaan of er zelfstandige naamwoorden in staan. Activiteiten (werkwoorden) worden pas later toegevoegd met de *work breakdown structure*. Je beschrijft in de PBS dus *wat* er wordt opgeleverd en niet *hoe* dat wordt uitgevoerd.

De product breakdown structure wordt pas echt bruikbaar als ook de specificaties van het eindproduct zijn vertaald naar de deelproducten. Hiermee rond je de decompositie af en maak je de deelproducten SMART en delegeerbaar. Per deelproduct beschrijf je:
- Productnaam, code etcetera
- Specificaties waaraan het deelproduct moet voldoen
- Specificaties hoe het deelproduct gerealiseerd moet worden
- Samenstelling
- Oplevercondities (bijvoorbeeld de verpakking)
- Meetbare kwaliteitscriteria, afnameprotocol, testrequirements, etcetera

De vertaling van de specificaties van het eindproduct naar de onderliggende deelproducten is een onderdeel van *requirements management*. Je creëert hiermee de mogelijkheid voor *bidirectionele traceerbaarheid van de specificaties* door het systeem heen. Hiermee wordt bedoeld dat je tijdens het uitvoeren van het project kunt garanderen dat de opgeleverde tussenresultaten voldoen aan de benodigde eisen om samen tot het gewenste eindresultaat te leiden. De opdeling van het project in deelstukken met deelspecificaties *(requirements breakdown)* maakt

Met de PBS beschrijf je het wat en niet het hoe

de status transparant en traceerbaar tijdens het doorlopen van het V-model. Dit sluit volledig aan bij het TomTom-gedrag om op elk moment zichtbaar te maken wat er afgerond is en wat er nog moet gebeuren. Bidirectionele traceerbaarheid vraagt om een duidelijke PBS-structuur en maakt ingewikkelde zaken overzichtelijk en beheersbaar. Vaak wordt hiervoor een *traceability matrix* gebruikt, een tabel waarin een koppeling wordt gelegd tussen de eisen voor de deelresultaten in relatie tot die van het eindresultaat.

De opzet van de deelproductbeschrijvingen is afhankelijk van de toepassing. Maak je bijvoorbeeld onderdelen voor een vliegtuig of de medische wereld dan beslaat een deelbeschrijving al gauw een klein boek en is de traceability matrix een complexe database. Maar laat je niet afschrikken en hou het vooral praktisch. De PBS leent zich in tabelvorm uitstekend om te dienen als basis voor een traceability matrix zoals te zien is in figuur 5.9. Met een beetje fantasie zie je de aanvullende kolommen met ingevulde kritische parameters zoals kosten, gewicht, energieverbruik al voor je, uitgesplitst per PBS-element.

PBS niveau 1	PBS niveau 2	Specificaties eindproduct									
		R1	R2	R3	R4	R5	R6	R7	R8	R9	R10
Resultaat A1		X		X		X				X	
	Resultaat A1.1	X									
	Resultaat A1.2				X						
	Resultaat A1.3	X		X						X	
	Resultaat A1.4			X						X	
Resultaat A2			X		X			X			X
	Resultaat A2.1		X					X			X
	Resultaat A2.2				X						X
Resultaat A3		X		X			X				
	Resultaat A3.1			X							
	Resultaat A3.2	X		X							
	Resultaat A3.3						X				

Figuur 5.9   Traceability matrix op basis van de PBS en de specificaties van het eindproduct

Scrum en de PBS

En hoe gebruik je de PBS bij Scrum? We hebben al gezien dat de *product backlog* de lijst bevat van deelproducten die door het team opgeleverd dienen te worden. Daarmee zou je de items hierop kunnen beschouwen als de kleinste (onderste) elementen in de PBS. Deze items noemt men in Scrum ook wel *user stories*. Een user story is functionaliteit van het product die waarde heeft voor de gebruiker. Wat betreft implementatietijd moet deze passen binnen de doorlooptijd van een sprint. De beschrijving heeft een vaste zinsopbouw, die afdwingt dat de user story is opgesteld vanuit het gezichtspunt van de gebruiker:

als <gebruiker> wil ik <iets doen> zodat ik <er iets aan heb>

User stories zijn ook het laagste niveau van de *requirements breakdown* (het specificatiebouwwerk) van het product. Op een hoger niveau komen ze samen tot *epics*. Epics zijn functionaliteiten die interessant zijn voor de stakeholders en die meestal worden opgeleverd in een opeenvolging van meerdere sprints. Scrum kent ook nog een niveau boven de epics, *versions* genaamd. Dit zijn de officiële releases die worden geleverd aan de klant. In figuur 5.10 is een voorbeeld van het specificatiebouwwerk bij Scrum te zien. De bijbehorende PBS staat in figuur 5.11.

Het plan deel I: project breakdown

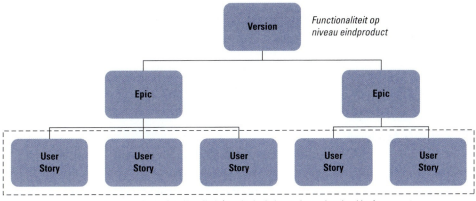

Figuur 5.10 Scrum requirements breakdown (specificaties)

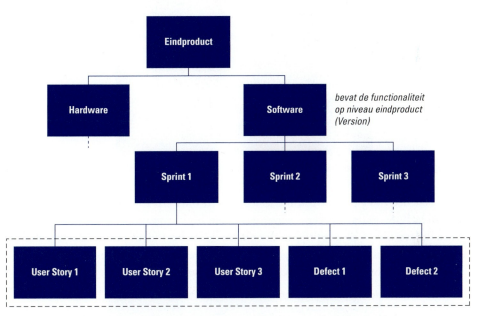

Figuur 5.11 Scrum product breakdown structure (deliverables)

Zoals het hoort, bevat de PBS uit figuur 5.11 deelresultaten en dus de op te leveren sprints met de toegewezen user stories. Verder bevat de product backlog naast de user stories nog *defects* (of bugs). Dit zijn bij de test gevonden problemen die moeten worden opgelost en dus ook op de to do-lijst van het ontwikkelteam thuishoren. Omdat defects geen waarde toevoegen voor de klant, staan ze niet in het requirementsoverzicht.

5.5 Een achtbaan bouwen

Een achtbaan, wie heeft er niet ingezeten of er naar gekeken? Om het maken van de PBS verder te concretiseren, gebruik ik de creatie van een achtbaan als voorbeeld. De ontwikkeling van een achtbaan is een project met een mooie mix van disciplines en projectfases. Daarnaast is een achtbaan heel visueel en daarom ook prima te begrijpen door niet-ingewijden.

Uitleg project Achtbaan

Je opdracht om een achtbaan te bouwen staat beschreven in figuur 5.12. Het is overigens niet nodig om alle technische aspecten te begrijpen, ik noem ze vooral om het geheel wat levendiger te maken. Of de baan nu 3G of 4G als maximale versnelling kent, is voor de context van dit boek niet zo relevant.

Figuur 5.12   Opdracht project Achtbaan

Zoals je ziet, heeft het project een brede scope, van ontwerp tot en met ingebruikname. Bovendien stelt de opdrachtgever – wijzer geworden bij voorgaande projecten – niet alleen eisen aan de levertijd en de kostprijs, maar ook aan de kosten tijdens het werkzame leven van de achtbaan. Dit heeft uiteraard gevolgen voor het project. De opdrachtgever heeft nog meer informatie gegeven over de wensen, beschreven in figuur 5.13.

- Lengte achtbaan: 1200 m
- Maximale hoogte: 45 m
- Aantal wagentjes: 10
- Aantal passagiers per wagen: 4 (2x2)
- Topsnelheid: 110 km/h
- Max versnelling: 3.8 G
- Aantal inversies: 4 (2 loopings, 1 kurkentrekker, 1 vrije val)
- Reistijd: 2 min
- Levensduur: 30 jaar (3 miljoen runs)
- 4D audio met muziek en FX (in karretjes en op track)
- Koppeling Facebook-login via Wifi en 3 punten op track waarop foto's worden gemaakt (plus 1 foto vanuit wagen)

Figuur 5.13   Specificaties project Achtbaan

Ik gaf al aan dat het voor dit voorbeeld niet zoveel uitmaakt of er één of twee *loopings* inzitten. Wel is het belangrijk te begrijpen dat de opdrachtgever een aantal innovaties wil doorvoeren. Zowel voor de beleving van de passagiers als voor marketing en publiciteit. Zo spreekt men over 4D audio, wat betekent dat je ruimtelijk geluid hebt in een wagentje (speakers voor en achter de passagiers) en geluid vanuit de achtbaan zelf. Maar het meest innovatieve is de koppeling met social media. De opdrachtgever wil verder dan de huidige standaard om een foto te kunnen kopen bij het verlaten van de achtbaan. Hij heeft het idee om de reizigers vóór het instappen te laten inloggen met hun Facebook-account en toestemming te geven om vier foto's op hun eigen Facebook-tijdlijn te laten plaatsen. Deze foto's worden tijdens de rit gemaakt op verschillende posities van de baan en vanuit het wagentje. Bij het uitstappen is de rit dus al wereldkundig gemaakt aan de vrienden van de reiziger, een prachtig reclamemiddel, denkt de opdrachtgever.

Om je op weg te helpen wat er zoal bij de ontwikkeling van een achtbaan komt kijken, zijn de belangrijkste onderdelen en projectfases beschreven in figuur 5.14.

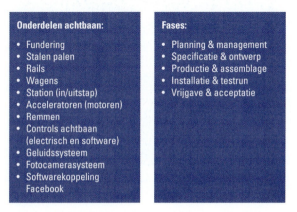

Figuur 5.14   Onderdelen en fases project Achtbaan

Project charter project Achtbaan
In figuur 5.15 staat de initiële versie van de project charter van het Achtbaan project. Hierin staat informatie die je als projectmanager kunt verzamelen op basis van enkele gesprekken met de opdrachtgever en mensen uit je eigen organisatie. Let wel: *de informatie is fictief*, ik heb dit project nooit in de praktijk uitgevoerd. Wat niet wegneemt dat ik met deze project charter het project met vertrouwen zou durven ingaan.

De kracht van de project charter zit hem in het *vroeg in het project* verzamelen van informatie en het *beschrijven van de hele cyclus* van context tot communicatieafspraken. Daardoor blijf je niet hangen in het detailleren van slechts een deelgebied. Dat detailleren volgt later vanzelf in het planningsproces. Neem voor de eerste versie van de project charter niet meer dan twee uur en dus voor elk onderwerp een minuut of tien. Met niet meer dan twee uur en slechts één A4-tje heb je geen excuus om het als een enorme drempel te zien en het voor je uit te schuiven.

Met de eerste versie van de project charter kun je meteen in gesprek met de opdrachtgever. Door de 10%-confrontatieregel sta je al met 1-0 voor! Je kunt bijvoorbeeld de risico's gaan bespreken, zoals het laatste item 'Facebook-koppeling wordt niet geaccepteerd door de bezoekers'. Door dit nu al te bespreken, bouw je een positieve band op met de opdrachtgever, aangezien hij deze koppeling belangrijk vindt voor het projectdoel. Je kunt bijvoorbeeld de suggestie doen om personen die toestemming geven gebruik te laten maken van een VIP-ingang, waardoor ze minder lang in de rij hoeven te staan. Je bent met de project charter dus vanaf dag één bezig met het werken aan de emotionele bankrekening bij je opdrachtgever. En je bouwt tegelijkertijd een solide fundering voor je project.

Projectnaam: Achtbaan	Projectmanager : Opdrachtgever:			
Projectbeschrijving (context en aanleiding)	**Projectdoel en financiële impact (businesscase)**			
Ontwerp, productie en installatie van een achtbaan. Achtbaan dient publiekstrekker te worden, zowel het ontwerp als de integratie met social media. Naast kostprijs en levertijd is cost of ownership een belangrijk item.	Introductie van een nieuwe achtbaan die publiekstrekker moet worden vanwege ontwerp en koppeling met social media. Doel is 10% groei bezoekers van 16-30 jaar. Opening over 20 maanden, kostprijs 12 MEuro + CoO target.			
Projectscope (en afbakening)	**Stakeholders**			
In scope: ontwerp, productie, installatie, vrijgave en onderhoud. Perceel vrijmaken incl. aanleg infrastructuur. Out of scope: PR en marketing, exploitatie en bediening van de achtbaan na vrijgave. Beschikbaar maken perceel.	• Opdrachtgever: commercieel directeur pretpark • Overige 2 directieleden pretpark • Personeel pretpark betrokken bij attractie • Doelgroep attractiebezoekers • Leveranciers en partners ontwikkeling en productie			
Projectresultaten (belangrijkste deliverables, KPI's)	**Belangrijkste activiteiten, timing**			
• Ontwerp en artist impression voor PR pretpark • Perceel opgeleverd incl. infrastructuur • Prototype wagen beschikbaar en getest • Muziek en sound FX beschikbaar • Oplevering achtbaan na afronding alle tests	• Opstellen systeemarchitectuur • Contracten met toeleveranciers opstellen • Ontwerp achtbaan incl. check specificatie onderdelen • Productie en assemblage van de deelsystemen • Installatie, test en vrijgave systeem on-site			
Teamleden	**Belangrijkste risico's**			
Core team (teamleiders): systeemarchitect, subcontract-manager, hardwareprojectleider, softwareprojectleider, test-projectleider, installatie&support-projectleider	• Start ontwikkeling te laat door besluitvorming ontwerp • Systeemprestaties niet haalbaar met standaard-onderdelen (reeds vrijgegeven en beschikbaar) • Facebook-koppeling niet geaccepteerd door bezoekers			
Review- en communicatieplan	**Goedkeuring**			
	Naam:	Functie:	Paraaf:	Datum:
• Intern: wekelijks overleg • Extern: tweewekelijks met opdrachtgever	....	....	....	....

Figuur 5.15   Initiële project charter Achtbaan project

Strategie en fasering project Achtbaan

Op basis van de project charter is stap 2, strategie en fasering, vrij snel gezet. De fasering is redelijk standaard voor dit ontwikkelproject en staat al gedeeltelijk uitgewerkt op de project charter onder *belangrijkste activiteiten*. Wat betreft strategie moeten er nog enkele keuzes gemaakt worden. Bijvoorbeeld of je traditioneel of Agile gaat ontwikkelen. Nu is een achtbaan ontwikkelen technisch gezien niet zo spannend voor een bedrijf dat er in gespecialiseerd is. Vrij veel elementen zijn herhalingen van eerdere projecten. Laten we Cynefin er op los, dan is het een overwegend *gecompliceerd* project met relatief weinig onzekerheden (zie paragraaf 1.3). Een aantal elementen is wel *complex*, zoals de wijze van implementatie van de fotokoppeling met social media en de haalbaarheid van de doelstellingen op het gebied van energieverbruik en cost of ownership tijdens het werkzame leven van de achtbaan.

Besloten is om de software Agile te ontwikkelen. Niet vanwege het grote aantal onzekerheden op het gebied van softwarefunctionaliteit, maar omdat je in een vroege fase van het project al uitsluitsel wil over de haalbaarheid van de foto-upload naar Facebook en tussenreleases wil gebruiken voor tests van de hardwaredeelsystemen, die overwegend waterval ontwikkeld worden. Om focus te krijgen op het borgen van de energie- en onderhoudskosten van het systeem, wordt DfX toegepast voor een aantal kritische parameters. Het is namelijk niet verstandig deze pas te testen aan het einde van het project tijdens de systeemtests. In figuur 5.16 staat de projectstrategie uitgewerkt. Ook dit is een weergave die op één A4-tje past, net als de project charter.

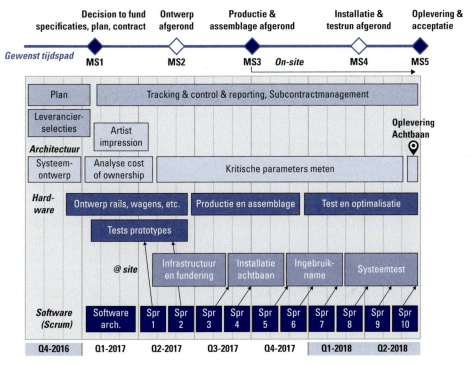

Figuur 5.16 Projectstrategie project Achtbaan

Je vraagt je nu waarschijnlijk af: *weet je dit allemaal al aan het begin van het project?* Het antwoord is: nee en ja. Er is nog veel onduidelijk en je hebt nog geen PBS en zeker geen planning. Maar Coveys tweede eigenschap 'begin met het einde voor ogen' helpt enorm. Of liever gezegd, laat zien dat er niet zo veel te kiezen valt. In de figuur staat vooral hoe het project moet verlopen om de doelstellingen te bereiken en dat is iets wat je met een beetje fantasie al kunt vaststellen bij aanvang. Het is dus geen onderbouwing of het project ook haalbaar is, dat volgt pas later met het plan. Het is een middel om – in aanvulling op de project charter – de projectaanpak te bespreken met je team en je stakeholders. Een middel dat je het hele project kunt blijven gebruiken om de status grafisch inzichtelijk te maken.

> **?** *Wanneer en hoe maak jij de projectstrategie en -fasering zichtbaar?*

Je zult merken dat opdrachtgevers blij zijn met dit soort informatie vroeg in het project. Je dwingt jezelf en je omgeving bovendien om niet te blijven hangen in enkele details, maar om van kop tot staart te denken. We zijn het advies van de TomTom niet vergeten om – ongeacht onzekerheden – de route én de consequenties tot het eindpunt te tonen! Om te zorgen dat de strategie niet wordt opgevat als een gecommitteerd plan, staat bij de tijd-as met mijlpalen 'gewenst tijdspad'. In het gesprek noem ik dit tijdspad ook wel *de natuurwetten van het project*. Het zijn mijlpalen die, als je terugtelt vanaf het eindpunt, min of meer een gegeven zijn. Ze zijn dus niet bedacht door de projectmanager, ze zijn een gevolg van de vraag van de opdrachtgever. Dit overzicht in een vroeg stadium tonen helpt om snel *to the point* te komen en het kaf van het koren te scheiden. Doordat stakeholders snel inzicht krijgen in de gevolgen van hun wensen, creëer je een sfeer om samen besluiten te nemen. In combinatie met de project charter is dit dus een kans om je te ontpoppen als proactief en beïnvloedend projectmanager.

De product breakdown structure

Nadat de project charter en projectstrategie besproken zijn met de stakeholders, kun je aan de slag met de PBS.[6] Die kan er uitzien als in figuur 5.17. Uiteraard kan niet de hele PBS worden afgebeeld. Er is telkens een complete rij weergegeven, waarbij vervolgens een keuze is gemaakt welk deelproduct verder wordt uitgesplitst. Bovendien gaat dit voorbeeld maar drie rijen diep. In de PBS-structuur kun je verschillende keuzes maken. In deze figuur is gestart met een *functioneel georiënteerde* verdeling in projectfases, waarna per fase alle achtbaanonderdelen worden genoemd. Dat is voor dit project logisch, omdat je zelf het hele systeem integreert en verantwoordelijk bent voor alle projectfases.

Een goede PBS sluit aan op inhoud én organisatie

Je kunt het ook aanpakken als in figuur 5.18. Hier staan de achtbaanonderdelen op de bovenste rij en wordt juist per onderdeel de fasering op een lager niveau herhaald. Deze *product georiënteerde* beschrijvingsvorm past weer meer bij een situatie waarbij je op hoog niveau alle onderdelen aan partners uitbesteedt. Je geeft deze partners dan de hele boom met het volledige ontwikkeltraject zoals 'Wagens' of 'Controls & software'.

De functioneel en product georiënteerde structuren zijn weliswaar verschillend, maar gebruiken dezelfde bouwstenen. Die komen alleen op een andere plek terecht in de PBS aangezien de projecten anders georganiseerd worden. *Een goede PBS sluit dus niet alleen aan op de projectinhoud, maar ook op de projectorganisatie.* De verantwoordelijkheid over projectdelen kun je namelijk beter delegeren als deze projectdelen als een afgebakende structuur in de PBS staan. Dan kunnen ze als zelfstandig deelsysteem ontworpen en getest worden en er bestaat duidelijkheid over de product- en projectinterfaces.

---

6 Wil je de complete PBS van het project Achtbaan bestuderen, dan kun je deze downloaden op www.roelwessels.nl

Het plan deel I: project breakdown

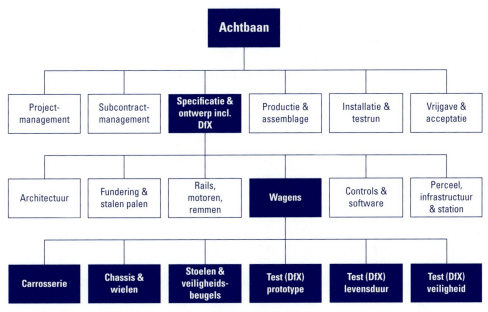

Figuur 5.17   Product breakdown structure project Achtbaan (functioneel georiënteerd)

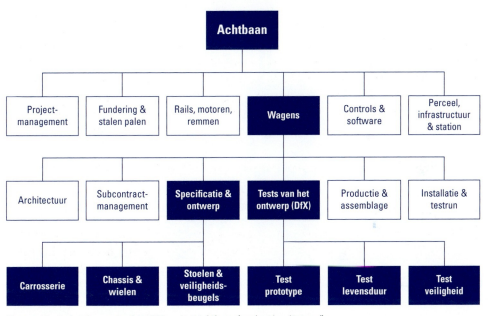

Figuur 5.18   Andere keuze structuur PBS project Achtbaan (product georiënteerd)

Wax on… wax off…

Je kent wellicht deze beroemde zin uit de film *The Karate Kid* uit 1984: 'Wax on… wax off'. In deze film wil de tiener Daniel karatekampioen worden en hij krijgt hierbij hulp van voormalig karateleraar Miyagi, die zich gaandeweg ontpopt tot vaderfiguur. De training die hij Daniel geeft, is zeer eigenzinnig, zoals het waxen van auto's, schuren van een vloer en het schilderen van een schutting. *Wax on… wax off*, herhalen en herhalen. Elke oefening is gekoppeld aan een specifieke beweging om kracht op te bouwen en de beweging te embedden in het spiergeheugen, om later toe te passen bij het karatespel. Maar leerling Daniel ziet deze koppeling niet en raakt gefrustreerd omdat hij meent dat hij niets van het karatevak leert. Hij doorloopt alle fases van de ontwikkeling naar taakvolwassenheid, ook de fase van ontgoochelde leerling. Later ontdekt hij hoe deze ogenschijnlijk simpele oefeningen in combinatie met een dagelijks ritme van oefenen leiden tot vakmanschap. Hij wordt kampioen.

Vaak begrijp je het nut van iets pas als je het beheerst

Zo werkt het ook bij het planningsproces. Het uiteindelijke detailplan met activiteiten, resources en deadlines dient vooraf te worden gegaan door veel oefening en soms ogenschijnlijk irrelevante activiteiten. Het opstellen van de project charter en de PBS zijn activiteiten met een hoog wax on… wax off…-gehalte. Pas als je het vak beheerst, ga je alle voordelen zien. En vaak zal je in je omgeving niet eens over een Miyagi-figuur kunnen beschikken die je motiveert om vol te houden. Je opdrachtgever zal er niet om vragen, je leidinggevende vaak ook niet en je team springt maar al te graag meteen naar het activiteitenniveau.

Figuur 5.19   The Karate Kid, Wax on… wax off…

Twijfel dus niet te lang over het nut van de project charter en de PBS, maar doe het! Pas als er iets op papier staat, zal je team de voordelen zien. Bijvoorbeeld omdat men deelresultaten ontdekt die anders vergeten zouden zijn. Of omdat men beseft dat vroeg nadenken over testbaarheid gevolgen heeft voor de definitie van een deelproduct. Een projectmanager moet het planningsproces dus niet alleen zélf beheersen, maar ook het vermogen hebben om de omgeving te motiveren en taakgericht te ondersteunen bij dit proces.

5.6 Stap 3.3 – 3.5: Product Flow Diagram en DfX

Is de PBS gemaakt, dan kan de volgende stap worden gezet. Het bepalen van de samenhang van de deelproducten in de tijd, want dat is in de PBS niet meegenomen. Dit geeft meteen de mogelijkheid om de PBS verder te verbeteren op basis van het V-model en Design for X, zodat risico's eerder in het project afgebouwd kunnen worden.

Make or buy per deelproduct (stap 3.3)
Maar eerst is het verstandig om in de PBS aan te geven welke deelresultaten je met je projectteam gaat realiseren en welke door partners of toeleveranciers worden opgeleverd. Dit benadrukt nogmaals dat de PBS zo volledig mogelijk moet zijn: *Ook de deelresultaten die je niet zelf oplevert, maar die wel nodig zijn voor het eindresultaat moeten er in staan.* Want ook van deze deelresultaten zal je voortgang en kwaliteit moeten blijven monitoren. De beslissing *make or buy* doe je meestal al integraal tijdens het opstellen van de PBS, want het is verstandig

Zorg dat je alleen afgebakende deelproducten uitbesteedt

om een 'complete boom binnen de PBS' uit te besteden. Hiervan zijn namelijk de deelspecificaties en de koppelingen (interfaces) met de rest van het project duidelijk. Make or buy heeft dus invloed op de structuur van de PBS. Bovendien zal je van deelresultaten die je uitbesteedt zelf de detailuitwerking niet doen. Die verantwoordelijkheid (en vrijheid) leg je bij de uitvoerder neer. Jij beschrijft het *wat*, de leverancier bepaalt het *hoe*. De consequenties van make or buy voor de PBS zijn goed te zien in figuur 5.20.

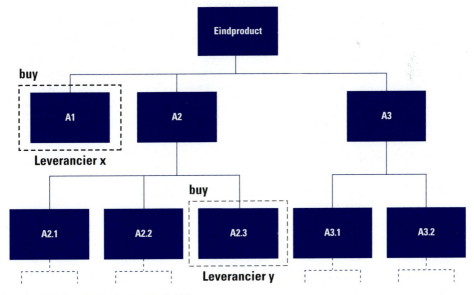

Figuur 5.20 Make or buy beslissingen in de PBS

Het Product Flow Diagram (stap 3.4)

De PBS geeft veel informatie, maar niet in welke volgorde de deelproducten worden opgeleverd. Daarom wordt aanvullend een *Product Flow Diagram (PFD)* opgesteld. In dit stroomschema, dat uitstekend wordt beschreven door PRINCE2, worden de deelproducten uit de PBS weergegeven in hun onderlinge samenhang met het projectresultaat als eindpunt. De volgorde van realisatie wordt weergegeven door pijlen en in principe worden alle PBS-deelproducten meegenomen, behalve periodieke managementproducten zoals bijvoorbeeld voortgangsrapporten. Overdrijf echter niet met detail, het verkrijgen van inzicht in onderlinge relaties is het belangrijkste in deze fase van het planningsproces. Bij het opstellen van het PFD zal je hoogstwaarschijnlijk deelproducten ontdekken die nog niet in de PBS stonden. Vul de PBS hiermee aan, want de PBS-structuur dient de basis van je plan te blijven. Het PFD is dus ook een mooie check op de volledigheid van de PBS.

Verbeter de PBS door vroege integratiemomenten te creëren

Een interessante uitwerking van het Product Flow Diagram is het *integratieschema*. Dit beschrijft de fase van het project waarin de deelproducten worden geïntegreerd tot één eindproduct in de rechterzijde van het V-model. De integratiefase is vaak een zwak onderbouwd deel van de planning, wat kan leiden tot verrassingen en tegenslagen. Het integratieschema schept vooraf overzicht en biedt kansen om de PBS te verbeteren, zoals te zien is in figuur 5.21. Hierin zie je dat het initiële integratieschema meestal pas aan het einde van het project leidt tot samenvoeging van de deelproducten, ook wel *big bang*-integratie genoemd (zie de doorgetrokken pijlen). Hier neem je als proactief projectmanager natuurlijk geen genoegen mee. Het is de kunst om eerder in de tijd momenten te creëren waarop de deelproducten samen kunnen worden getest (de gestreepte pijlen in de figuur). Dat kan aanpassingen vragen ten aanzien van de specificaties van deelproducten of zelfs extra PBS-elementen vereisen. Maar dat wordt meestal meer dan goed gemaakt door de afname van de integratierisico's. In de figuur is ook te zien dat de Agile sprintresultaten gebruikt kunnen worden voor het vroeg testen van andere systeemonderdelen. De uitdaging ligt hier bij het definiëren en toewijzen van de juiste product backlog-functies aan de betreffende sprint om de gewenste tests mogelijk te maken.

Design for X doorvoeren

Na het verbeteren van de PBS met het PFD, kunnen we ook Design for X in de praktijk gaan brengen. Leg over het PFD het V-model en breng in kaart op welke momenten de kritische parameters van je project getoetst worden. Voor het project Achtbaan zijn deze kritische parameters onder andere:

- Kostprijs
- Maximale versnelling (G-force)
- Cost of ownership – energieverbruik
- Cost of ownership – onderhoud
- Systeembetrouwbaarheid (reliability)

Verbeter de PBS met DfX om eerder de kritische parameters te meten

Het plan deel I: project breakdown

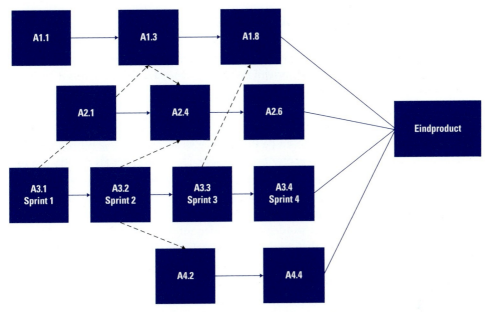

Figuur 5.21   Integratieschema met als gestreepte pijlen eerdere integratie- en testkansen

Waarschijnlijk vinden in je initiële versie de meeste toetsmomenten pas plaats in de rechterzijde van het V-model. *Bedenk daarom samen met je team mogelijkheden om al eerder in de V de kritische parameters te verifiëren.* Ook dit levert extra deelproducten op voor de PBS. In figuur 5.22 zijn voor de kritische parameter energieverbruik van het project Achtbaan enkele extra gedefinieerde deliverables weergegeven. Zo ontwikkelt je project zich in verschillende stappen tot een complete PBS met deelresultaten waarmee je proactief gedrag en vroege risicoreductie afdwingt.

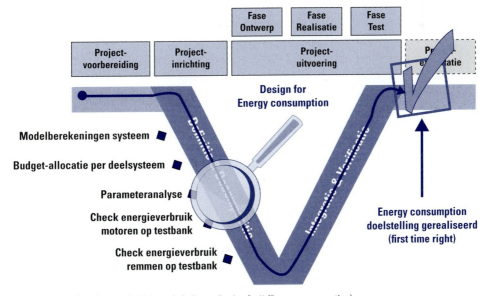

Figuur 5.22   Uitbreiden van de PBS met behulp van Design for X (Energy consumption)

5.7 Stap 3.6: Work breakdown structure

Ik sluit dit hoofdstuk af met de work breakdown structure en met name een eigenwijze gedachtegang. Dan heb ik het over het verschil tussen de *product breakdown structure (PBS)* en de *work breakdown structure (WBS)*.

WBS versus PBS
Is er wel een verschil tussen de WBS en de PBS? Ik zeg wel eens: *pas als je het verschil tussen beiden begrijpt, mag je zeggen dat het over hetzelfde gaat*. De WBS is net als de PBS een hiërarchische decompositie van het project, alleen niet in deelproducten maar in uitvoerbare werkpakketten. Theoretisch is dit een verschil. De PBS vertelt welke *deelproducten* moeten worden opgeleverd om het eindresultaat te realiseren. De WBS geeft weer hoe het werk in *werkpakketten* georganiseerd moet worden om te leiden tot datzelfde eindresultaat. Daarom hebben puristen die zeggen dat je eerst een PBS moet maken en daarna een WBS, zeker een punt.

Met een beetje handigheid combineer je PBS en WBS tot één structuur

Persoonlijk vind ik dat echter niet praktisch, want het druist in tegen mijn streven dat je op zoek gaat naar één enkele basisstructuur voor het project. Daarom ben ik aanhanger van het combineren van beide door de PBS uit te breiden met activiteiten op de onderste rij én de structuur zo te kiezen dat ook de organisatorische context er netjes door wordt weergegeven. Daarmee vang je zowel oplevering van deelresultaten als organisatie in één PBS/WBS-plaatje. Je zou ook andersom kunnen werken en een WBS maken waarbij de structuur tevens resultaatgedreven is.

Hoewel de PBS en WBS dus eigenlijk verschillende decomposities van hetzelfde project zijn, combineer ik ze dus in één decompositie. Dat doe ik *door de WBS als uitbreiding aan de onderzijde van de PBS te zien*, zoals is weergegeven in figuur 5.23. Dat houdt het lekker duidelijk. De PBS geeft de (tussen)resultaten en daarmee *wat* je oplevert. De WBS vult het onderste niveau van de PBS aan met activiteiten die nodig zijn om deze resultaten te realiseren en daarmee *hoe* je het oplevert. Zo vormen ze samen één overzicht, dat zelfs al veel weg heeft van een Gantt planning (detailplan) als je je voorstelt dat je het plaatje 90 graden tegen de klok in kantelt. Deze Gantt planning met WBS-activiteiten bevat een ijzersterke structuur door het hebben van de PBS als fundament. Bovendien zal het zuiver onderscheid maken in PBS-resultaten (*wat*) en WBS-activiteiten (*hoe*) helpen bij het toepassen van situationeel leiderschap tijdens de projectuitvoering.

De WBS in de traditionele en in de Agile omgeving
Voordat we in hoofdstuk 6 intensief verder gaan met de WBS, is het verstandig om je af te vragen waarvoor je de WBS eigenlijk maakt. Ik noem twee belangrijke redenen:
1. Om de *omvang* van de realisatie van de deelresultaten in de PBS (of de Scrum product backlog) te bepalen (kosten, doorlooptijd). De WBS kan hierbij een hulpmiddel zijn.
2. Om de *taken* (activiteiten) te definiëren die moeten worden uitgevoerd in de uitvoeringsfase. Hierbij is de WBS dus zelf het gewenste resultaat.

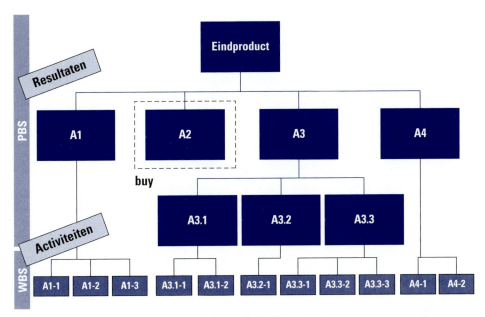

Figuur 5.23   Uitbreiding van PBS met de WBS-activiteiten die de PBS-deelresultaten opleveren

Het eerste punt wil je over het algemeen eerder weten dan het tweede. Het kennen van de omvang van de deelproducten helpt bij het managen van verwachtingen, het nemen van beslissingen en het opstellen van de begroting. Hoe eerder je dit weet, hoe beter. Het tweede punt is ook belangrijk, maar dit hoef je pas te weten als de uitvoering daadwerkelijk wordt gestart. *Daarom hoort het eerste punt te zijn afgedekt in de schets met het team, maar kun je het vastleggen van de taken uitstellen tot het latere detailplan.* De schets met het team en het detailplan worden beiden behandeld in het volgende hoofdstuk.

Bij Scrum ligt het nog iets genuanceerder. De activiteiten van de WBS worden pas bepaald voorafgaand aan de betreffende sprint. In de sprint planning meeting dus (zie PL in figuur 1.12), waarna ze dagelijks worden gedetailleerd in de stand-up meeting. Dit vindt dus pas plaats tijdens de uitvoeringsfase en wordt uitgevoerd door het ontwikkelteam zelf onder begeleiding van de scrum master. Daarom zal je de WBS van de Scrum-deelprojecten ook niet terug zien in het detailplan van de projectmanager. Uiteraard is een goede inschatting van de omvang van de product backlog een voorwaarde om de sprints te kunnen plannen. Ook bij Scrum is het eerste punt uit het overzicht dus een belangrijk stap om te komen tot de schets met het team, al zal je daar meestal geen WBS voor nodig hebben omdat de product backlog items al gedetailleerd genoeg zijn. Ook dat wordt behandeld in hoofdstuk 6.

Omvang van een activiteit in de WBS bepalen

Met het bepalen van alle WBS-activiteiten heb je de decompositie van je project voltooid. Rest alleen nog de stap om deze om te zetten naar een planning. Dat komt aan bod in hoofdstuk 6, waarin ik het tweede deel van het planningsproces behandel. Als bruggetje wil ik nog bespreken welke parameter de omvang van een WBS-activiteit vastlegt; het *aantal uren* dat het kost om een activiteit uit te voeren (in planning tools vaak *Work* of *Effort* genoemd). Dus niet de doorlooptijd, want die kun je pas bepalen als bekend is hoeveel capaciteit/teamleden je op de activiteit kunt inzetten. Net als de PBS volgt de WBS de 100%-regel: alle (interne) activiteiten opgeteld moeten leiden tot het volledige projectbudget in uren. Het maken van inschattingen van de werkhoeveelheid in uren is een belangrijk proces met een rationele en een psychologische kant. Hierbij raak je namelijk de mens in je teamleden.

Daarmee verschuift onze aandacht in het planningsproces van analytisch structureren in deel I naar de psychologische kant van aansturen en motiveren in deel II.

Samenvatting

- Voorkom duikbootgedrag door bij belangrijke activiteiten de 10%-confrontatieregel toe te passen.
- Plannen is vooral structureren en dient te leiden tot draagvlak en afstemming met team en stakeholders.
- Laat je inspireren door de 10 stappen van het planningsproces en ervaar dat ze – na enige oefening – leiden tot:

- De project charter is een overzicht van je project op één A4-tje en is dé kans om vroeg interactie te hebben met je omgeving.
- De schets met het team is een planning op hoofdlijnen, maar met voldoende detail om timing en kosten, de op te leveren deelresultaten en inzet van mensen en middelen te kunnen onderbouwen. De schets met het team is een planning van deelresultaten, niet van activiteiten en dus geen leidraad voor de projectuitvoering.
- Gebruik de product breakdown structure (PBS) om het project eenvoudig op te knippen in een compleet overzicht van deelresultaten: het *wat* van je project.
- De Agile product backlog bevat user stories (en defects). Deze user stories kun je onder aan de PBS plaatsen als kleinste gespecificeerde deelresultaten.
- De PBS is een levende projectdatabase. Verbeter de PBS – vóórdat je in detail gaat plannen – met DfX, vroege integratiemomenten en door afstemming met de stakeholders.
- Een goede PBS sluit aan op inhoud én organisatie.
- De PBS kun je uitbreiden met de WBS-activiteiten, die nodig zijn om de PBS-deelresultaten op te leveren. Bij Scrum gebeurt dit pas tijdens de uitvoeringsfase aan het begin van elke sprint.
- De WBS helpt bij het bepalen van de omvang van de te realiseren deelresultaten uit de PBS (voor de schets met het team) en legt vast welke activiteiten dienen te worden uitgevoerd in de uitvoeringsfase (voor het detailplan).

6 Het plan deel II: schets met team en detailplan

- Hoe gebruik je de kennis van je team om de PBS/WBS-omvang te bepalen?
- Waarom veiligheidsmarges juist leiden tot overschrijdingen.
- In vier stappen van inschatting naar succesvolle uitvoering.
- Waarom het vroeg beschikken over de schets met het team zo belangrijk is in Agile en traditioneel projectmanagement.
- Ontdek hoe je planning tools voor joú laat werken.

Met het maken van de PBS en WBS heb je een belangrijke basis gelegd voor een succesvolle projectuitvoering. Je beschikt nu over een compleet deelresultaten- en activiteitenoverzicht dat logisch gestructureerd is naar inhoud en organisatie. En wellicht is je opgevallen dat het stapsgewijs komen tot een plan leidt tot veel afstemmogelijkheden. Contactmomenten met je teamleden en stakeholders voor het verkrijgen van informatie en voor afstemming. Allemaal kansen om niet in duikbootmodus te vervallen en om het projectverloop te kunnen beïnvloeden.[7]

Zoek je concrete aanwijzingen hoe die contactmomenten er uit kunnen zien, kijk dan eens in figuur 6.1. Hierin is uitgegaan van een wat groter project met deelprojecten, waarbij de deelprojecten worden aangestuurd door teamleiders (ook wel deelprojectleiders). Na het bepalen van de bovenste rij deelproducten van de PBS kun je de teamleiders de verantwoordelijkheid geven hun deel van de PBS met het team uit te werken. Dit *organiseren om te delegeren* is efficiënt voor jezelf en je gebruikt de kennis van het team maximaal. Een vergelijkbare stap vindt later plaats bij het opstellen van de WBS, waarbij je de verantwoordelijkheid weer een niveau dieper legt, namelijk bij het teamlid (of het Scrum-team) dat de activiteiten ook daadwerkelijk gaat uitvoeren. *Zo wordt ook het planningsproces teamwork* en creëer je draagvlak voor de projectuitvoering. Bij een kleiner project zonder deelprojecten werkt dit ook, alleen dan betrek je de teamleden al meteen bij de PBS omdat er geen teamleiderniveau bestaat.

Na het afronden van de PBS/WBS-combinatie is het zaak om de omvang van het werk te bepalen zodat de activiteiten kunnen worden omgezet in een tijdsplanning. Die tijdsplanning laat ik eerst in de schets met het team landen. Later zet ik deze om tot het uiteindelijke detailplan waarmee de projectuitvoering kan worden aangestuurd.

---

7 Dit hoofdstuk sluit aan bij de volgende competenties uit IPMA's ICB4: Negotiation, Time, Organisation and information, Finance, Resources, Plan and control, Select and Balance.

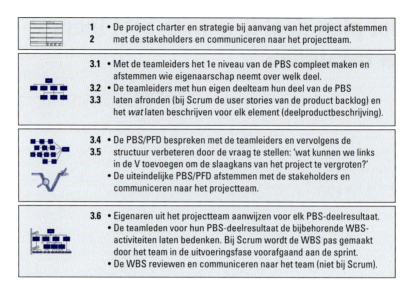

Figuur 6.1   Maak teamwork van het planningsproces met delegeer- en feedbackmomenten

6.1   Stap 4: Size & effort estimation

Een goede ureninschatting is essentieel voor de projectmanager om het tijdsplaatje en projectbudget onder controle te krijgen. Door de PBS uit te breiden met de WBS en daar vervolgens uren aan te koppelen, krijg je een complete database van de projectomvang en leg je het fundament voor een goed plan. De ureninschatting is ook een middel om draagvlak en commitment te krijgen van het team, of om deze juist kwijt te raken...

Inschattingen staan nooit op zichzelf, hoe graag je dat ook wilt

Het vaststellen van de omvang van het werk kent nogal wat mistige sluiers in projectmanagementland. Daardoor bestaat de kans dat de projectmanager onvoldoende grip krijgt op de methoden en in de 'ik doe maar wat mode' raakt. Een situatie die je kunt herkennen aan uitspraken als 'mijn teamleden hebben allemaal moeite om de tijdsplanning waar te maken' of 'dat is een teamlid waarbij ik alle inschattingen maal twee moet doen'. Ik denk dan soms: aan wie zou het liggen?

 Gebruik jij de input van je team voor de ureninschatting, of heb je dat opgegeven?

Is het inschatten van de hoeveelheid werk moeilijk? Die vraag kent wat mij betreft twee antwoorden. *Nee*, omdat het eigenlijk niets anders is dan het ophakken van werk in begrijpelijke taken en het rekenen met uren. *Ja*, omdat je met het vaststellen van de werkomvang te maken krijgt met vragen als:
- Hoe bepaal je de werkomvang bij traditionele en bij Agile methoden?
- Hoe ga je bij werkinschatting om met verschillen in aanpak door de teamleden?

- Hoe maak je inschattingen minder afhankelijk van de persoon die het werk gaat uitvoeren?
- Hoe neem je risicomanagement mee bij de inschattingen?
- Hoe gebruik je de kennis van het team bij het maken van inschattingen?
- Waarom heffen meevallers en tegenvallers in doorlooptijd elkaar niet op?
- Hoe voorkom je dat medewerkers extra tijd inbouwen in inschattingen en vervolgens geen urgentie meer voelen door deze buffers?
- Hoe hou je draagvlak als 'bottom-up'-inschattingen moeten worden aangepast door 'top-down'-beperkingen?
- Hoe hou je commitment van medewerkers ondanks hun afhankelijkheid van externe invloeden (te late input door anderen, wijzigingen in scope, etcetera)?

Het maken van inschattingen is geen opzichzelfstaand gebeuren. Inschattingen zijn afhankelijk van de context. Daarnaast zoek je balans tussen elementen die op gespannen voet met elkaar staan: de inschattingen moeten *realistisch* zijn én *uitdagend* omdat anders het projectbudget te hoog wordt. Dit alles laat zien dat je bij het inschatten van de werkomvang automatisch te maken krijgt met de mens achter je teamleden en de praktijk van de projectuitvoering. Begrip hebben hiervan is belangrijk om echt te kunnen bouwen op de input van het team en te profiteren van de motivatie van de teamleden om het afgegeven plan waar te maken.

Inschatten doe je door op te knippen totdat je begrijpt wat de omvang is

Bij het inschatten van de werkomvang van het project zijn er verschillen in aanpak bij traditionele en Agile methoden. Toch zijn de verschillen kleiner dan men soms denkt. Inschatten doe je door het gewenste deelresultaat zo lang op te delen in kleinere stukjes tot je kunt overzien wat de omvang van die stukjes is. Bij traditionele methoden zijn die kleinste stukjes meestal de WBS-elementen, bij Scrum zijn het de user stories op de product backlog onder aan de PBS. Omdat deze user stories relatief klein zijn (ze moeten binnen een sprint gerealiseerd kunnen worden), zijn ze prima rechtstreeks in te schatten, bijvoorbeeld met Planning Poker. De projectmanager heeft de WBS dus niet nodig om het plan te maken en het Scrum-team maakt de WBS voor zichzelf om de taken te kennen die ze in de sprint moeten uitvoeren. Door de beperkte grootte van de user stories is het bij Scrum dus ook echt mogelijk om de WBS pas te bepalen als de uitvoering van de sprint start. Uiteraard kan dit ook bij traditionele methoden als je de PBS maar ver genoeg opknipt.

Enkele begrippen
Voordat we verder gaan volgen hier enkele begrippen. Deze begrippen zijn de basis van het planningsproces en kom je in de meeste planning tools tegen. Daarom noem ik ook bewust de Engelse term. De relatie tussen de termen vind je in figuur 6.2.

Size beschrijft de omvang van de taak. Bijvoorbeeld bij schilderen wat de oppervlakte van de muur is in vierkante meters. Size zegt dus iets over de scope en is resource onafhankelijk. Size wordt samen met *effort* gekoppeld aan een WBS-element.

Effort/Work beschrijft de inspanning (werk) die moet worden gedaan om een taak uit te voeren. Bij het schilderen van de muur dus hoeveel uur dit vraagt. Effort is het belangrijkste WBS-kenmerk dat ingeschat moet worden als de activiteit *effort-driven* is.

Duration is de doorlooptijd om een taak te volbrengen. Bij het schildervoorbeeld zou dit bijvoorbeeld 3 dagen zijn om de bovenverdieping te schilderen. Bij effort-drivenactiviteiten heeft de doorlooptijd een relatie met *effort* en met de hoeveelheid ingezette *capaciteit*. Bij *duration-driven* activiteiten wordt de doorlooptijd rechtstreeks vastgelegd.

Effort-driven. De meeste activiteiten zijn *effort-driven*. Dit betekent dat de omvang primair door de hoeveelheid werk in uren bepaald wordt. Het schilderen is bijvoorbeeld effort-driven: als het 24 uur werk is voor één persoon, dan zal die persoon er drie werkdagen over doen. Met drie personen is het schilderen nog steeds 24 uur werk, maar de doorlooptijd wordt één werkdag. De *effort* staat dus vast, de *duration* wordt bepaald door de ingezette capaciteit.

Duration-driven zijn activiteiten die niet effort-driven zijn, maar waarvan de doorlooptijd vast staat. Bijvoorbeeld het transporteren van de verfspullen met een voertuig, of het drogen van de verf: de doorlooptijd wordt niet korter als er meer mensen bij betrokken zijn.

Costs zijn de kosten die gemoeid zijn met de projectuitvoering. Deze kosten kennen meerdere componenten: personeelskosten, materialen, uitbesteding, etcetera. De personeelskosten worden afgeleid van de effort vermenigvuldigd met het uurtarief.

Capacity/Units beschrijft het aantal resources, vaak uitgedrukt als percentage. Twee schilders die fulltime beschikbaar zijn, betekent een capaciteit van 200%. Hou hierbij rekening met hoeveel uur iemand maximaal beschikbaar is per week voor het project (40 uur, of bijvoorbeeld 36 uur in verband met opleiding of afdelingsoverleg buiten het project).

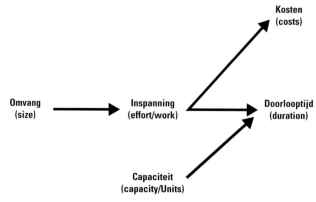

Figuur 6.2 De relatie van size, effort, duration (mits effort-driven), capacity en costs

Bepaal eerst de size

Hoe verleidelijk het ook is om meteen het aantal uren inspanning te noteren bij het inschatten van de hoeveelheid werk, het is verstandig om eerst de grootte, ofwel size, van de klus te bepalen. Waarom? Omdat je met het bepalen van size ook de scope vastlegt van de activiteit. Waarschijnlijk is dit impliciet al gebeurd bij het opstellen van de PBS, maar door slechts één kolommetje toe te voegen aan je activiteitenoverzicht maak je het expliciet. Welk voordeel dit kan opleveren leg ik weer uit met het schildervoorbeeld. Stel je bent schilder en nog een

Met size leg je de omvang vast onafhankelijk van de uitvoerder

beetje onervaren in het maken van offertes. Je loopt met de opdrachtgever door het gebouw en bespreekt welke muren geschilderd moeten worden. In de offerte geef je aan dat het schilderwerk 40 uur duurt en noemt de prijs op basis van je uurtarief. Later bij de start geeft de opdrachtgever aan dat niet de afgesproken ruimte maar een andere geschilderd moet worden. Deze ruimte blijkt echter groter te zijn. Als je offerte duidelijk aangeeft hoeveel vierkante meter de klus beslaat, is de wijziging snel afgestemd. Is dit niet het geval dan kan de discussie wel eens in de persoonlijke sfeer belanden. De opdrachtgever kan van mening zijn dat de twee ruimtes nauwelijks verschillen en dat er dan maar wat sneller gewerkt moet worden. *Effort is persoonsafhankelijk, size niet.*

Door een taak allereerst af te bakenen met *size* krijg je dus de beschikking over:
- Een middel om het wederzijdse begrip rondom een taak te toetsen alvorens de medewerker tijdsinschattingen geeft.
- Een middel om de scope van een taak vast te leggen voor de opdrachtgever.
- Een middel om vaststelling van de grootte van de taak onafhankelijk te maken van de uitvoerder.
- Een hulpmiddel om de impact van een wijziging objectief vast te stellen.
- Een referentiemiddel om effort te bepalen op basis van gegevens van vorige projecten. Bijvoorbeeld het benodigde aantal uur (effort) schilderen per vierkante meter (size).

Met het vastleggen van *size* verhoog je dus de kwaliteit van de inschatting van de werkzaamheden. Voorbeelden van *size* staan in figuur 6.3. In deze figuur staat ook de eenheid waarmee je de omvang van een Scrum user story kunt vastleggen: de *story point*. Hoe dat gebeurt, lees je in de volgende paragraaf.

Delphi-methode (algemeen)

In kennisintensieve projecten is het zaak om de kennis van zoveel mogelijk mensen te gebruiken. Maar hoe doe je dat? Als meerdere personen verstand hebben van de omvang van de werkzaamheden kun je de *Delphi-methode* (Helmer, 1963) toepassen. Deze methode wordt gebruikt als er geen wetenschappelijk onderbouwd antwoord bestaat, maar men wel de beschikking heeft over de kennis, ervaring en intuïtie van experts. Bij de Delphi-methode wordt een zorgvuldig gekozen groep experts in een aantal ronden gevraagd om hun mening naar aanleiding van een vraag, vaak anoniem. Elke vragenronde wordt afgesloten met een terugkoppeling van de resultaten, waardoor de experts de mening van de andere experts zien.

Dat voedt hun zienswijze en kan tot aanpassingen leiden. Na een aantal ronden zouden de verschillen in inzicht moeten zijn geconvergeerd tot een breed gedragen antwoord.

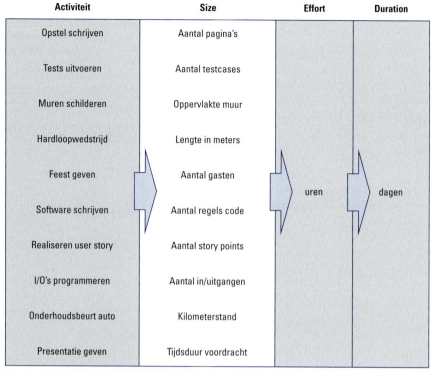

Figuur 6.3   Voorbeelden van de omvang (size) van activiteiten

De Delphi-methode werd voor het eerst beschreven in de jaren vijftig van de vorige eeuw en toegepast in de Amerikaanse defensie-industrie. Tegenwoordig wordt de methode in vele gebieden toegepast. De naam verwijst naar het Orakel van Delphi, wat bijzonder is omdat het niets 'orakelachtigs' heeft maar juist kennis gebruikt die voorhanden is.

Hoe pas je deze methode toe bij het maken van size- en effort-inschattingen in projecten? Het moet vooral praktisch blijven. Het beginsel van anonimiteit om de sociale druk bij de experts weg te nemen is meestal niet van toepassing. Vaak zijn daardoor twee rondes voldoende: een individuele ronde en een ronde met de groep van experts samen.

Zorg dat individueel werk niet als groep wordt uitgevoerd

Ronde 1 (individueel): verspreid de Excel-file met de PBS/WBS en laat iedere expert individueel een inschatting maken van de benodigde effort per WBS-activiteit. Zorg ervoor dat alleen activiteiten binnen het kennisgebied van de experts geselecteerd zijn.

Ronde 2 (groep): voeg de input samen tot één overzicht zoals in figuur 6.4. Meteen is duidelijk waar de verschillen in inzicht

Het plan deel II: schets met team en detailplan

zitten, hier gemarkeerd. Alleen deze elementen hoeven te worden besproken. Uitleg door de expert die een grote afwijking heeft ten opzichte van de rest zal vaak nieuwe inzichten geven voor de andere experts. De groep bepaalt vervolgens de inschatting die wordt opgenomen in het plan. Naast het combineren van kennis van meerdere personen is deze aanpak een mooi voorbeeld van efficiënt omgaan met de tijd van de groep. Alleen dié aspecten die voordeel hebben van groepswerking worden door de groep gezamenlijk besproken. De rest wordt vooraf individueel voorbereid.

PBS level 1 (deliverable)	PBS level 2 (deliverable)	WBS (activiteit)	Effort estimation (uur)						
			Ronde 1 (individueel)					Ronde 2 (groep)	
			Expert 1	Expert 2	Expert 3	Gemiddeld	Standaard-deviatie	Keuze	Opmerkingen keuze
Resultaat A1									
	Resultaat A1.1								
		Activiteit A1.1-1	16	12	15	14	2	14	
		Activiteit A1.1-2	12	10	10	11	1	12	
		Activiteit A1.1-3	4	4	6	5	1	5	
		Activiteit A1.1-4	4	5	6	5	1	5	
	Resultaat A1.2								
		Activiteit A1.2-1	12	40	32	28	14	30	beter begrip inhoud
		Activiteit A1.2-2	4	2	4	3	1	4	
Resultaat A2									
	Resultaat A2.1								
		Activiteit A2.1-1	4	24	6	11	11	24	risico's onderkend
		Activiteit A2.1-2	6	4	6	5	1	5	
	Resultaat A2.2								
		Activiteit A2.2-1	10	12	12	11	1	12	
		Activiteit A2.2-2	20	16	36	24	11	20	risico uitschieter 36 laag
		Activiteit A2.2-3	20	16	16	17	2	16	
Resultaat A3									
		Activiteit A3-1	32	8	8	16	14	8	scope was onduidelijk
		Activiteit A3-2	12	10	8	10	2	12	
		Activiteit A3-3	8	8	8	8	0	8	
		Activiteit A3-4	6	8	8	7	1	8	

Figuur 6.4   Tijdsinschatting WBS-elementen met de Delphi-methode

Planning Poker

Bij Scrum wordt een van de Delphi-methode afgeleide techniek toegepast om schattingen in teamverband uit te voeren, te weten *Planning Poker*.

Voordat ik Planning Poker uitleg echter eerst het volgende over inschatten bij Scrum. Omdat bij Scrum de tijdsduur van een sprint vastligt, is per sprint de doorlooptijd bij voorbaat bekend en ook de beschikbare effort van het team (uiteraard afhankelijk van het aantal teamleden). Daarom hoef je bij het maken van het plan niet te bepalen hoeveel effort het implementeren van een user story kost, maar volstaat het te weten hoeveel user stories er in de sprint passen. Dat doe je door de size van de user stories te bepalen. Het bepalen van de effort van de WBS-activiteiten vindt bij Scrum pas plaats in de uitvoeringsfase voorafgaand aan de sprint (zie figuur 6.5). Dat is ook logisch, want het activiteitenplan wil je zo laat mogelijk opstellen in verband met mogelijke wijzigingen per sprint.

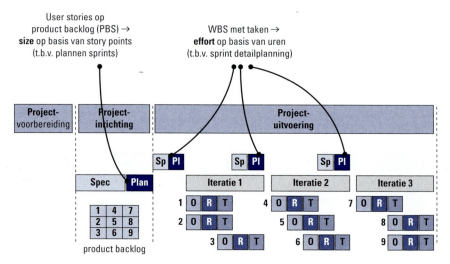

Figuur 6.5 De momenten van size en effort estimation bij Scrum

De omvang van de user stories wordt meestal uitgedrukt in *story points*. Een story point is een abstracte en *relatieve* eenheid om de omvang van de user story te relateren aan een bekend stuk werk. Story points zijn dus niet rechtstreeks gerelateerd aan uren en teamafhankelijk. Het 'vullen' van de sprints is het belangrijkste doel. Met Planning Poker schat het team tijdens de projectinrichting op game-achtige wijze de omvang van de user stories in door middel van een set kaarten of met software of apps. Op de kaarten staan de volgende getallen: 0, 0.5, 1, 2, 3, 5, 8, 13, 20, 40 en 100. Deze getallen zijn gebaseerd op de Fibonacci-reeks, die het feit representeert dat onzekerheid proportioneel groeit met de omvang van de user story.

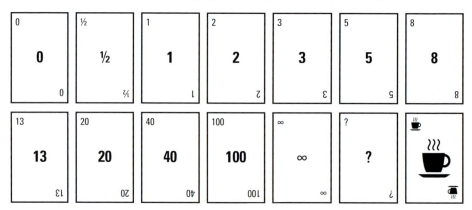

Figuur 6.6 Planning Poker

De werkwijze heeft veel overeenkomsten met de Delphi-methode:
1) De product owner geeft uitleg over de user story.
2) De teamleden stellen vragen, bespreken aannames en risico's en bepalen de benodigde taken (dus ze denken wel na over de WBS…).
3) De scrum master vraagt elk teamlid een individuele inschatting van het werk te maken en een kaart te kiezen uit de eigen set.

4) De teamleden draaien tegelijkertijd hun kaarten om en de personen met de hoogste en laagste schatting leggen uit hoe ze tot deze schatting gekomen zijn.
5) Stap 3 en 4 worden herhaald totdat er consensus is bereikt.

Planning Poker zorgt dus voor adequate inschattingen, een efficiënt proces en bevordert een actieve houding van alle teamleden. Bedenk hierbij dat het doel is om de omvang van de user stories (de deelresultaten) op de product backlog te bepalen in relatieve story points en niet de effort van de WBS-activiteiten. Dat gebeurt pas later tijdens de sprint planning meeting voorafgaand aan de sprints en in de daily stand-up meeting. Dan gaat het wel degelijk om het vaststellen van de activiteiten, waarbij het verstandig is om het werk in uren in te schatten, net als bij traditioneel projectmanagement.

Driepuntentechniek
Maar hoe ga je ermee om als je teamleden verschillende kennisgebieden hebben en dus niet als groep een Delphi-analyse kunnen doen? Dan zijn er verschillende methoden, maar de *driepuntentechniek* uit de netwerkplanningsmethode PERT heeft mijn voorkeur. Bij deze techniek geeft het teamlid drie tijdsinschattingen per activiteit. De meest *optimistische* tijd, de tijd die past bij het meest *pessimistische* scenario en de *meest voorkomende* tijd (de gemiddelde tijdsduur als de medewerker de taak vaker zou uitvoeren). Door deze drie getallen te vragen, krijg je meer informatie dan wanneer de uitvoerder maar één inschatting geeft. Want welke context wordt bedoeld met die ene inschatting? Medewerkers hebben vaak een andere voorkeur of ze wel of geen risicobuffer meenemen in hun inschattingen. Bovendien zal een medewerker bij de driepuntentechniek automatisch gaan nadenken over wat er fout kan gaan en wat er moet gebeuren om de activiteit in minimale tijd af te ronden. Allemaal winst voor de kwaliteit van het uiteindelijke plan.

Maar welk getal gebruik je dan als inschatting voor het plan? Om dat te begrijpen is het belangrijk je te verdiepen in de kansverdeling van inspanning en doorlooptijd in een project. Deze blijkt namelijk niet symmetrisch te zijn! Natuurkundige en bedrijfskundige Eliyahu Goldratt legt dit mooi uit in *De zwakste schakel* (Goldratt, 1997). Allereerst behandelt hij het schieten met een goed gekalibreerd geweer op de roos van een schietschijf en bespreekt de kans dat de schutter de roos treft. Deze is niet honderd procent, maar groter dan de kans dat hij een willekeurig ander punt op het bord raakt. De kansverdeling volgt de normaalverdeling; de klassieke klokvorm. Hoe beter de schutter, des te smaller en hoger de normaalverdeling rondom de roos. Vervolgens past hij deze gedachtegang toe op het naar huis rijden van een van zijn studenten vanuit de universiteit. Hij vraagt de student hoe lang het duurt om naar huis te rijden. De student antwoordt in een reflex: '35 minuten'. 'Waarop is dat gebaseerd?' De student antwoordt dat dat er van afhangt. Als 's avonds alles meezit en het is rustig op de weg, dan kan de afstand in 10 minuten afgelegd worden. Echter tijdens spitsuur duurt het langer en dat wordt alleen maar erger als hij een lekke band zou krijgen of nog iets zou gaan drinken onderweg in een café. Dan kan het wel drie uur duren. Uiteindelijk blijkt de kansverdeling geen normaalverdeling te zijn, maar een asymmetrische verdeling zoals weergegeven in figuur 6.7.

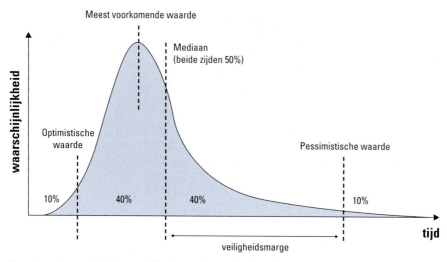

Figuur 6.7 Asymmetrische kansverdeling inspanning en doorlooptijd in projecten

Je kunt veel meer tijd kwijtraken dan dat je kunt winnen

Dit betekent nogal wat! Mensen bouwen een behoorlijke veiligheidsmarge in bij het geven van inschattingen om zichzelf te beschermen tegen onvoorziene omstandigheden. Tenzij ze nog onervaren of naïef zijn en enthousiast denken dat ze altijd het optimistische scenario kunnen realiseren. *De tijd die je kunt kwijtraken in een pessimistisch scenario, is echter veel groter dan de tijd die je kunt winnen als alles meezit.* Dit is een fenomeen wat een projectmanager vaak wel aanvoelt, intuïtief of door schade en schande geleerd, maar wat moeilijk mee te nemen is bij het inschattingsproces. Door de driepuntentechniek te gebruiken wordt inzichtelijk wat de zienswijze van de medewerker is op de *veiligheidsmarge*. Bovendien kun je de mediaan berekenen die je vervolgens als inschatting kunt gebruiken in je planning:

Mediaan = (optimistisch + (4 x meest voorkomend) + pessimistisch) / 6

Wellicht wil je ook weten hoe nauwkeurig deze berekening is. Daarvoor kun je de standaarddeviatie uitrekenen. Liggen de optimistische en pessimistische inschatting ver uit elkaar, dan zie je dit terug in een hoge standaarddeviatie. Het is een signaal dat de activiteit risicovol is of veel onzekerheden kent. Dit vraagt om extra aandacht, door risicoafbouwende stappen te zetten, of door een buffer in te plannen. De formule voor de standaarddeviatie is:

Standaarddeviatie = (pessimistisch − optimistisch) / 6

In figuur 6.8 is te zien hoe je de driepuntentechniek kunt integreren in je WBS-activiteiten overzicht.

Het plan deel II: schets met team en detailplan

PBS level 1 (deliverable)	PBS level 2 (deliverable)	WBS (activiteit)	Effort estimation (uur) Inschattingen individu				
			Optimistisch (best case)	Pessimistisch (worst case)	Waarschijnlijk (most likely)	Mediaan (keuze)	Standaard-deviatie
Resultaat A1							
	Resultaat A1.1						
		Activiteit A1.1-1	8	16	10	11	1.33
		Activiteit A1.1-2	6	20	10	11	2.33
		Activiteit A1.1-3	3	6	4	4	0.50
		Activiteit A1.1-4	4	6	6	6	0.33
	Resultaat A1.2						
		Activiteit A1.2-1	16	40	24	25	4.00
		Activiteit A1.2-2	4	10	6	6	1.00
Resultaat A2							
	Resultaat A2.1						
		Activiteit A2.1-1	16	40	32	31	4.00
		Activiteit A2.1-2	4	6	4	4	0.33
	Resultaat A2.2						
		Activiteit A2.2-1	8	20	14	14	2.00
		Activiteit A2.2-2	16	40	20	23	4.00
		Activiteit A2.2-3	12	20	16	16	1.33
Resultaat A3							
		Activiteit A3-1	6	20	10	11	2.33
		Activiteit A3-2	8	12	10	10	0.67
		Activiteit A3-3	6	12	8	8	1.00
		Activiteit A3-4	6	8	6	6	0.33

Figuur 6.8   Tijdsinschatting WBS-elementen met de driepuntentechniek

6.2   De rationele en psychologische kant van ureninschattingen

Ik gaf het al aan bij de afsluiting van het vorige hoofdstuk. In dit hoofdstuk zouden we te maken krijgen met een interessante maar tegelijk zeer ingewikkelde speler: de mens. Menselijk gedrag beïnvloedt de inschattingen die we afgeven. *Hoe zwaarder de druk van het commitment is, hoe meer veiligheidsmarge we inbouwen.* Murphy ligt namelijk altijd op de loer… Maar ook bij de projectuitvoering zullen we te maken krijgen met de mens achter de getallen. Als we dat niet meenemen in onze aanpak, creëren we theoretisch wel een haalbaar plan, maar raken door gebrek aan urgentie toch de grip op het project kwijt. Dan zijn we de Sjaak!

Dan ben je de Sjaak!
Stel je voor, je bent een projectmanager die ervan uitgaat dat de medewerkers zelf hun tijd het beste kunnen indelen en dat hun afgegeven inschattingen serieus genomen moeten worden. Een projectmanager die met vertrouwen en een groot hart de medewerkers de tijd geeft die ze vragen om de klus te klaren. Want als je de tijd beschikbaar stelt van het pessimistische scenario, dan moet de taak toch zeker op de afgegeven deadline gerealiseerd zijn?

Deze projectmanager vraagt maandagochtend aan een medewerker hoe lang de taak in het optimistische scenario en het pessimistische scenario duurt. De medewerker geeft aan dat als alles meezit 4 uur haalbaar moet zijn. Maar dat het ook enkele dagen kan gaan duren, omdat er nogal wat externe factoren voor onzekerheid zorgen. De welwillende projectmanager spreekt vervolgens af, dat hij erop rekent dat de taak vrijdag zal zijn afgerond. Met een prettig gevoel en het volste vertrouwen gaat de projectmanager aan de slag met andere zaken. Wie goed zaait, zal goed oogsten…

Gaat de medewerker fanatiek aan de slag met de taak, gesteund door het vertrouwen van de leidinggevende? Waarschijnlijk niet. Er ligt nog zoveel ander urgent werk, dat moet eerst maar eens weggewerkt worden. En als dinsdag een andere projectmanager vraagt of er even tijd is voor een urgente klus, dan lukt het niet om nee te zeggen. Per slot van rekening is er nog tijd genoeg tot vrijdag voor een taak die eigenlijk maar 4 uur tijd hoeft te duren. Het wordt vanzelf donderdagmiddag, tijd om nu echt aan de slag te gaan met de klus. Maar hè, er is belangrijke informatie nodig en de betreffende collega is vandaag vrij. Gevoel van overmacht. En vervelend, eigenlijk had er dinsdag een onderdeel besteld moeten zijn om vandaag echt vooruit te kunnen. Dat was slechts 20 minuten werk geweest, maar het is helaas niet gebeurd. Vrijdag blijken er nog een paar dingen tegen te zitten waar de medewerker zelf niets aan kan doen. Dat kost 3 uur extra. Weer een gevoel van overmacht. Het is zo vrijdagmiddag 17 uur en de medewerker had beloofd op tijd aan het weekend te beginnen in verband met een familiefeest die avond. Maandag maar vertellen aan de projectmanager dat de klus door allerlei externe omstandigheden nog niet af is…

'De veiligheidsmarge wordt vaak gebruikt als 'flexibiliteitsmarge''

Overmacht? Een buitenstaander vindt waarschijnlijk van niet, maar je teamlid is ervan overtuigd: het was een vervelende samenloop van omstandigheden, de vertraging was niet zijn schuld. En wat betekent dit voor jou als projectmanager? Nou, dat je de Sjaak bent! Figuurlijk, omdat je geïnvesteerd hebt in het slechtweerscenario en toch geen resultaat hebt. Letterlijk omdat je te goedgelovig en naïef was, net als Sjakie, de sociaal medewerker in de film *Flodder* uit de jaren tachtig. Ook Sjakie heeft het beste voor met de familie en *pampert* ze op alle mogelijke manieren. Ik zie hem nog aan de gemeenteraad vertellen dat de familie Flodder zich vanaf nu goed gaat gedragen en het vertrouwen verdient, terwijl de *kids* van Flodder buiten de banden van zijn groene eend lek steken. Sjakie creëert veiligheid en de Flodders maken hier dankbaar gebruik van. En zo werkt het ook met de veiligheidsmarge in projectactiviteiten. Onbewust wordt deze vaak gebruikt als *flexibiliteitsmarge*, want de buffer ontneemt de medewerker het gevoel van urgentie. Tussen de oren zit nog steeds de optimistische inschatting en die zorgt pas voor druk als de veiligheidsmarge is opgebruikt. Maar dan is de ruimte verdwenen om tegenvallers op te vangen. Het studentensyndroom is van toepassing op ons allemaal…

 Voel jij je wel eens de Sjaak als projectmanager?

De uitvoering is nog belangrijker dan de inschatting
Je ziet dat het maken van inschattingen belangrijk is, maar dat de uitvoering bepaalt of het echt een succes wordt. En dat je als projectmanager de tegenvaller zelfs dubbel en dwars gepresenteerd krijgt als die uitvoering niet goed verloopt. Je gaf extra marge die tijd en geld kostte, maar het was toch niet op tijd af.

Figuur 6.9   Iedere projectmanager is wel eens de Sjaak

Is het maken van inschattingen dan niet zinvol? Gelukkig wel. Je moet alleen nog iets extra's doen om de vruchten te kunnen plukken. En hierbij kun je de medewerker gelukkig nog steeds in zijn waarde laten. Je kunt het draagvlak zelfs vergroten. Ik heb de aanpak uitgewerkt in figuur 6.10. Allereerst is het verstandig om je beschouwende houding te vervangen door een actiegerichte. Want hoewel er niets mis is met het numeriek inzichtelijk maken van het verschil tussen het optimistische en het pessimistische scenario, waarom zou je het zo laten? Vraag aan je teamlid wat de reden is bij grote verschillen en bedenk samen *risicoverlagende acties* om de pessimistische inschatting lager te maken. Deze acties voeg je toe aan de PBS/WBS. Denk bijvoorbeeld aan een controlepunt om input vooraf veilig te stellen, of ondersteuning bij de uitvoering van het risicovolle deel.

Van de veiligheidsmarge die dan nog over blijft, is het verstandig om deze niet op voorhand toe te kennen aan de uitvoerder, maar dat pas te doen als er daadwerkelijk tegenvallers zijn. *Maak van individuele buffers dus een projectbuffer waar jij zelf de eigenaar van blijft* en plaats deze buffer aan het einde van de projectfase (of het project) in plaats van na de activiteit. Dit is een belangrijke conclusie van Goldratt's theorie, waarover zo dadelijk meer. Ten slotte kun je toepassen wat we al in paragraaf 3.5 bespraken: *bedenk eerdere tussenresultaten voor je activiteit*. Hiermee voorkom je het studentensyndroom en dwing je tussentijds confrontatie en communicatie af.

Waarom elk minnetje telt

Ik herinner het mij nog goed. Ik liep de kamer in bij het toenmalig hoofd productontwikkeling in een periode dat project na project uitliep. Die periode werd gekenmerkt door veel onrust in de markt en daarmee veel wijzigingen in de scope van de projecten. De productontwikkelbaas zat met zijn handen in het haar en vroeg: 'Roel, hoe komt het toch dat werkelijk alle

> *Tegenvallers tellen in de eindtijd wél bij elkaar op, meevallers niet*

1 Driepunten-inschatting

WBS (activiteit)	optimistisch (best case)	Pessimistisch (worst case)	Waarschijnlijk (most likely)
Activiteit A1.1-1	8	16	10
Activiteit A1.1-2	6	20	10
Activiteit A1.1-3	3	6	4
Activiteit A1.1-4	4	6	6

2 Risicoverlagende acties bedenken met medewerker

3 Individuele buffers omzetten in een projectbuffer

4 Bedenk eerdere tussenresultaten per activiteit

Figuur 6.10 Van inschatting naar succesvolle realisatie in vier stappen

projecten stelselmatig uitlopen?' Hij was van de 'rationele sturen op feiten'-soort en ik kreeg wel eens het gevoel dat hij zelfs het menselijke gedrag wiskundig probeerde te begrijpen. Mijn antwoord was daarom: 'Minnetjes tellen in projectmanagement helaas wel op, plusjes niet. Dus we zullen veel strakker en tijdens het héle project moeten zorgen dat de voortgang niet ongemerkt wordt opgesnoept door allemaal kleine tegenvallers of scope wijzigingen.'

Als je slechts op deadlines stuurt, zorg je eigenlijk dat het nooit 'te vroeg' af is

Ik bedoelde daarmee dat alle activiteiten in een project in principe gekoppeld zijn. Als een activiteit uitloopt, heeft dit consequenties voor de volgende activiteiten. Lopen er aaneengeschakelde activiteiten na elkaar uit, dan mag je de vertragingen optellen. Maar wat gebeurt er als er activiteiten eerder klaar zijn? Start de volgende dan ook eerder? Meestal niet, want de betreffende persoon houdt zich logischerwijs aan zijn eigen plan. Bovendien is het niet ongewoon dat de persoon die eerder klaar is, dat niet meldt. Waarom niet? Omdat deze daarvoor niet beloond wordt en soms zelfs gestraft. 'Ben je al klaar? Ga dan daar maar helpen puinruimen.' Eerder klaar zijn zou verder de indruk kunnen wekken dat je inschattingen te ruim zijn, waardoor je de volgende keer minder tijd krijgt. Dus leveren we het resultaat in dat geval liever precies op tijd in. Mijn voorkeur als projectmanager was daarom om meteen vanaf de start van een project de voortgang heel scherp te sturen, omdat elk 'minnetje' een onderdeel werd van de vertraging van de einddatum. Hierdoor ontdekte ik hoeveel tijd er ongemerkt verloren ging in de beginfase van dat project als je niet scherp op de bal speelt. Het regent onopgemerkt minnetjes!

Bovenstaande wijsheid was gebaseerd op mijn gezonde verstand. Later las ik het in een completere context terug in *De zwakste schakel* van Goldratt. Toen werd me ook helder dat inschattingen altijd veiligheidsmarges bevatten en dat dit – hoe tegenstrijdig het ook lijkt – niet automatisch goed is voor het projectsucces. Het bleek nog erger, eigenlijk heeft het noemen van een deadline al automatisch tot gevolg dat mensen zich op deze deadline gaan richten en geen inspanning meer doen om eerder resultaat op te leveren. Dat is overigens vaak niet verkeerd bedoeld, want waarschijnlijk laten ze andere activiteiten die urgenter zijn voorgaan. Om die reden alleen al is het gevaarlijk om het project slechts te sturen op basis van mijlpalen met tussenperiodes van bijvoorbeeld acht weken. Net als het voorgaande voorbeeld met de deadline van vrijdag, gaat iedereen dan de acht weken standaard opmaken en zal het uiteindelijk 'net niet' op tijd af zijn…

Hoe ga je hier dan mee om? In hoofdstuk 8 over *heartbeat* zullen we zien dat we tijdens de uitvoeringsfase sowieso op andere aspecten dan de deadline gaan sturen. Maar bij het maken van het plan kun je al een grote stap zetten, door de individuele buffers te vervangen door een gezamenlijke projectbuffer. Daarmee voorkom je dat per activiteit automatisch meteen de reserves verbrand worden. De projectbuffer wordt beheerd door de projectmanager en wordt alleen aangesproken als een tegenslag een voldongen feit is. *Overigens zonder dat de medewerker beticht wordt van falen, want deze ging gedurfd voor een strakke planning.*

In figuur 6.10 kun je zien dat de projectleden de activiteiten als een soort estafette afwerken. De activiteiten staan zo scherp gepland (op basis van het optimistische of waarschijnlijke scenario), dat afgegeven deadlines minder belangrijk zijn dan de onderlinge afstemming. Communiceren met je teamleden is belangrijker dan het vastleggen van begin- en eindtijden met veiligheidsmarges, net als bij een echte estafette. De projectmanager krijgt zo een team dat plant eerder klaar te zijn dan de afgegeven deadline en past de communicatie hierop aan. Het gaat niet meer om 'wanneer is het project af?', maar om 'hoe groot is de projectbuffer nog?' Als deze twintig dagen is, dan zal zonder extra tegenslag de deadline twintig dagen eerder worden gepasseerd dan gepland.

Bedenk wel, dat het niet meevalt om dit proces aan te sturen als projectmanager. Je zult moeten kunnen uitleggen dat het afstaan van de persoonlijke buffer uiteindelijk ook goed is voor de projectleden. Het kan daarbij helpen om een deel van de overgebleven projectbuffer aan het einde van het project 'terug te geven' aan het team voor leuk en interessant werk. Win-win! Daarnaast mag je niet te naïef zijn richting stuurgroep en stakeholders. Het is namelijk maar de vraag of zij toe zijn aan deze werkwijze. Het zal niet de eerste keer zijn dat de

Wees niet transparanter dan de andere partij aankan

stuurgroep de projectbuffer afneemt van de projectmanager en inzet voor andere doeleinden (lees: de einddatum van het project vervroegt). *Of je de buffers transparant moet tonen aan de stuurgroep, hangt af van het niveau van de stuurgroep en het onderlinge vertrouwen.* Hierbij is mijn tip: je moet niet transparanter zijn dan waar de andere partij mee om kan gaan!

Het Agile Scrum-proces
En hoe doe je dat dan bij Scrum? Het voorgaande zit eigenlijk al automatisch verwerkt in het Scrum-proces. De kracht van Agile zit onder andere in het feit dat niet alle op te leveren functies op de product backlog *must haves* zijn. Daar zit de ruimte om tegenvallers op te vangen en zo creëer je vanzelf de projectbuffer in de laatste sprints. Aanvullend zorgt de *daily stand-up meeting* dat het estafetteproces automatisch tot stand komt. Je spreekt dagelijks op basis van het optimistische scenario af wat je als team gaat doen. *Het afspreken van deadlines binnen de sprint is overbodig en dus zijn er ook geen veiligheidsmarges en individuele buffers die het gevoel van urgentie wegnemen.* En zijn er tegenvallers? Dan zullen er waarschijnlijk enkele backlog items minder afkomen in de sprint. Dat is niet erg, zolang de tegenvallers niet groter zijn dan de omvang van de optionele backlog items in de laatste sprints (de buffer).

Scrum geeft vanzelf projectbuffers en estafettegedrag

Ik krijg in traditioneel ingerichte organisaties die voor het eerst werken met Scrum wel eens de opmerking, dat men het niet van commitment vindt getuigen dat functionaliteit zomaar kan worden doorgeschoven naar de volgende sprint. Ik probeer dat wantrouwen weg te nemen, door uit te leggen dat er juist ruimte komt voor (extra) optionele items doordat er in de sprints geen individuele buffers worden meegenomen. Het team gaat zonder reserves voor het maximale resultaat en hoe beter dat lukt, hoe meer extra functionaliteit kan worden geïmplementeerd in de laatste sprints. Dit kan een traag acceptatieproces zijn bij het management, dat veel overeenkomsten heeft met de discussie over het transparant communiceren van de projectbuffer uit de vorige paragraaf. Ben ook nu weer niet naïef en bedenk dat zo'n veranderproces het snelst verloopt, als je de goede resultaten van het Scrum-proces zichtbaar maakt. Richt je op de positieve dingen!

6.3 Stap 5-8: Schets met het team opstellen

Hoe werk je het voorgaande nu concreet uit tot een planning? Door aan de bestaande PBS/WBS-tabel twee kolommen toe te voegen bij effort: *plan* en *buffer*. *Plan* is de inschatting die je uiteindelijk gaat gebruiken in de planning. Als je de tips uit figuur 6.10 gebruikt hebt, dan is dit niet de pessimistische inschatting en heb je extra risicoverlagende acties toegevoegd aan de PBS/WBS. Van het verschil tussen de getallen *pessimistisch (WC)* en *plan* reserveer je alles of een deel voor de (project)*buffer*. Je bent uiteraard vrij om hierbij zelf keuzes te maken. Dat zal afhangen van het type activiteit, waar de uitvoerder zich in kan vinden, hoe groot de druk op het projectbudget is en waar je je zelf goed bij voelt. In figuur 6.11 staat voor enkele taken van het project Achtbaan de driepunteninschatting met de uiteindelijk gekozen waarden voor plan en buffer. Merk op dat review-activiteiten geen uren toegewezen krijgen omdat deze uren samen als groep gebudgetteerd worden in het uiteindelijke plan.

PBS niveau 1-3 (deliverables)	WBS (activiteit)	Other costs	Size activity	Effort [uur] BC	WC	ML	Plan	Buffer
Specificatie en ontwerp								
Systeemarchitectuur								
- Systeemconcept								
	Bedenk achtbaanconcepten		3 concepten	16	32	20	20	12
	Analyseer achtbaanconcepten		6 key parameters	16	24	20	20	4
	Review conceptstudie						0	
	Presenteer studie aan opdrachtgever en kies concept			4	6	3	4	0
	Update conceptstudie nav keuze			4	6	4	4	0
- Systeemarchitectuur								
	Bedenk systeemarchitectuur		32 pagina's	32	50	40	40	10
	Review systeemarchitectuur						0	
	Update & release systeemarchitectuur			8	12	8	8	0
- Kritische parameters per deelsysteem								
	Definieer kritische parameters		4-8 krit. param.	4	6	4	4	0
	Verdeel systeembudget per deelsysteem		4-8 par/11 deelsyst	8	8	8	8	0
	Review en communiceer budgetallocatie						0	
Rails								
- Model rails/baan (incl. valdiatie)								
	Maak model rails/baan voor systeemberekeningen		60% hergebruik	12	20	16	16	4
	Valideer model (met bestaande achtbanen)		2 achtbanen	8	12	8	8	4
	Uitvoeren parameterstudie tbv begrip systeemgedrag		6-10 parameters	12	16	12	12	0
- Ontwerp rails/baan								
	Ontwerp rails/baan (CAD model)		historische data	32	48	40	40	8
	Check systeemgedrag ontwerp met model		historische data	16	32	24	20	8
	Analyse mechanische belastbaarheid		historische data	16	24	20	20	4
	Uitvoeren FMEA (Failure mode and effects analysis)			16	24	16	16	0
	Maken testprotocol en kwaliteitscontroleplan			8	12	8	8	0
	Maken onderhoudsplan en keuze serviceonderdelen			8	10	8	8	0
	Review ontwerp rails/baan						0	
	Update & vrijgave ontwerp rails/baan			8	8	8	8	0
Geluidssysteem (Buy)								
- Geluidssysteemontwerp (door leverancier)								
	Ontvang ontwerp geluidssysteem (van leverancier)	€ 115,000					0	
	Review ontwerp geluidssysteem			8	8	8	8	0
	Goedkeuren ontwerp geluidssysteem			4	4	4	4	0

Figuur 6.11   PBS/WBS-tabel met inschattingen en gekozen resultaten voor plan en buffer

Zo ontstaat een urenbudget dat uitdagend is, gedragen wordt door de teamleden, het studentensyndroom voorkomt én door de projectbuffers ruimte kent voor tegenvallers. De oplettende lezer is wellicht de kolom *other costs* opgevallen. Deze kolom is toegevoegd om te voldoen aan de honderd procent doelstelling van de PBS/WBS. Uiteindelijk willen we namelijk de kosten volledig kunnen afleiden uit de tabel. Als alle deelproducten en activiteiten er in staan, dan zijn de personeelskosten eenvoudig af te leiden uit het urenbudget. De deelproducten die worden uitbesteed worden echter niet betaald op basis van interne uren. Door de uitbestedingskosten mee te nemen in een aparte kolom, worden ook deze kosten meegenomen in de tabel.

Tijdsplan, inzet van mensen en middelen en kosten

De stap naar de schets met het team is nu snel gemaakt. Door kolommen toe te voegen met weeknummers en maanden, voeg je een tijdsraster toe aan de bestaande informatie. In figuur 6.12 is dit te zien voor een deel van het project Achtbaan. In de tabel zijn tevens drie kolommen toegevoegd die te maken hebben met de vertaling van effort naar doorlooptijd:
- de uitvoerder (wie)
- de ingezette capaciteit
- de doorlooptijd (bij Scrum is de doorlooptijd per sprint uiteraard een gegeven en gaat het juist om welke backlog-items zijn toegewezen aan welke sprint)

Vul in wie met welke capaciteit werkt aan de deliverable en bereken wat de doorlooptijd is. Door af te ronden naar weken kun je in het tijdsraster een balk tekenen per deliverable, waarin je de ingezette capaciteit herhaalt zodat deze onder aan het plan kan worden opgeteld (eventueel voor elke discipline apart). *Je maakt zo een overzicht van alle op te leveren deelproducten, de volgordelijkheid, de oplevermomenten, de resource planning, het gebudgetteerde aantal uren en de kosten.* Merk op dat in figuur 6.12 – in verband met de leesbaarheid – alleen de relevante kolommen zijn getoond. De kolommen ten behoeve van inschatting van size en effort uit de vorige paragrafen staan uiteraard ook in de Excel-file maar zijn nu verborgen. *Uitgangspunt blijft: één overzicht.* De complete schets met het team van het project Achtbaan kun je terugvinden op www.roelwessels.nl.

De schets met het team combineert snelheid, detail en compleetheid

Je ziet dat de schets met het team enerzijds gebaseerd is op detailinformatie, maar tegelijkertijd niet meer informatie toont dan nodig is. Daarom worden alleen de deliverables weergegeven en niet de activiteiten. Zo hou je het praktisch en aanpasbaar én het sluit aan bij zowel traditioneel als Agile plannen. De informatie van de activiteiten wordt overigens wel meegenomen als gesommeerde effort bij de betreffende deliverable (uiteraard niet bij Scrum wanneer de omvang bepaald is op basis van story points). Het activiteitenniveau heb je pas nodig als de uitvoeringsfase start. Dat gebeurt in het latere detailplan, *maar pas als de schets met het team de belangrijkste discussiepunten van het project heeft opgelost.*

In de figuur is te zien *dat het 100%-principe hoog in het vaandel staat.* Neem de productie van het prototype van de achtbaanwagen die wordt uitgevoerd door leveranciers. Je zou op het idee kunnen komen deze onderdelen niet op te nemen in je eigen plan, maar daarmee raak je het zicht kwijt op kosten, timing en afhankelijkheden. Door de kosten op te nemen in *other costs* en de deliverable gewoon weer te geven, maar met 0 fte aan capaciteit, kunnen uitbestede activiteiten volwaardig deel uitmaken van je plan zonder gekunsteld. Je kunt verder de tabel naar eigen inzicht uitbreiden met kolommen met deelproductkenmerken, bijvoorbeeld de targetwaarden van de kritische parameters. De schets met het team wordt daarmee een waardevolle projectdatabase.

PBS niveau 1-3 (deliverables)	Other Costs	Effort [uur] plan	Wie?	Cap [FTE]	Tijd [dag]
Specificatie en ontwerp					
Rails					
- Specificatie rails/baan		16	ME2	1	2
- Model rails/baan (incl. validatie)		36	ME2	1	5
- Ontwerp rails/baan		120	ME2	1	15
Wagens					
- Specificatie wagen		16	ME4	1	2
- Ontwerp carrosserie		52	ME5	1	7
- Ontwerp chassis		92	ME4	1	12
- Ontwerp stoelen en beugels		72	ME6	1	9
- Test prototype		100	TE1	1	13
- Ontwerp proefstand reliability		40	ME6	1	5
- Veiligheidstest		60	TE2	1	8
- Betrouwbaarheidstest		60	TE3	0.25	30
- Update specificatie en ontwerp wagen		16	ME4	1	2
Software (M)					
- Specificatie software		28	Swarch	0.5	7
- Software-architectuur		108	Swarch	1	14
- Software sprint planning		16	Swarch	1	2
- Voorbereiding volgende sprints		850	Swarch	0.5	213
- Sprint 1 (feasibility + FB functionaliteit)		960	Swteam	5	24
- Sprint 2 (basis controls + foto upload)		960	Swteam	5	24
- Sprint 3 (alle functies Controls)		960	Swteam	5	24
- Sprint 4 (start installatie @site)		576	Swteam	3	24
- Sprint 5 (installatie issues opgelost)		576	Swteam	3	24
- Sprint 6 (geschikt voor complete run)		576	Swteam	3	24
- Sprint 7 (test issues opgelost)		576	Swteam	3	24
- Sprint 8 (start systeemoptimalisatie)		384	Swteam	2	24
- Sprint 9 (test issues opgelost)		384	Swteam	2	24
- Sprint 10 (final release voor acceptatie)		384	Swteam	2	24
Facebook-connectie					
- Specificatie FB-connectie		20	Swarch	0.5	5
- Ontwerp en haalbaarheid Wifi-checkin		20	Swarch	0.5	5
- Ontwerp en haalbaarheid foto-synchro		36	Swarch	0.5	9
- Ontwerp en haalbaarheid foto-upload		20	Swarch	0.5	5
Productie & assemblage					
Productie rails door leverancier	€ 1,150,000	80			
Productie wagen-prototype					
- Productie carrosserie (buy)	€ 18,000	37	supplier	0	
- Productie chassis (buy)	€ 35,000	39	supplier	0	
- Productie stoelen en beugels (buy)	€ 22,000	41	supplier	0	
- Assembleren onderdelen wagen		72	workshop	5	2
Productie wagens (10+2)					
- Productie carrosserie (buy)	€ 84,000	78	supplier	0	
- Productie chassis (buy)	€ 150,000	78	supplier	0	
- Productie stoelen en beugels (buy)	€ 60,000	78	supplier	0	
- Assembleren 12 wagens		272	workshop	5	7
Installatie & testrun					
Basis installatie achtbaan					
- Plaatsen stalen palen (buy)	€ 170,000		supplier	0	
- Installeren rails (buy)	€ 240,000	4236	supplier	0	
Totaal	**€ 1,929,000**	**13125**			

PBS niveau 1-3 (deliverables)	dec '16				jan '17				feb '17				mrt '17					apr '17				mei '17				jun '17					jul '17				aug '17			
	49	50	51	52	1	2	3	4	5	6	7	8	9	10	11	12	13	14	15	16	17	18	19	20	21	22	23	24	25	26	27	28	29	30	31	32	33	34
Specificatie en ontwerp																																						
Rails																																						
- Specificatie rails/baan	1																																					
- Model rails/baan (incl. validatie)		1																																				
- Ontwerp rails/baan					1	1	1																															
Wagens																																						
- Specificatie wagen	1																																					
- Ontwerp carrosserie		1																																				
- Ontwerp chassis		1			1																																	
- Ontwerp stoelen en beugels					1	1																																
- Test prototype																		1	1	1																		
- Ontwerp proefstand reliability		1																																				
- Veiligheidstest																1	1																					
- Betrouwbaarheidstest																		0.2	0.2	0.2	0.2	0.2	0.2															
- Update specificatie en ontwerp wagen																								1														
Software (M)																																						
- Specificatie software		0.5																																				
- Software-architectuur					1	1	0.5																															
- Software sprint planning							0.5																															
- Voorbereiding volgende sprints											0.5	0.5	0.5	0.5		0.5	0.5	0.5	0.5	0.5	0.5	0.5	0.5	0.5	0.5	0.5	0.5	0.5	0.5	0.5	0.5	0.5				0.5	0.5	0.5
- Sprint 1 (feasibility + FB functionaliteit)													5	5		5	5	5	5																			
- Sprint 2 (basis controls + foto upload)																				5	5	5	5	5	5													
- Sprint 3 (alle functies Controls)																										5	5	5	5	5	5							
- Sprint 4 (start installatie @site)																																3				3	3	3
- Sprint 5 (installatie issues opgelost)																																						
- Sprint 6 (geschikt voor complete run)																																						
- Sprint 7 (test issues opgelost)																																						
- Sprint 8 (start systeemoptimalisatie)																																						
- Sprint 9 (test issues opgelost)																																						
- Sprint 10 (final release voor acceptatie)																																						
Facebook-connectie																																						
- Specificatie FB-connectie		0.5																																				
- Ontwerp en haalbaarheid Wifi-checkin								0.5												0.5																		
- Ontwerp en haalbaarheid foto-synchro									0.5												0.5																	
- Ontwerp en haalbaarheid foto-upload										0.5																0.5												
Productie & assemblage																																						
Productie rails door leverancier																										0	0	0	0	0	0	0				0	0	0
Productie wagen-prototype																																						
- Productie carrosserie (buy)								0	0	0	0	0	0	0																								
- Productie chassis (buy)								0	0	0	0	0	0	0																								
- Productie stoelen en beugels (buy)								0	0	0	0	0	0	0																								
- Assembleren onderdelen wagen																5																						
Productie wagens (10+2)																																						
- Productie carrosserie (buy)																										0	0	0	0	0	0	0				0		
- Productie chassis (buy)																										0	0	0	0	0	0	0				0		
- Productie stoelen en beugels (buy)																										0	0	0	0	0	0	0				0		
- Assembleren 12 wagens																																					5	5
Installatie & testrun																																						
Basis installatie achtbaan																																						
- Plaatsen stalen palen (buy)																																0				0	0	0
- Installeren rails (buy)																																						
Totaal	2	5	0	0	4	3	2	1	1	1	1	1	6	6	0	12	7	7	7	7	6	6	6	7	6	6	6	6	6	6	6	4	0	0	0	4	9	9

Figuur 6.12 Schets met het team voor een deel van het project Achtbaan

De schets met het team laat ook zien, dat Agile softwareactiviteiten eenvoudig kunnen worden gecombineerd met de waterval geplande mechanische activiteiten. Het enige wat je hoeft te doen is kiezen of je de sprints, die ontwerp, maken en testen combineren, ophangt onder 'specificatie & ontwerp' of onder 'productie & assemblage'. Aangezien het belangrijkste deel van softwareontwikkeling binnen ontwerp valt, kies ik meestal voor het eerste. Bij productie & assemblage kun je de resultaten van de sprints overigens gewoon terug laten komen, mits je duidelijk maakt dat het geen extra activiteit is. Dit kun je doen door er wel een eigenaar aan te hangen, maar geen capaciteit in uren. Verder geef ik de sprints meestal een naam die duidelijk maakt welke functionaliteit ze opleveren. Dat geeft meteen de relatie weer met de hardware tussenresultaten waarmee ze samen getest moeten worden. Sprint 1 en sprint 2 bevatten bijvoorbeeld de softwarefunctionaliteit waarmee 'links in de V' concept keuzes en de Facebook-koppeling kunnen worden getest. Mocht je niet helemaal hardcore voor Scrum willen gaan, dan kun je de iteraties op dezelfde manier inplannen maar dan is het verstandig om niet de naam 'sprint' te kiezen maar bijvoorbeeld *delivery packs*. Je bent dan niet gebonden aan de vaste sprintdoorlooptijd, maar maakt wel duidelijk dat je iteratief steeds een afgerond pakket deelfunctionaliteit oplevert.

Met een paar slimme keuzes combineer je Agile en waterval

Het bepalen van het kritieke pad

Bij de schets met het team hebben we de PBS/WBS-structuur met wat gezond verstand omgezet in een tijdsplanning. Later bij het detailplan zul je gebruikmaken van een planning tool die helpt bij maken van het tijdsplaatje. Maar hoef je dan helemaal niets te weten van stroomschema-technieken? Eigenlijk wel. Ook al gebruik je het zelf niet actief, het is verstandig om tenminste één keer serieus geoefend te hebben met een methodiek als een *precedence chart*. Zo leer je begrijpen hoe je planning tool 'denkt' en hoe bijvoorbeeld het kritieke pad bepaald wordt.

De precedence chart is een *activity on node*-netwerkplanningstechniek. Dit betekent dat de activiteiten worden voorgesteld door knooppunten en dat de onderlinge afhankelijkheden worden weergegeven door pijlen tussen de knooppunten. Per knooppunt wordt op basis van doorlooptijd (D) vastgesteld: de vroegst mogelijke start (VS), het vroegst mogelijke einde (VE), de laatst mogelijke start (LS), het laatst mogelijke einde (LE) en de totale speling (S). Je vult de Precedence chart in, door eerst VS en VE (bovenzijde) van alle activiteiten uit te rekenen, waarbij je begint bij de eerste activiteit links en stap voor stap de volgende activiteiten invult tot je eindigt bij de laatste rechts. Op dezelfde manier vul je de onderzijde (LS en LE) in, maar nu begin je bij de laatste activiteit en eindigt bij het begin. De totale speling kun je per activiteit bepalen, door LS-VS of LE-VE te berekenen. In figuur 6.13 staat een voorbeeld.

Je bepaalt het *kritieke pad* door alle activiteiten met een totale speling gelijk aan 0 te markeren. De totale speling is de hoeveelheid tijd die een activiteit mag vertragen, zonder dat dit gevolgen heeft voor de doorlooptijd van het totale project. Het kennen van het kritieke pad

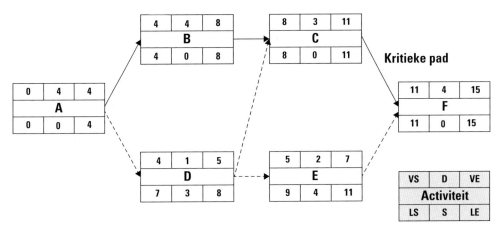

Figuur 6.13   Voorbeeld Precedence Chart

is essentieel voor de projectmanager. Feitelijk is dit de bottleneck van je project en verdient dus alle aandacht. In planning tools (zie stap 9, detailplanning) wordt het kritieke pad automatisch berekend en getoond.

Uitdagingen zichtbaar maken met de schets met het team
Het maken van de uiteindelijke schets met het team (figuur 6.12) doe je als projectmanager alleen of samen met je team. Hoe dan ook, er zullen zeker uitdagingen aan het licht komen omdat alles voor het eerst samengevoegd wordt. Vaak overschrijden de door het team gemaakte bottom-up inschattingen het top-down opgelegde projectbudget of de gewenste doorlooptijd. En waarschijnlijk zijn de eerste signalen van toeleveranciers dat ze later kunnen leveren dan gewenst of tegen hogere kosten. Als de eerste versie van de schets met het team af is, is het daarom verstandig om je belangrijkste teamleden bij elkaar te roepen en samen acties te bedenken om doorlooptijden te verkorten en kosten te reduceren. Denk hierbij aan het doorvoeren van parallelle trajecten, het bedenken van slimmere oplossingen, andere keuzes ten aanzien van het ontwerp, extra wensen die moeten worden voorgelegd aan leveranciers, voorstellen voor scopeaanpassingen naar de opdrachtgever, enzovoort.

De schets met het team is daarmee een enorm krachtig middel om in een vroeg stadium de uitdagingen van het project op de radar te krijgen en samen met je team aan te pakken. Daardoor kunnen de verwachtingen richting de stakeholders proactief gemanaged worden, ruim voordat er een officieel detailplan ligt. Het overzicht van delegeer- en afstemmogelijkheden tot het moment van de schets met het team is samengevat in figuur 6.14. Mogelijkheden die je wellicht zou laten liggen als je meteen een complexe detailplanning was gaan maken en – of je het nu wil of niet – enkele weken duikbootgedrag was gaan vertonen.

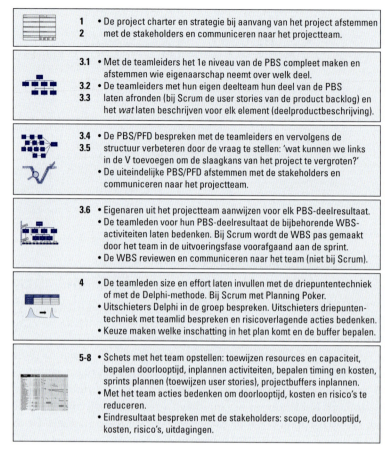

Figuur 6.14 Delegeer- en afstemmomenten in het traject tot de schets met het team

6.4 Stap 9: Tips & tricks detailplanning

Met het afronden van de schets met het team heb je een belangrijke basis gelegd voor projectsucces. Je hebt rust gecreëerd in het project en hebt voldoende informatie om de stakeholders maximaal te managen. *Alweer een stap van reactief naar proactief naar beïnvloeden.*

Daarmee komt nu de resterende negentig procent van de projectinrichtingsfase aan de beurt. Het opstellen van de architectuur, het uitwerken van technische specificaties, haalbaarheidsstudies, selectie van leveranciers, contractonderhandelingen, uitwerking van de projectorganisatie en… de *detailplanning* en het *projectmanagementplan*.

In de detailplanning ga je het WBS-activiteitenniveau, dat nodig is voor de aansturing van de uitvoeringsfase, verder uitwerken (behalve voor Scrum-deelprojecten). De PBS/WBS-structuur die je al hebt opgezet is hierbij herbruikbaar. Deze kopieer je één-op-één in je planning tool, je begint dus niet opnieuw! Integendeel, de PBS/WBS-structuur representeert de technische én organisatorische context en is volledig. Bovendien is deze door de discussies

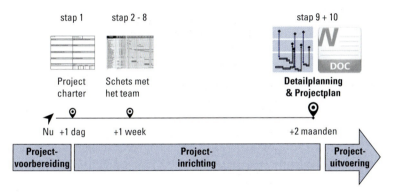

Figuur 6.15 Projectvoorbereiding en -inrichting voor de projectmanager

op basis van de schets met het team volwassen en stabiel. *De contouren van je project zijn duidelijk en dus kun je de kleurplaat nu geconcentreerd gaan inkleuren.*

Voor het maken en beheren van detailplanningen wordt meestal speciale software gebruikt, zoals MS Project. Zo'n tool kan de planning tonen als netwerkdiagram (PERT), maar wordt meestal gebruikt in de *Gantt mode*, waarbij iedere taak een aparte rij krijgt en als tijdsbalk wordt getoond. Veel gebruikers volgen een introductietraining, maar blijven met vragen zitten hoe de tool efficiënter kan worden ingezet in het eigen werkproces. Want zoals het beheersen van Word je niet automatisch een goed schrijver maakt, zo geldt dat ook voor het gebruik van planning tools.

Begin pas met de detailplanning als de belangrijkste issues zijn opgelost

Gebruikers van planning tools geven aan vaak met de volgende uitdagingen te worstelen:
- Ze verliezen zich in de details en werken voor de tool in plaats van andersom.
- Er zijn te veel onzekerheden, dus een planning kan nog niet worden gemaakt.
- Er is geen tijd om een detailplan te maken.
- Er is wel een template voor een planning, maar geen visie binnen de organisatie hoe dit moet worden ingezet binnen de projecten.
- Het detailplan gaat continu overhoop door wijzigingen.
- Het detailplan wordt wel gemaakt, maar niet gebruikt.
- Het detailplan helpt niet om commitment van het team te krijgen.
- Het detailplan helpt niet om te communiceren met de stakeholders.

Daar komt nog bij dat planningen door alle koppelingen vaak zo uitgebreid worden, dat het moeilijk is om overzicht te houden. Je hebt maar een klein deel van de planning op je scherm en het voelt soms alsof je een boek leest kijkend door een sleutelgat. Die onoverzichtelijkheid levert meer frustratie op. Want wie herkent niet dat je een activiteit drie dagen verplaatst en later ontdekt dat de einddatum van het project twee weken is verschoven…

Werk jij voor je planning tool of werkt je planning tool voor jou?

Ik heb drie tips bedacht om de planning tool handiger in te zetten in het eigen werkproces. Deze tips leiden tot de volgende voordelen:

A. **Detail én flexibiliteit**: *veel detail mag geen blok aan je been worden en niet leiden tot update-angst.*

B. **Simulatiemogelijkheden**: *de planning dient een model van het project te zijn, met de mogelijkheid om het effect van alternatieven inzichtelijk te maken.*

C. **Communicatiemiddel naar team en opdrachtgever**: *de planning dient een communicatiemiddel te zijn voor meerdere doelgroepen en de basis te vormen voor tracking en control.*

D. **Tonen van probleempunten, niet alleen de gevolgen**: *ketenplanningen geven vertragingen automatisch door aan de opvolgende activiteit, maar wil je dit wel als projectmanager?*

E. **De projectmanager neemt de beslissingen, niet de tool**: *de tool moet het juiste inzicht geven en de mogelijkheid bieden om op de meest effectieve manier in te grijpen.*

Hoewel de voorbeeldplanning van het project Achtbaan is opgesteld in MS Project, is de gepresenteerde werkwijze in de drie tips onafhankelijk van de gekozen planningsoftware.

Tip 1: stop met koppelen!
Stoppen met koppelen? Dat is een vreemde oproep. Het maken van koppelingen is een elementair beginsel in een planning tool. Er is een bepaalde tijdsvolgordelijkheid tussen activiteiten onderling. Door de eerste activiteit in tijd vast te leggen, bepaal je automatisch ook de opvolgende activiteiten. Verschuift een activiteit, dan schuift de rest mee. Dat is logisch en gewenst.

Echter, als de planning groeit, is de kans groot dat de koppelingen zich ontpoppen tot een onoverzichtelijke spaghetti van verbindingen. En dat kan een behoorlijk onvoorspelbaar geheel opleveren. Het verplaatsen van taken zichtbaar op je scherm leidt bijvoorbeeld tot ongewenste gevolgen voor taken die je op dat moment helemaal niet in beeld hebt. Mijn advies is daarom om alleen die activiteiten *rechtstreeks* te koppelen die samen niet op een andere manier uitgevoerd kunnen worden. Dat is bijvoorbeeld bij het voorbereiden, schrijven, reviewen en updaten van een document, of bij activiteiten die alleen door één persoon kunnen worden uitgevoerd en daarom altijd in dezelfde volgorde plaatsvinden.

Maak de planning flexibel door te koppelen naar een projectinterface

'Maar dan krijg je toch allemaal losse blokken met activiteiten?', hoor ik je denken. Dat is waar en dat willen we niet, of eigenlijk ook weer wel. Die losse blokken gaan we namelijk

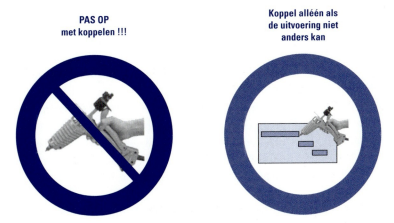

Figuur 6.16 Koppel alleen in de detailplanning als de uitvoering niet anders kan

apart koppelen, via 'de bovenkant' van de planning, zie figuur 6.17. Door regels 'bovenin de planning' namelijk niet te gebruiken als taak, maar te 'misbruiken' als *input* of *output* kun je een soort *regelpaneel* maken. Hiermee kun je de start van de blokken in het detailplan instellen en het einde van de blokken uit het detailplan als resultaat zichtbaar maken. Uiteraard kun je deze in- en uitgangen ook bovenin met elkaar koppelen. Dan krijg je hetzelfde effect als wanneer je dit onderin het detailplan zou doen, alleen wordt het overzichtelijker en je kunt de koppelingen verbreken of vervangen door andere keuzes.

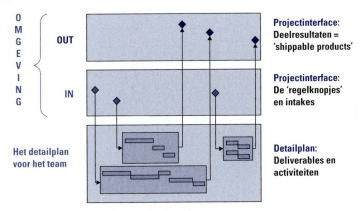

Figuur 6.17 Maak regelknoppen en afleesinstrumenten bovenin de planning

Zo maak je van een compleet gekoppeld plan dus een overzichtelijkere en makkelijker aan te passen variant. De in- en uitgangen weerspiegelen tevens de relatie met de buitenwereld, via het *projectinterface*. Bij de ingangen kun je bijvoorbeeld de oplevermomenten van toeleveranciers of *intakes* van andere projecten zetten. Bij uitgangen is het de kunst om dié momenten uit de planning te koppelen die gezien mogen worden als opleveringen aan de buitenwereld. Deelresultaten dus, die bijvoorbeeld feedback opleveren. Daarom noem ik ze ook wel *shippable products*, in analogie met de naam van de resultaten van de sprints bij Scrum.

Met de losse *regelknoppen* kun je eenvoudig alternatieve scenario's analyseren. Je kunt bijvoorbeeld het effect op de doorlooptijd bestuderen door twee trajecten parallel te zetten die eigenlijk na elkaar plaats zouden vinden. Uiteraard heeft dit ook gevolgen voor de ingezette capaciteit, dat wordt meteen duidelijk in het resourceoverzicht. Ook kun je krachtiger acteren als een toeleverancier meldt dat de oplevering van een deliverable een week is vertraagd. Kunnen vertellen wat de gevolgen zijn voor een belangrijke mijlpaal of de einddatum van het project, is veel sterker dan alleen melden dat vertragingen ongewenst zijn.

> *Het projectinterface helpt bij simulatie en bij communicatie*

De gedachte van het koppelen van punten uit het detailplan naar de bovenzijde kun je ook gebruiken om de status te vergelijken met de projectdoelstellingen. Maak per mijlpaal twee regels aan, koppel één regel aan het mijlpaalmoment in de detailplanning en zet in de andere regel het afgesproken oplevermoment. Op dezelfde manier kun je checkmomenten van de kritische parameters inzichtelijk maken. Daarmee krijg je de situatie uit figuur 6.18: het detailplan zit verstopt onder de motorkap, de bovenzijde van de planning wordt dashboard en stuur. Zo kun je de communicatie met de buitenwereld per doelgroep specificeren in het projectinterface. Per stakeholder kun je namelijk andere deelresultaten opnemen in de lijst. En je kunt kiezen hoe het resultaat getoond wordt, bijvoorbeeld de mijlpaal mét of zónder projectbuffer. Tot slot kun je intakes per toeleverancier sorteren, waardoor je ze wekelijks eenvoudig telefonisch kunt checken. Op www.roelwessels.nl zie je hoe deze werkwijze verwerkt is in de detailplanning van het project Achtbaan.

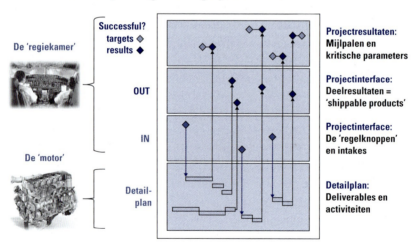

Figuur 6.18   Bestuur en rapporteer vanuit de 'regiekamer' van je planning

Het projectinterface is tevens een middel om de deelprojectleiders hun eigen planning te laten beheren, zonder dat dit ten koste gaat van de koppeling tussen de deelprojecten. De deelprojectleiders hoeven alleen maar de onderlinge interfaces af te stemmen (als elkaars klant/leverancier). Zie figuur 6.19, waarin de stippellijnen de afhankelijkheden tussen de planningen zijn die onderling dienen te worden afgestemd. Zo voorkom je dat alles in één onoverzichtelijke planning moet worden ondergebracht. En je zorgt dat het eigenaarschap van het deelproject niet bij jou, maar bij de verantwoordelijke deelprojectleider komt te liggen.

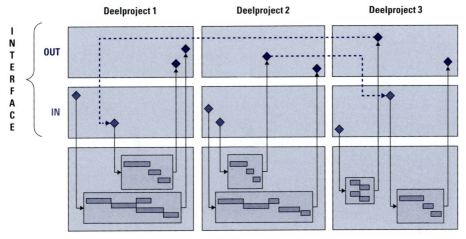

Figuur 6.19 Het synchroniseren van losse planningen via het projectinterface

Tip 2: maak de probleempunten zichtbaar en niet het gevolg

Het koppelen van tactische punten via het projectinterface in plaats van verstopt in de detailplanning heeft nog meer voordelen. Stel je hebt een project met een doorlooptijd van een jaar. In de eerste week van het project is er een vertraging op het kritieke pad van drie dagen. Wat meldt een planning tool dan? Inderdaad, drie dagen vertraging van de einddatum van het project. En we kunnen de tool geen ongelijk geven, want als je niet zou ingrijpen dan zou dat ook de juiste voorspelling zijn. Maar daar zit ook meteen de crux. Je gaat uiteraard wél

ingrijpen. Je hebt nog ruim 300 dagen de tijd om 3 dagen in te halen! En wellicht heb jij als projectmanager wel begrip voor deze insteek van je planning tool, de gemiddelde opdrachtgever niet. Die wordt precies op de gevoelige teen getrapt als project control na een week op basis van jouw planning meldt dat het project al uitloopt. Daar zit je niet op te wachten toch?

Door te werken via het projectinterface sla je twee vliegen in één klap. In figuur 6.20 kun je zien wat er gebeurt bij een vertraging aan het begin van een project dat bestaat uit een maaktraject en een testtraject. Als alles gekoppeld is, dan meldt de planning tool op basis van de vertraging dat de einddatum gaat uitlopen (variant A). Een vertraging aan het begin van een project wordt vaak (onbewust) geaccepteerd door de organisatie. Men stuurt bijvoorbeeld deadlinegedreven en verspilt de veiligheidsmarges, zoals we in paragraaf 6.2 bespraken. Er lijkt tijd genoeg te zijn om het probleem (later) op te lossen. Gevolg: de testafdeling moet aan het einde van het project de vertraging goedmaken, testers zijn niet voor niets de 'overwerkers' van de organisatie. Het leiderschap in de organisatie helpt dus niet,

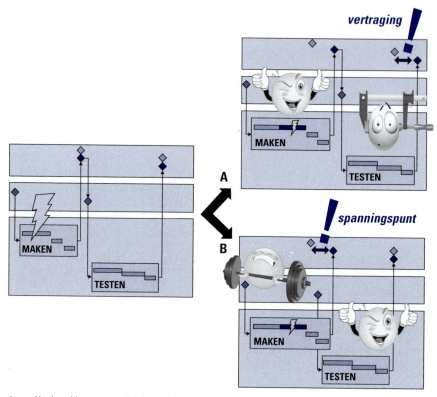

Figuur 6.20   Maak probleempunten zichtbaar als je nog kunt ingrijpen en niet het gevolg

maar ook de tool niet. Want de tool meldt, dat alles gekoppeld na de vertraging later zal starten en eindigen. Voor je het weet houden de spelers later in het project al rekening met de gecommuniceerde vertraging!

Vervang vertraging aan het einde door een spanningspunt in het project

Door bij een aantal essentiële mijlpalen in het projectinterface de automatische koppeling weg te halen voorkom je dat de tool de vertraging automatisch goedkeurt. Nog mooier, zo kun je de tool zichtbaar laten maken waar de schoen wringt, namelijk bij de maakactiviteiten (variant B). Als projectmanager kun je rapporteren dat er tegenslag is aan het begin van het project, maar dat je deze vertraging nog niet accepteert. Het is dus geen vertraging voor het eindpunt, maar een *spanningspunt tussen de maakfase en de testfase*. In plaats van acceptatie van de vertraging, bedenk je acties met het betreffende team om de problematiek op te lossen waar het hoort, in de maakfase zelf. Zo voorkomt de manier waarop je de planning tool inzet, dat er (onbewust) 'minnetjes' worden weggegeven aan het begin van het project. In hoofdstuk 8, *Heartbeat*, zullen we nog meer hulp krijgen om dit fenomeen te killen.

Het plan deel II: schets met team en detailplan

Tip 3: voorkom het 'groepsfoto-effect'

Wat gebeurt er als een groepsfoto voor het eerst getoond wordt aan de groep? Denkt men dan: ooh, wat een leuk totaalplaatje en wat staat de groep er leuk op? Ik denk van niet. De primaire gedachte is meestal: waar sta ik zelf?

Datzelfde effect zie ik terug bij het tonen van een uitgebreide *Gantt chart*. Er staan zoveel tijdsbalken op met namen van uitvoerenden dat je niet kunt verwachten een onderbouwd antwoord te krijgen op de vraag: 'Geloven jullie in dit plan?' Men is namelijk druk bezig met kijken waar de eigen taken staan en dat valt niet mee in zo'n overzicht. Maar hoe communiceer je dan de planning naar je teamleden? Het antwoord zal je misschien verrassen: als boodschappenlijstje! Nu mag het namelijk wel en het is zelfs enorm handig.

Ik maak zelf wekelijks een download vanuit de (bijgewerkte) detailplanning in MS Project naar Excel en filter daarin volgens een vaste opmaak de uit te voeren taken. Vervolgens laat ik de taken op basis van oplevermoment sorteren, liefst in de vorm van een weeknummer. In figuur 6.21 kun je zo'n boodschappenlijstje zien, in dit geval gefilterd voor één teamlid, de architect. Daarnaast hebben planning tools over het algemeen de mogelijkheid om extra 'customized' kolommen toe te voegen, waardoor je aan de taken ook andere kenmerken

Nu komt het boodschappenlijstje eindelijk van pas

kunt meegeven, zoals welk deelproject, welke sprint, welke klant, etcetera. Je kunt dus ook boodschappenlijstjes maken die je filtert op deze kenmerken.

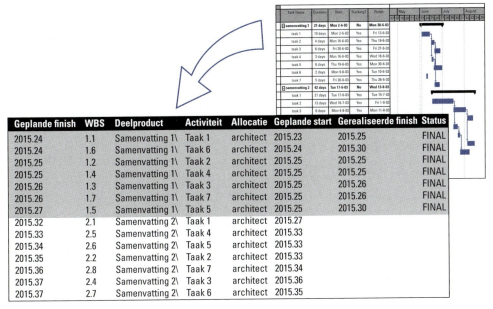

Figuur 6.21   Extractie van taken voor een geselecteerde doelgroep

Deze extractie heeft alles wat nodig is om *TomTom minded* toe te werken naar het eindpunt van het project: een gesorteerde countdownlijst die steeds de resterende activiteiten en deliverables toont. In het plaatje zie je verder bij Status het woord *FINAL* staan. Dit woord verschijnt als een taak honderd procent is afgerond. In hoofdstuk 9, *De Blinde Vink*, zal duidelijk worden waarom het mijn voorkeur is om taken alleen nul of honderd procent afgerond te laten zijn. Alles daar tussenin negeer ik omdat het vaak *wishful thinking* is. De enige manier om een taak afgemeld te krijgen is dus: door deze volledig af te ronden…

6.5   Stap 10: Projectmanagementplan en go

Na het voorafgaande is de afsluitende stap, het schrijven van het projectmanagementplan, slechts een kwestie van doen. Alle essentiële discussiepunten zijn namelijk al weggewerkt bij het opstellen van de project charter, de schets met het team en de detailplanning. Het is dus vooral een schrijfactiviteit, waarbij alles gestructureerd in één document komt te staan.

Projectmanagementplan (PMP)
Hoe uitgebreid je het projectmanagementplan maakt, zal afhangen van de omvang van je project, je eigen voorkeur, de wensen van de stakeholders en de cultuur in de organisatie. Het is zelfs mogelijk dat je voor kleine projecten helemaal geen document maakt, of bijvoorbeeld alle informatie onderbrengt in de offerte. Het is een afweging tussen je eigen tijdsinvestering en het voordeel van het hebben van één overzichtelijk document dat helpt bij de communicatie en de uitvoering.

In het PMP vat je samen wat je in stap 1-9 hebt geleerd

In figuur 6.22 staat een overzicht van de elementen van het projectmanagementplan. Je kunt er op twee manieren naar kijken: goh, wat moet ik een hoop informatie opschrijven. Of: wow, wat heb ik al veel informatie verzameld. Want dat laatste is absoluut waar, alle informatie heb je tot je beschikking als je het 10 stappen-plan doorlopen hebt. En dat scheelt, want ik kan me nog herinneren hoe ik bij mijn eerste project worstelde met het template van het projectmanagementplan. Ik heb twee uur naar de paragraaf 'intakes' zitten staren en had geen idee wat ik daar moest invullen. Later begreep ik dat je een projectmanagementplan niet kunt maken door te starten met het lege template. Het is geen invuloefening, maar de samenvattende afsluiting van de zoektocht naar overzicht, structuur en de juiste acties om het project zo uit te voeren dat de doelstellingen kunnen worden gerealiseerd.

Passeren van beslispunt Decision to fund
Met het afronden van het projectmanagementplan ben je klaar om de projectuitvoeringsfase in te gaan. Het projectmanagementplan is een belangrijk resultaat voor de stuurgroep om de faseovergang *decision to fund* te accorderen. Uiteraard dienen ook alle andere deliverables uit de inrichtingsfase afgerond te zijn, niet in het minst omdat deze deliverables input waren voor delen van het projectmanagementplan. Bij het besluit decision to fund gaan

opdrachtgever en opdrachtnemer beiden verplichtingen aan en kan de projectuitvoering met vertrouwen en zonder 'hand aan de rem' gestart worden.

Algemeen
- Wijzigingshistorie en autorisatietabel

Introductie
- Doelstelling van het project
- Projecthistorie
- Vraag van de opdrachtgever/stakeholders
- Scope en afbakening van het project
- Referentiedocumenten

Het assignment
- Projectresultaten die zullen worden opgeleverd
  (eventueel als Scrum product backlog)
- Prioriteiten

Projectaanpak en -strategie
- Klanten (intern en extern) waaraan deelproducten worden opgeleverd
- Fasering en projectaanpak (bijv. Scrum, V-model)
- Lijst van alle deelproducten (PBS): klant, projectfase, oplevermoment
  (dient aan te sluiten bij projectinterface detailplanning en de Scrum product backlog)
- Project intakes: leverancier, projectfase, aanlevermoment
  (dient aan te sluiten bij projectinterface detailplanning)
- Timing en kosten per fase, totaalbudget
- Aannames

Organisatie
- Samenstelling team
- Teamallocatie op maand/week basis
- Samenstelling stuurgroep
- Niet-menselijke resources (testsystemen, apparatuur, etc.)

Risicomanagement
- Risicotabel: risico, kans, gevolg, preventieve oplossing, correctieve actie indien risico toch plaatsvindt
  (incl. koppeling van deze activiteiten naar de detailplanning)

Detailplanning
- Verwijzing naar de detailplanning in de planning tool

Kwaliteitsplan (soms apart document)
- Wijze waarop de kwaliteit wordt geborgd
- Wijze waarop de resultaten worden gereviewed en getoetst
  (incl. koppeling van deze kwaliteitsactiviteiten naar de detailplanning)

Configuratiemanagementplan (soms apart document)
- Releases (sprints) met geplande deelproducten
- Configuratie-items, identificatie, life cycle, control en auditing/reporting
  (incl. koppeling van deze CM-activiteiten naar de detailplanning)

Communicatieplan (soms apart document)
- Interne meetings en wijze van communicatie (wanneer, aan wie, welk medium)
- Externe meeting en wijze van communicatie (wanneer, aan wie, welk medium)

Figuur 6.22   Inhoud projectmanagementplan

Samenvatting

- Bepaal de omvang van je project door size en effort estimation toe te passen op de WBS met behulp van de:
  - Delphi-methode (groep specialisten)
  - Driepuntentechniek (individu)
- Het bepalen van *effort* (aantal uur) is je einddoel, maar begrijp eerst hoe groot de taak is door *size* vast te stellen.
- Inschattingen zijn afhankelijk van de context en bestaan voor een deel uit een veiligheidsmarge om tegenvallers op te vangen. Voorkom dat je project ondanks veiligheidsmarges tóch uitloopt met de volgende vier stappen:
  1. Driepuntentechniek
  2. Risicoverlagende acties toevoegen
  3. Individuele buffers vervangen door een projectbuffer
  4. Eerdere tussenresultaten toevoegen
- Ook een Agile project kun je plannen met het 10 stappen-plan. De product backlog mag je relateren aan de PBS. De omvang van de user stories op de product backlog kun je bepalen met Planning Poker (afgeleid van de Delphi-methode), waarbij je de relatieve eenheid story point gebruikt. Het WBS-activiteitenniveau wordt bij Scrum niet vastgelegd in het detailplan, maar pas bepaald door het team voorafgaand aan de sprints in de uitvoeringsfase.
- Gebruik de volgende tips om een detailplanning te maken die jou echt helpt bij de projectuitvoering:
  - Koppel strategische punten via het projectinterface boven in de planning.
  - Maak probleempunten zichtbaar en niet alleen het gevolg. Kies voor spanningspunten in je planning voordat je vertragingen accepteert.
  - Communiceer het plan tijdens de projectuitvoering via een op de doelgroep gefilterd to do-boodschappenlijstje.

7 De projectverleider

- Waarom het verschil tussen autonome en gecontroleerde motivatie zo belangrijk is.
- Wat je uitstraalt krijg je terug. Hoe zet je dat in?
- De tijdelijke projectorganisatie en de stuurgroep.
- Waarom je als projectmanager ook altijd verandermanager bent.
- Hoe creativiteit werkt en hoe je creativiteitsgericht leiderschap inzet.

Nu het plan gemaakt en goedgekeurd is, hoeft het 'alleen nog maar' te worden uitgevoerd. Als dat door een gemotiveerd team gebeurt, dan beschik je als projectmanager over een belangrijk factor 10-element. Het hebben van gemotiveerde mensen om je heen geeft energie en zorgt voor het ultieme 'wind mee-gevoel': delegeren gaat makkelijker, het aanpassingsvermogen is hoger, bij uitdagingen is de eerste reactie niet 'ja, maar' en tegenslagen voelen minder zwaar. Als projectleider ben je dus afhankelijk van een gemotiveerd team, maar we zullen zien dat je gelukkig ook veel invloed hebt op dit proces.[8]

7.1 Deci en Ryans zelfdeterminatietheorie

Er is veel onderzoek gedaan op het gebied van motivatie en betrokkenheid. Eén van de meest invloedrijke theorieën is de *zelfdeterminatietheorie* van Edward Deci en Richard Ryan (Deci & Ryan, 2002). Deze theorie is in beginsel gericht op de motivatie van leerlingen en hun leerrendement, maar past ook naadloos op het motivatieproces in projecten omdat het uitlegt hoe mensen enthousiast en betrokken raken. Volgens Deci en Ryan heeft ieder mens drie psychologische basisbehoeften, de behoefte aan *competentie, autonomie* en *verbondenheid*. Bij de behoefte aan competentie gaat het erom dat je het vertrouwen hebt in je capaciteiten om je taken goed uit te kunnen voeren. De behoefte aan autonomie gaat over zelf keuzes kunnen maken en kunnen werken vanuit een zekere mate van zelfstandigheid. Bij de behoefte aan verbinding gaat het om het hebben van onderlinge verbondenheid met de andere projectleden en je geaccepteerd en gewaardeerd voelen. Maar ook verbondenheid ten aanzien van het projectdoel, waar je het voor doet, voor wie en waarom. Dit wetende zal je waarschijnlijk zelf al concluderen dat je als projectmanager verschillende mogelijkheden hebt om de invulling van de drie basisbehoeften van je teamleden te sturen. Je bent dus niet alleen afhankelijk van een gemotiveerd team, de motivatie wordt ook voor een groot gedeelte beïnvloed door jouw acties. De projectleider die zich bij de start van het project al ziet als *projectverleider* heeft daarom een belangrijke sleutel tot succes in handen.

---

8 Dit hoofdstuk sluit aan bij de volgende competenties uit IPMA's ICB4: Governance, structures and processes, Power and interest, Culture and values, Personal communication, Relations and engagement, Leadership, Teamwork, Conflict and crisis, Resourcefulness, Negotiation, Organisation and information, Stakeholders, Change and transformation.

Autonome motivatie versus gecontroleerde motivatie

Door nog iets verder in te gaan op het onderwerp autonomie, wordt de koppeling met eerder besproken onderwerpen in dit boek duidelijk. Deci en Ryan deden een onderzoek onder twee groepen studenten. Beide groepen kregen dezelfde puzzelopdracht waarvoor ze oplossingen moesten bedenken. De eerste groep werd per oplossing betaald. Groep 2 kreeg geen beloning in het vooruitzicht gesteld. Nadat de opdracht was afgerond kregen de proefpersonen de gelegenheid om nog verder te puzzelen. Wat bleek: de deelnemers uit de eerste groep waren veel minder gemotiveerd om verder te puzzelen dan de personen uit groep 2. De beloning had er blijkbaar voor gezorgd dat ze speelden om een andere reden dan hun eigen speelplezier. Ze handelden niet meer vanuit hun eigen intrinsieke motivatie.

Motiveren vanuit controle sloopt de aanwezige motivatie

Nieuwsgierigheid en intrinsieke motivatie is van nature aanwezig, maar is dus ook kwetsbaar. En dat wringt voor de projectmanager die prestaties wil leveren met het team. Aan het begin van een project is er niet meteen motivatie en veel leidinggevenden hebben dan de neiging om te gaan pushen en zich op te dringen. Maar de zelfdeterminatietheorie leert ons dat meer duwen juist contraproductief werkt, de *prestatieparadox*. Ook beloningen zijn in wezen een manier om controle uit te oefenen op de ander en dat verkleint de autonomie van deze persoon om vanuit zichzelf te handelen en zelf verantwoordelijkheid te nemen.

Figuur 7.1 vat dit alles gedetailleerd samen. *Intrinsieke motivatie* is uiteraard het ultieme streven, deze motivatie wordt puur gevoed door de interesse en plezier in de activiteit zelf. Intrinsiek gemotiveerde mensen tonen meer begrip, werken harder, hebben meer doorzettingsvermogen en zijn creatiever. Maar goed, het (project)leven bestaat niet alleen uit leuke taken. Daarom zullen we het vaak van extern gerichte motivatie moeten hebben, ofwel *extrinsieke motivatie*.

Hier helpt het model ons door te laten zien dat extrinsieke motivatie niet per definitie fout is. Er is namelijk 'goede' externe invloed en 'foute'. Goede externe invloed is sturing die, net als intrinsieke motivatie, aanzet tot autonomie. Het besef om zelf keuzes te kunnen maken en zelfstandig te mogen handelen geeft je medewerkers energie. Gemotiveerd worden vanuit controle, opgelegde verplichtingen of schuldgevoel zuigt juist energie weg. *Deci en Ryan laten dus zien dat het onderscheid tussen autonome en gecontroleerde motivatie belangrijker is, dan het onderscheid tussen intrinsieke en extrinsieke.* En dat is prettig voor de project(ver)leider.

Onder (externe) autonome motivatie vallen zowel geïdentificeerde als geïntegreerde regulatie. Bij geïdentificeerde regulatie zal een teamlid de taak niet uitvoeren omdat hij hier plezier aan beleeft, maar omdat het iets oplevert. Niet in de vorm van een beloning, maar omdat het aansluit bij de persoonlijke doelen of de eigen ontwikkeling. Men handelt dus uit eigen keus, niet vanuit moeten. De andere vorm, geïntegreerde regulatie, ligt het dichtst bij intrinsieke motivatie. Ook hierbij is de activiteit zelf niet de belangrijkste aanjager, maar de redenen

De projectverleider

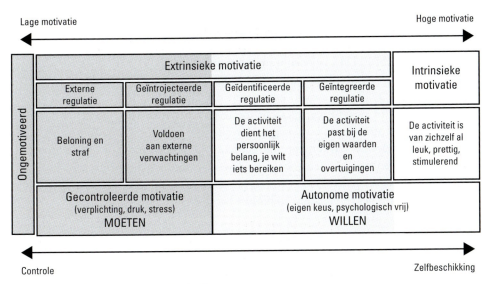

Figuur 7.1 Het motivatie continuüm van Deci en Ryan

achter de activiteit passen volledig bij de persoonlijke overtuigingen en waarden. Men volgt dus ook hierbij het eigen hart en handelt vanuit zelf willen.

Én er bovenop zitten én ruimte bieden
Het gedrag van jou als projectmanager is dus heel bepalend ten aanzien van motivatie en prestatie. En *the devil is in the detail*. Woordkeuze alleen maakt verschil. Een manager die aan het einde van een overleg zegt 'In het volgende gesprek kijken we of je alles hebt weten uit te voeren', stuurt op controle en mag dus lagere prestaties verwachten. De manager die zegt 'Ik ben heel benieuwd of deze feedback jou kan helpen', prikkelt juist de autonomie van de medewerker en de houding er zelf iets positiefs mee te willen doen. Je zult begrijpen dat dit alles aansluit bij situationeel leiderschap zoals besproken in paragraaf 4.4. Iemand die S3-aansturing nodig heeft, kun je volledig verlammen door te zeggen 'Morgen kom ik kijken of dit correct is uitgevoerd'. Je bemoeit je dan namelijk met het *hoe*. Ik los het meestal op door aan te geven dat ik op basis van interesse en nieuwsgierigheid een bezoekje wil komen brengen. Dat smoort de autonomie niet, maar voedt juist het gevoel van verbondenheid. Ook multiplier- en diminishergedrag uit paragraaf 1.2 past op het plaatje van Deci en Ryan. De diminisher stuurt vanuit controle, de multiplier investeert juist in autonomie van de ander.

Een goede project(ver)leider besteedt bewust aandacht aan de manier waarop hij communiceert. Dwingend taalgebruik kan averechts werken. Alleen aandacht voor deadlines en geen aandacht voor het proces, idem dito. Het bieden van keuzevrijheid, acceptatie en waardering steunt de motivatie. *En toch wil je controle houden op je project.* Dat kan prima! Allereerst door het uitoefenen van het juiste *situationele leiderschap* en te sturen op alleen dat wat de medewerker nodig heeft. Ten tweede door bij het meten van voortgang niet in te zetten op controle

van alles, maar door in te zoomen op datgene wat essentieel is voor het resultaat, de *kritische parameters*. Je teamleden zullen dit niet als controlerend ervaren, maar vaak juist als erkenning van hun vakgebied. Door je team intensief te *betrekken bij het maken van het plan* geef je verder ruimte voor eigen inbreng en inzicht in het keuzeproces. Ten slotte zul je moeten begrijpen dat als je 'twee voor twaalf' constateert dat dingen fout lopen, je weinig andere keus hebt dan dominant crisismanagement toe te passen. 'Twee voor twaalf' is dus geen optie voor een motiverende projectmanager. Afwijkingen zullen eerder moeten worden opgemerkt. Hierbij helpt de 'warming up' van eerdere *confrontatiemomenten* uit het V-model. Grip op je project en ruimte laten voor je medewerkers kunnen dus prima samengaan en blijken elkaar zelfs te versterken! Het oplossen van de &-&-&-paradox 'én er bovenop zitten én ruimte bieden aan het team', komt zo binnen handbereik.

7.2 Wat je uitstraalt, krijg je terug

Het voorgaande laat zien, wat eigenlijk helemaal niet zo verrassend is: wat je uitstraalt, krijg je terug. Iets wat ook al werd onderzocht en geconcludeerd door Douglas McGregor, een Amerikaanse sociaalpsycholoog.

McGregors X- en Y-theorie

McGregor deed onderzoek naar de manier waarop managers naar hun medewerkers kijken. Hij concludeerde dat dit vanuit twee mensbeelden gebeurt en noemt dit *theorie X* en *theorie Y* (McGregor, 1960):

- **Theorie X**: de manager heeft een *negatief* mensbeeld. Zo kijkt hij ook naar zijn medewerkers: 'Ze lopen er de kantjes vanaf als je ze de kans geeft, ze willen geen verantwoordelijkheid dragen en hebben dwang en controle nodig om prestaties te leveren.'
- **Theorie Y**: de manager heeft een *positief* mensbeeld. Ziet de medewerker als iemand die van nature initiatieven neemt, verantwoordelijkheid wil nemen en zijn werk goed wil uitvoeren.

Zoals de waard is vertrouwt hij zijn gasten

Een manager met een negatief mensbeeld zal vaak een autoritaire stijl van leidinggeven toepassen (S1-sturing). Hij gelooft verder in belonen en straffen en zal de medewerkers nauwelijks betrekken bij het besluitvormingsproces. Weer diminishergedrag dus. Nuances ten aanzien van inschattingen van activiteiten slaat hij plat door zo veel mogelijk druk op de medewerker te zetten. Dat betekent dat hij de medewerker net zolang extra werk geeft totdat er gesputterd wordt. Insteek is: pas als het piept en kraakt heeft het team de juiste hoeveelheid werk op het bordje liggen. Geen last van inschattingen met veiligheidsmarges zo lijkt het...

McGregor stelt echter: *de manager krijgt wat hij geeft*. Medewerkers passen hun gedrag aan aan de manier waarop ze worden aangestuurd. Ze voelen haarfijn aan dat eigen inbreng niet wordt beloond in een autoritair systeem en dat een stapje extra zetten geen zin heeft. Ook zullen de veiligheidsbuffers wel degelijk toenemen bij het noemen van urenschattingen.

De intrinsieke motivatie verdwijnt in rap tempo en theorie X wordt dus een *self-fulfilling prophecy*. Een autoritair manager wordt bevestigd in zijn mensbeeld en zit gevangen in een vicieuze cirkel. In een omgeving waarin S1-sturing de norm is (bijvoorbeeld ongeschoold productiewerk) komt hij hiermee weg. Maar bij kenniswerkers met kennis die de manager zelf niet heeft of projectmedewerkers die werkzaam zijn op andere locaties en dus moeilijker te controleren zijn, zullen de grenzen van deze aansturingsstijl snel worden bereikt.

 Ken jij voorbeelden van deze self-fulfilling prophecy bij theorie X-managers?

Acteren vanuit een positief mensbeeld en het tonen van het juiste voorbeeldgedrag is daarom dé formule om gemotiveerde medewerkers te krijgen, die zelf verantwoordelijkheid willen nemen. Een goede herder weet wanneer hij vóór de schapen uit moet gaan, maar vooral ook wanneer hij beter áchter zijn kudde aan kan lopen. De schapen weten nu eenmaal veel beter waar het juiste gras en water te vinden is. Dit gedrag is niet eenvoudig, zeker niet als je in de hitte van de strijd de druk voelt om met het team resultaat op te leveren. Pushen en het team jouw

agenda opdringen liggen dan op de loer. Toch zal je op de lange termijn meer bereiken als je je dienstbaar opstelt naar je team en vooral zorgt dat de vakmensen hun werk kunnen doen. Je genereert dan output door gek genoeg vooral te sturen op de juiste input: het creëren van de juiste omstandigheden en het invullen van de randvoorwaarden. Bij deze randvoorwaarden hoort ook het vaststellen van de juiste doelstellingen (het *wat*), het bieden van structuur en ondersteuning met het juiste situationeel leiderschap. Je rol als leidinggevende is dus nog steeds essentieel! Want vraag je te veel zelfsturing of laat je je team te veel zweven, dan wordt het project ook geen succes. Het bewegen tussen het bieden van vrijheid en structuur is een *balancing act*, die veel vakmanschap vraagt van de projectmanager die werkt vanuit theorie Y. Anderen autonomie geven wil dus niet zeggen dat jezelf geen regie hoeft te nemen. Integendeel!

Een project is verandering is weerstand
Bij mijn eerste projecten vond ik het best wel lastig. Hakken in het zand bij mensen, weerstand, wat deed ik verkeerd? Later besefte ik mij dat veel te maken heeft met het feit, dat een project meestal een *tijdelijke organisatie* is binnen een staande organisatie die haar bevoegdheden niet zo maar afstaat. We zeiden het al in paragraaf 5.3: 'Verantwoordelijkheden krijg je vanzelf, maar voor bevoegdheden moet je knokken.' Het volgende hielp mij om de weerstand te relativeren en zelfs een beetje als een compliment te zien: *een project = verandering = weerstand*.

Weerstand ondervinden hoort er dus bij! Andersom is het misschien ook waar; is er geen weerstand, dan ga je misschien niet snel genoeg of hebben je acties te weinig impact. Vat weerstand dus niet persoonlijk op en ga niet aan jezelf twijfelen. De projectomgeving weet wat men heeft, maar weet niet wat men krijgt. De logische eerste reactie is dan vaak: 'ja, maar…' Laat je niet (meer) verrassen door weerstand, maar zie het als een normaal onderdeel van het project. Start daarom meteen met het organiseren van motivatie en betrokkenheid in je project, ook al lijkt het allemaal wel los te lopen. Analoog aan 'start met communiceren als het project nog leuk is' zouden we nu dus kunnen zeggen: *start met het motiveren van je omgeving vóórdat je weerstand ervaart.*

Het motiveren van je team samengevat

Laten we het voorgaande eens samenvatten. Motivatie pas je toe om je teamleden aan te zetten tot actie en het nemen van verantwoordelijkheid om de taken zelfstandig uit te voeren. Deci en Ryan geven een mooi kader om dit overzichtelijk weer te geven, wat ik heb uitgewerkt in figuur 7.2. En dat vind ik zelf zo prettig; leiderschap gaat niet over steeds andere technieken per onderwerp, het is een logisch met elkaar samenhangend geheel van basisprincipes, die steeds terugkomen. Of het nou gaat om het motiveren van je teamleden, stakeholdermanagement, het maken van een plan, managen van verwachtingen, het beheersen van de scope of het aansturen van de projectuitvoering.

De basisprincipes van leiderschap zijn universeel toepasbaar. Het vroeg duidelijk maken en communiceren van de scope en de doelstellingen helpt altijd. Goed situationeel leiderschap helpt altijd. Agile gedrag helpt altijd, ook als er weinig veranderingen zijn. Proactief gedrag ondersteund door het V-model helpt altijd. Sturen op output door de kritische parameters te monitoren helpt altijd. Je stakeholders proactief opzoeken helpt altijd. Je plan goed structureren en flexibel opzetten helpt altijd. Je team actief betrekken bij het maken van het plan helpt altijd. Met een hoog ritme sturen en bijsturen helpt altijd. Coveys zeven eigenschappen toepassen helpt altijd. En zo kunnen we nog even doorgaan.

Omschakelen van reactief naar proactief naar beïnvloeden is daarmee vooral aan de slag gaan met deze basisprincipes. Lukken ze beter in het ene domein, dan merk je dat vaak ook in het andere. Ze samen toepassen vraagt wel om vakmanschap. Een authentiek motivator straalt altijd win-win uit en verleidt mensen tot actie. Maar wil ook resultaat, dus ligt er de uitdaging de balans te vinden tussen het geven van vrijheid en het creëren van toetsmomenten. Hoe meer ervaring je hebt, hoe makkelijker je dit spel kunt spelen en met de tegenstrijdigheden om kunt gaan. Dan wordt alles factor 10-gedrag en krijg je steeds meer vertrouwen dat de energie die je ergens in stopt er meervoudig uitkomt!

Omdenken en motivatie

Figuur 7.2 laat zien wat er allemaal komt kijken bij motivatiegericht leiderschap. Dat betekent overigens niet dat alles vanuit de projectmanager moet komen. Bij situationeel leiderschap kan het bijvoorbeeld helpen om bij de overgang van begeleiden (S2) naar overleggen (S3) naar delegeren (S4) aan de medewerker te vertellen dat het moeilijk voor jou is om de regie los te laten. Niet omdat je zwak bent in delegeren, maar omdat er zoveel op het spel staat. De medewerker zal beseffen dat deze een delicaat voorrecht krijgt om zelfstandig te

Competentie	Autonomie	Verbondenheid
Geef inzicht in de projectcontext en wat er verwacht wordt van de medewerker	Maak doelen en kaders duidelijk (wat en waarom)	Zorg voor een gedeelde visie ten aanzien van de projectdoelen en stroomlijn ze met de persoonlijke doelen (win-win)
Situationeel leiderschap: geef voldoende taakgerichte sturing	Situationeel leiderschap: geef niet te veel taakgerichte sturing	Situationeel leiderschap: geef voldoende mensgerichte steun
Situationeel leiderschap: geef de juiste mensgerichte steun (vertrouwen en positieve feedback)	Stel resultaat voorop (wat), maar geef de medewerker de mogelijkheid om zelf de werkwijze in te vullen (hoe)	Waardeer succes en geef steun bij fouten. Ook in stressvolle situaties
Let bij de toewijzing van taken op de benodigde en aanwezige vaardigheden van de medewerker	Betrek medewerkers bij het planningsproces en geef ruimte voor eigen invulling	Creëer een open sfeer waarin ieder zijn mening kan geven en waarin geluisterd wordt
Zorg dat de context van de taken duidelijk en uitdagend is	Betrek medewerkers bij de besluitvorming en moedig het nemen van initiatief aan	Stimuleer persoonlijke ontwikkeling en deelname aan netwerken
Zorg voor het juiste leertraject binnen het project in de opvolgende taken	Spreek de medewerkers ook aan op hun eigen verantwoordelijkheid	Stimuleer samenwerking en teambuilding
Werk proactief en pas het V-model toe om teamleden gestructureerd in hun rol te laten groeien	Werk proactief en pas het V-model toe om teamleden de kans te geven eigen inbreng te tonen	Werk proactief en pas het V-model toe om 'twee voor twaalf' te voorkomen en steun te kunnen blijven geven

Figuur 7.2   Overzicht motiveren geordend naar de drie basisbehoeftes van Deci en Ryan

handelen en zal intrinsiek gemotiveerd raken om je vertrouwen niet te schaden. Dit *kwetsbaar opstellen* kan een krachtige impuls geven en past bij sterk leiderschap. Zoals Covey al zei: wederzijdse afhankelijkheid lukt pas als onafhankelijkheid is bereikt.

Minder is dus vaak meer. Laat anderen voelen dat je ze meer verantwoordelijkheid geeft en neem *zichtbaar* afstand. Het omschakelen in leiderschapsstijlen van Quinn komt hier terug, je schakelt van de rol als bestuurder naar mentor. Stop gaandeweg meer energie in de afstemming vóóraf en minder in de correctie áchteraf. Daarmee prikkel je de autonome en intrinsieke motivatie van de medewerker. *Van aanspreken naar bespreken dus.* Probeer het volgende

Van aanspreken naar bespreken

maar eens. Zeg eens eerder tegen een teamlid, waar je altijd samen mee naar een leverancier gaat, dat deze het eigenlijk ook alleen afkan. Vraag er wel iets voor terug: je wilt een goede *briefing* vooraf en *debriefing* nadien. Beiden hoeven niet langer dan 15 minuten te duren. Vraag in de briefing al coachend waar volgens het teamlid de do's en don'ts liggen en bij welke situaties of onverwachte wendingen de medewerker jou wil kunnen storen. Grote kans dat de medewerker door deze voorbereiding en expliciete steun met vlag en wimpel slaagt en je hulp helemaal niet meer nodig heeft. Als hij later enthousiast je kamer binnenkomt om te debriefen, zal de energie stromen. Zo wordt groeien en mensen helpen te groeien een feest.

Complimenteren en belonen
We hebben gezien dat beloning en straf in de categorie gecontroleerde motivatie zit en dus averechts werkt ten aanzien van autonome motivatie. Betekent dat dan dat het belonen van teamleden vermeden moet worden? Ik denk persoonlijk dat belonen en het geven van complimenten juist heel belangrijk is, mits het niet vanuit een sturend belang gebeurt, maar als uiting van waardering. Dan kan het zowel de competentie, autonomie én verbondenheid versterken. Het is dus belangrijk *hoe* je beloont en complimenten geeft. De volgende kenmerken van een goed compliment kunnen hierbij helpen:

- Het compliment moet *oprecht* zijn (er moet dus niet een ander belang achter zitten).
- Het compliment moet *concreet* zijn (op welk gedrag heeft het betrekking).
- Het compliment moet *gedoseerd* zijn (passen bij de omvang van de waardering).
- Het compliment moet *terecht* zijn (de uitgevoerde taak moet echt een uitdaging zijn).
- Het compliment moet *op tijd* zijn (doe je het een half jaar later tijdens het beoordelingsgesprek, dan is de magie van het compliment verloren).

Bovenstaande wringt wel eens. Een compliment kan nog zo oprecht zijn, toch dient het vaak ook als prikkel naar de medewerker om het goede gedrag te herhalen. Daar hoef je niet geheimzinnig over te doen, uiteraard spelen er meerdere belangen mee. Dat zal niemand vreemd vinden, zo lang je er maar open over bent. Check je intentie en toets op win-win. Soms zitten er hardnekkige barrières tussen de oren van de leidinggevende. Het gevoel bijvoorbeeld dat iemand minder hard gaat werken na het krijgen van een compliment. Ik denk dat dit een gedachte is vanuit theorie X van McGregor en dus een projectie vanuit de eigen negatieve beleving. Een goed gegeven compliment kan juist tot extra motivatie en dus tot harder werken leiden.

Complimenten geven en belonen vraagt om een actieve houding van de projectleider. Hoe vaak missen we de momenten niet in de waan van de dag? Durf successen te vieren! En... durf je eigen gevoel te volgen. Zo beloon ik mensen graag voor hun *gedrag* vóórdat het eindresultaat behaald is. Bijvoorbeeld met een barbecue die ik thuis organiseer. Dat doe je niet in november maar ergens in juni, dus het kwam voor dat een softwareteam beloond werd vóórdat de software zich bij de klant bewezen had. Maar hoe kun je makkelijker tonen dat je tevreden bent met de voortgang en dat je je teamleden vertrouwen geeft, dan hun al te belonen vóórdat het eindresultaat op het scorebord staat? Zo'n team laat jou niet zitten als het later in het project toch nog spannend wordt en is geprikkeld om het gegeven vertrouwen waar te maken. Weer omdenken dus…

Bij het belonen van mensen met het doel de motivatie te verhogen, is het ten slotte nog van belang dat je de theorie van Herzberg in acht neemt. Fredrick Herzberg stelt dat er twee groepen factoren zijn die een geheel verschillende rol spelen bij motivatie en werktevredenheid op de lange termijn: *satisfiers* en *dissatisfiers* (Herzberg, 1959). Dissatisfiers of hygiënefactoren zorgen voor ongenoegen als ze niet worden vervuld. Is er wel aan voldaan dan levert dit geen extra motivatie op. Dat laatste gebeurt wél bij satisfiers. Het invullen van satisfiers kan direct bijdragen aan de motivatie en werktevredenheid. Hier geldt juist dat het niet invullen niet meteen tot ongenoegen leidt. Herzberg stelt dat je mensen motiveert door in te zetten op de satisfiers, maar dat (net) voldoende aandacht geven aan de dissatisfiers een belangrijke basisvoorwaarde is.

Beloon gedrag in plaats van het resultaat

Herzbergs theorie laat zien dat een financiële bonus (extra salaris), een hygiënefactor, geen extra prikkel geeft om beter te presteren. Het is wel belangrijk dat je de mensen voldoende salaris geeft, het thema geld moet geen irritatiepunt zijn. Wil je mensen motiveren dan kun je beter inzetten op de *satisfiers* erkenning, waardering of groeimogelijkheden, aangezien deze intrinsiek motiverende items wel leiden tot een hogere werktevredenheid, zoals je kunt zien in figuur 7.3.

Figuur 7.3   Herzbergs intrinsiek motiverende factoren en hygiënefactoren

Ik sluit het thema beloning af met een anekdote die mij enkele interessante eye openers opleverde. Een team van circa 45 projectleden zat in de eindfase van een project dat cruciaal was voor het overleven van het bedrijf. Er stond veel druk op de opleverdatum van het nieuwe product en dat betekende dat er veel gevraagd werd van het team. Er werd 's avonds vaak overgewerkt; de loyaliteit van sommigen was zo hoog dat je ze bijna niet kon prikkelen om ook aan zichzelf te denken en eens een keer hun sportavond of het gezinsleven niet op te offeren. Daarom had de projectleiding bedacht om elke maand drie personen die zich buitengewoon ingezet hadden extra te waarderen. De beloning was in de vorm van een dinerbon voor twee personen, waardoor de medewerker een avondje uit kon samen met zijn of haar partner. Want die ondervond per slot van rekening ook last van het project.

Waardering krijgen geeft energie, waardering geven ook

Aanvankelijk was HRM niet erg meewerkend; dit zou dan voor alle projecten moeten gelden. De projectleiding was teleurgesteld, zo was de beloning niet meer *terecht* en *oprecht*. En door het bedrijfsbreed te trekken zou de vaart er uit gaan, terwijl de beloning *op tijd* moest zijn. Na het nodige stakeholdermanagement was er uiteindelijk toch toestemming. En dat was het moment waarop de HRM-afdeling mij verraste. Men wilde de beloning uitbreiden door bij de dinerbon een bloemetje te doen en deze niet op het werk, maar bij de medewerker thuis te laten afleveren. Wat een geniale aanvulling! Ik heb meerdere teamleden emotioneel de telefoon zien ophangen nadat ze vanuit huis waren gebeld met de mededeling van hun partner dat ze toch wel erg belangrijk werk moesten doen gezien deze vorm van waardering. Conclusie; waardering tonen heeft weinig met de omvang van de beloning te maken, maar vooral met *hoe* je het doet. En wat gaf het veel energie aan de personen die het nominatie- en uitvoeringsproces aanstuurden. *Waardering krijgen geeft energie, waardering geven ook!*

7.3 De (tijdelijke) projectorganisatie en de stuurgroep

We hebben het nog maar weinig gehad over de projectorganisatie, behalve dat ik in paragraaf 5.5 bij het maken van de product breakdown structure aangaf, dat het veel voordelen heeft om de PBS niet alleen af te stemmen op de projectinhoud maar ook op de projectorganisatie. Tijd om dat in te halen, want invloed uitoefenen op de manier waarop de organisatie wordt ingericht, heeft veel factor 10-potentie. Uiteraard zullen niet alle elementen die je wilt beïnvloeden zich in je cirkel van invloed bevinden, maar je zult zien dat je meer invloed hebt op dit proces dan je denkt.

Het is belangrijk je te beseffen dat de projectorganisatie een tijdelijke organisatie is, die er feitelijk nog niet is bij de start van het project. Ga je daar aan voorbij dan kun je voor vervelende verrassingen komen te staan; dat delen van je team nog niet zijn ingevuld, de stuurgroep of zelfs de opdrachtgever nog niet is benoemd of het ontbreekt aan mandaat en bevoegdheden. Je in dat befaamde begin van het project bemoeien met dit thema kan essentieel zijn voor het projectsucces.

Model van de tijdelijke projectorganisatie
Om de projectorganisatie inzichtelijk te maken, maak ik het liefst gebruik van het organisatiemodel van PRINCE2 uit figuur 7.4. Het model voorziet in het hebben van deelprojecten die worden geleid door deelprojectleiders of teamleiders die weer rapporteren aan

de projectmanager. Is het project niet zo groot, dan vervalt deze tussenlaag en stuurt de projectmanager zelf de teamleden aan. De opdeling in deelprojecten bepaalt de interfaces en de afstemming tussen de projecten onderling, zoals is behandeld bij het planningsproces in figuur 6.19. Belangrijk om te beseffen is dat de medewerkers uit de staande organisatie een *rol* krijgen in de projectorganisatie met daarbij de juiste taken, verantwoordelijkheden en bevoegdheden. In de staande organisatie hebben ze dus een functie, in de projectorganisatie een gedelegeerde rol.

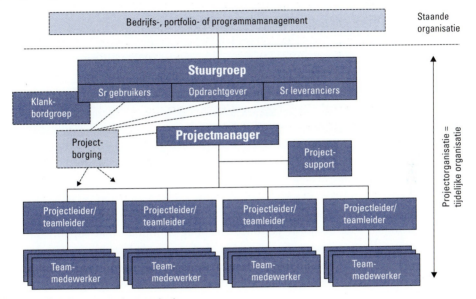

Figuur 7.4 Model voor een projectorganisatie

Het project beschikt soms over ondersteuning in de vorm van *project support* voor het beheren van de planningen, modereren van reviews enzovoort. Daarnaast is er projectborging, waarvan de leden per definitie niet rechtstreeks aan de projectmanager rapporteren, maar aan de staande organisatie. Bijvoorbeeld de controller die rapporteert aan de financieel directeur of kwaliteitscoördinatoren die rapporteren aan het betreffende afdelingshoofd. In het model van de projectorganisatie bevindt de tijdelijke projectorganisatie zich onder de stippellijn (met uitzondering van projectborging). Dit geeft een goed beeld van het deel van de organisatie, dat bij aanvang van het project moet worden ingericht en mandaat moet krijgen van de staande organisatie.

In de projectorganisatie hebben de projectleden geen functie maar een rol

Als er meer projecten zijn, zal er voor elk project een projectorganisatie aanwezig moeten zijn. Is projectuitvoering de primaire werkvorm voor een bedrijf, dan tref je vaak een matrixprojectorganisatie aan zoals weergegeven in figuur 7.5. De projecten volgen nog steeds het projectmodel, maar de organisatie is zodanig ingericht dat aan twee doelstellingen wordt voldaan: projecten *flexibel* kunnen voorzien van mensen én de specialistische kennis *borgen*

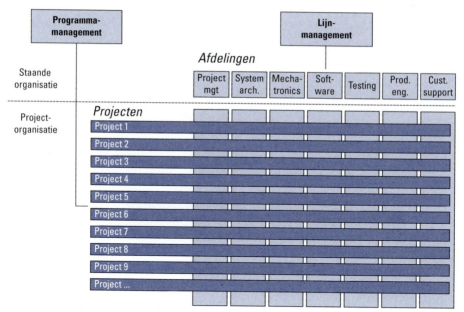

Figuur 7.5 Matrixprojectorganisatie

in de afdelingen (lijnorganisatie). De projecten 'huren' projectleden van de afdelingen, die op hun beurt zorgen voor het juiste personeel, scholing en inhoudelijke support. Projectleden rapporteren dus aan twee leidinggevenden, de functionele baas uit de staande organisatie (het afdelingshoofd) en de operationele baas uit de tijdelijke projectorganisatie (de projectmanager). De projectmanager is verantwoordelijk voor de voortgang en bepaalt *wat* de teamleden wanneer moeten opleveren, de functionele baas bepaalt *hoe* ze dat moeten doen. Deze mix van projectvoortgang en inhoudelijke borging kan overigens een spanningsveld opleveren omdat de teamleden tegenstrijdige opdrachten kunnen krijgen van de twee assen. Een goede afstemming tussen de project- en lijnorganisatie is dus essentieel.

Het is voor de project(ver)leider belangrijk om de belangen van de staande organisatie te begrijpen en actief te zorgen dat de teamleden de juiste bevoegdheden krijgen. Bovendien dient ervoor gezorgd te worden, dat de afdelingen zich inhoudelijk herkennen in het projectmanagementplan, dat de teamleden gemotiveerd worden om de planning uit te voeren en dat de lijnorganisatie een faciliterende rol richting het project aanneemt.

De stuurgroep

Zoals te zien is in het organisatiemodel van figuur 7.4 behoort ook de stuurgroep tot de tijdelijke projectorganisatie. Tenminste, zo ziet PRINCE2 het, de projectmanagementmethode waarin wat mij betreft de stuurgroep het duidelijkst en krachtigst wordt neergezet. De stuurgroep is het hoogste besluitvormingsorgaan binnen het project en dient te borgen dat de eisen en doelen gesteld aan het project gerealiseerd worden. PRINCE2 stelt dat de gebruikers en leveranciers van het project op managementniveau binnen de stuurgroep vertegenwoordigd moeten zijn. Deze stuurgroepleden moeten verder volmacht hebben om

beslissingen te nemen voor de groep die ze vertegenwoordigen. De stuurgroep bestaat daarmee naast de opdrachtgever uit:
- **Senior gebruikers** vertegenwoordigen de belangen (en de prioriteiten) van de gebruikers of klanten van het project. Dit kunnen bijvoorbeeld business-, sales-, of productmanagers zijn. De senior gebruikers kunnen verder nog beschikken over een klankbordgroep om hun achterban of de belangen van de eindgebruiker te involveren.
- **Senior leveranciers** vertegenwoordigen de belangen van diegenen die de eigenlijke projectresultaten realiseren (zowel intern als extern), bijvoorbeeld afdelingsmanagers, hoofd inkoop, hoofd logistiek, hoofd ICT of hoofd productontwikkeling.

De stuurgroep dient dus een actieve rol te hebben in het project, in het bijzonder ten aanzien van besluitvaardigheid. In de praktijk staat die besluitvaardigheid en de accountability van de stuurgroep helaas wel eens onder druk. Daarnaast is de samenstelling belangrijk: wie bezet welke rol? Hier schuilt nogal eens een misverstand als organisaties automatisch het managementteam of de directie (beiden onderdeel van de staande organisatie) benoemen als stuurgroep. Dat kan, maar de kans is aanwezig dat sommige MT-leden zich bemoeien met het project zonder dat ze daarvoor 'bevoegd' zijn. Maar nog belangrijker, dat stuurgroeprollen helemaal niet zijn belegd. Neem als projectmanager daarom het initiatief om dit te toetsen en spreek de voorzitter/opdrachtgever er op aan als het stuurgroeplid ontbreekt dat de belangen van de klant behartigt, of als het verstandig is om het hoofd inkoop toe te voegen omdat er veel projectwerkzaamheden worden uitbesteed. Een besluitvaardige stuurgroep is een belangrijke succesfactor voor je project!

 Voldoet de samenstelling van jouw stuurgroep aan deze rolverdeling?

Lukt het niet formeel, dan informeel
Een proactief projectmanager bemoeit zich dus met de samenstelling en het doen en laten van de stuurgroep, waar hij uiteindelijk zelf weer aan rapporteert. Dat voelt misschien dubbel, maar dat gaat wel over als je je realiseert dat de onderlinge chemie het projectsucces bepaalt. Manage jezelf, manage je team, manage je omgeving! En wat doe je als er nog helemaal geen stuurgroep is? Dan denk je: *Yes, ik heb alle vrijheid om, op basis van mijn stakeholderanalyse, de stuurgroep mee te helpen inrichten!*

Maar je kunt het ook andersom aantreffen. Misschien is er wél een stuurgroep, maar mist die slagvaardigheid of leden met het juiste mandaat. Als je advies voor aanpassingen geen gehoor vindt, *choose your battles wisely*: je kunt altijd zelf *informeel* je stuurgroep vormgeven. Ga eens in de twee weken koffie drinken met de persoon die je wél als beslisser in de organisatie ziet of maak op regelmatige basis een afspraak met leidinggevenden die je projectresultaat uiteindelijk moeten gaan omarmen en implementeren in hun organisatie. *Uiteindelijk is*

het gewoon stakeholdermanagement en de cirkel van invloed, dus werkt het niet via de stuurgroep, los het dan informeel op.

7.4 Waarom de start een lange adem vraagt

We concludeerden het al in het eerste hoofdstuk: de projectvoorbereidingsfase is enorm belangrijk voor het project. Hier leg je het fundament voor succes, start je al met het wekken van verwachtingen en beschik je over veel beïnvloedingsmogelijkheden richting de stakeholders. Maar deze fase kent ook haken en ogen.

De project S-curve
Omdat de start van het project zo belangrijk is, heb je als projectmanager nauwelijks de kans om 'in het project te groeien'. Vanaf het eerste moment moet je al je soft skills aanspreken, *je moet er meteen staan*. Tegelijkertijd zorgt de omgeving bij lange na niet voor het 'thuiswedstrijd'-gevoel. De meeste elementen die je kunnen steunen, zijn er namelijk nog niet. Het motiveren van het team vraagt tijd en geduld, de emotionele bankrekening bij de stakeholders is aanvankelijk nog leeg, er is nog weinig bekend over de projectdoelen en er is nog geen projectaanpak. Als klap op de vuurpijl is het begin van het project nou net niet de fase waarin makkelijk resultaat getoond kan worden. *Actie uitstralen en vertrouwen opbouwen staan dus onder druk.*

Deze spanning heb ik proberen weer te geven in figuur 7.6. Het laat zien dat je project *altijd óók een veranderproces is*. Volgens een S-curve ontwikkelt je omgeving zich en moet je in de toch al spannende definitiefase eerst door de zure appel heen bijten op het gebied van teammotivatie, de emotionele bankrekening, kennis van het einddoel enzovoort. Het laat ook zien waarom projecten vaak toch mislukken, terwijl het projectmanagementplan theoretisch solide was. Hier kun je weinig aan veranderen, je zult het moeten accepteren en je er aan aanpassen. Zoals meer energie stoppen in activiteiten in het begin van het project dan er in een latere fase voor nodig is. Je hebt de wind eerder tegen dan mee. Verder zul je er op bedacht moeten zijn dat de impact van je acties aanvankelijk nog tegenvalt. In de voorgaande hoofdstukken hebben we al rekening gehouden met dit effect. Focus op vroege communicatie met de stakeholders, actief tussenresultaten tonen, starten met een project charter en het opknippen van het planningsproces in losse communiceerbare stappen bijvoorbeeld. Je kunt dit veranderproces dus wel degelijk beïnvloeden met de manier waarop je het project aanpakt. Als projectmanager ben je automatisch ook verandermanager!

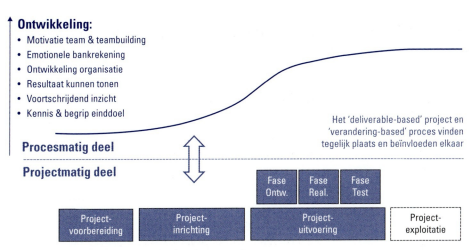

Figuur 7.6   De project S-curve: een project is ook een veranderproces

Teamvolwassenheid

Een mooi voorbeeld van deze project S-curve zijn Bruce Tuckman's stadia van groepsvorming. Dit zijn de stadia die een team doorloopt om tot goede samenwerking te komen, ook wel bekend als *Forming – Storming – Norming – Performing* (Tuckman, 1965).

Tuckman stelt dat alle soorten teams door vier fases lopen voor de samenwerking tot bloei komt (zie figuur 7.7). Vaak blijft men echter hangen in een fase, waardoor het team niet tot presteren komt. *Forming* is de fase waarin het team elkaar leert kennen. Men kijkt de kat uit de boom, gaat conflicten uit de weg en werkt graag taakgericht (eigen initiatief zal vaak nog uitblijven). Daarna komt de *storming*-fase. De onderlinge verhouding en rolverdeling wordt duidelijker en er ontstaan conflicten. Veel teams sneuvelen in deze fase. Komt men hier echter doorheen, dan volgt de *norming*-fase: men kent en accepteert elkaars rol- en taakverdeling en ziet de gemeenschappelijke doelen. Ten slotte komt het team in de flow, de *performing*-fase. Samenwerking en het nemen van verantwoordelijkheid vormen de boventoon en het team heeft weinig sturing nodig. Uiteindelijk komt elk team later in de vijfde fase, de *adjourning*-fase, waarin het team wordt aangepast of ontbonden.

In figuur 7.8 kun je de S-curve van het teamontwikkelproces zien. Aan het begin van het project heb je duidelijk met een andere teamdynamiek te maken dan in latere fases. Als je dit echter begrijpt en accepteert, kun je er op in gaan spelen. Zo zal het team, hoe taakvolwassen de individuen ook zijn, in het begin behoefte hebben aan een directieve leiderschapsstijl. Teamleden willen sturing en duidelijkheid. Komt de stormingfase, dan is het prettig om te weten dat je niet aan jezelf als leider hoeft te gaan twijfelen. Dit hoort bij de groei! Voordat ik

Het voorzien van de S-curve geeft je de kans authentiek te blijven

Tuckmans model kende, betrapte ik mij er wel eens op dat ik het mezelf kwalijk nam als ik het team niet van deze fase had kunnen weerhouden. Later hoorde ik een keer een ervaren projectmanager de boel vakkundig neutraliseren met de woorden: 'Hè, hè, eindelijk begint

Forming (vormen)	Storming (stormen)	Norming (normeren)	Performing (presteren)	Adjourning (beëindigen)
• Afwachtend • Onzeker • Zoekend naar leider • Subgroepvorming door onzekerheid • Beleefd naar elkaar • Zoekend naar persoonlijk belang • Men richt zich op taakaspecten	• Individueel zoekproces zichtbaar • Persoonlijke conflicten over rolverdeling • Competitie over status • Hechte banden en vijandige relaties • Boze buitenwereld krijgt vaak schuld van spanningen	• Acceptatie van verschillen van mening en inzicht • Gevoel van gezamenlijke verantwoordelijkheid • Gemeenschappelijke doelen • Collectieve besluitvorming • Goede relaties tussen teamleden	• Teamleden hebben hun rol gevonden • Prestaties worden schijnbaar moeiteloos geleverd • Men is zelflerend en wil verbeteren • Team kan tegenslagen verwerken en verandering aan	• Door wijzigingen van samenstelling valt het team terug naar eerdere fases • Soms wordt dit ook bewust gedaan i.v.m. groepsblindheid = not invented here syndrom

Figuur 7.7 De ontwikkeling naar teamvolwassenheid volgens Tuckman

het te stormen. Net echte mensen, net een echt project!' Vervolgens maakte hij de tegenstellingen en meningsverschillen bespreekbaar en legde de kaders en doelstellingen nog eens rustig uit. Hoe het voorzien en begrijpen van project- en groepsdynamica kan leiden tot heerlijk simpel en ontwapenend gedrag. Of je kunt de boel juist een beetje opstoken zodat de storming fase eerder start en sneller verloopt. Ook dat is de factor 10!

Probeer weerstand niet als iets persoonlijks te zien

De S-curve vertelt je dat de projectomgeving nog op alle fronten moet wennen aan je project en dat je er met inhoud alleen niet komt. Ga hier dus meteen mee aan de slag als verandermanager en projectverleider en schrik niet van weerstand. Een tip die ik je nog wil meegeven is om weerstand niet als iets persoonlijks te zien. Dat is uiteraard niet altijd even makkelijk. Als

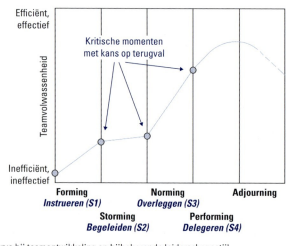

Figuur 7.8 Project S-curve bij teamontwikkeling en bijbehorende leiderschapsstijl

je lang hebt gewerkt aan een plan en vele *bottlenecks* hebt opgelost, dan is het logisch dat je geraakt wordt door opmerkingen als 'Ik vind het niets' of 'Het is te duur'. Dan ligt het gevaar op de loer dat je gaat reageren in plaats van acteren. Iets wat de TomTom niet zou doen, je hoort er boven te blijven staan. Mij helpt het in situaties die me persoonlijk raken, om het serieuze gebeuren te proberen te zien als een tenniswedstrijd. Beide partijen doen hun best om te winnen, niet om de ander te laten verliezen of te treiteren. Daarmee lukt het me beter om me niet te laten uitlokken als de ander me een hak zet (die stiekem misschien best wel geniaal is) en stop ik mijn energie in een minstens zo geniale *return*.

7.5 Creativiteit sturen

Ik sluit af met een onderwerp waarbij de projectverleider maximaal wordt uitgedaagd. Het sturen van creativiteit! Een onderwerp waarbij het én gaat om het vrij laten van de teamleden om maximaal creatief te kunnen zijn én om tegelijkertijd ook de harde deadlines te halen. We zullen ingaan op vragen als: 'Is creativiteit te vangen?', 'Is creativiteit richtbaar en te stimuleren door bepaalde processen?' en 'Kan creativiteit je ook in de weg staan of bestaande processen zelfs dwarsbomen?' Maar eerst bespreken we nog een andere uitdaging van de projectmanager, namelijk de schizofrene rol als motivator en als realist.

De projectleider als motivator en als realist

Je zult de situatie vast wel herkennen; het ene moment ben je bezig met het motiveren van je teamleden, creëer je de juiste randvoorwaarden, communiceer je positief en help je actief met het wegnemen van barrières. Je bent *motivator*. Een uur later rapporteer je aan de stuurgroep. Je merkt dat de stuurgroep nog niet het juiste urgentiegevoel heeft, erg positief is over opleverdata en vooral bezig is met het verder uitbreiden van de projectscope. Het maakt erg veel uit welke data je noemt en hoe je communiceert, want voordat je het weet, zijn de verkeerde

De projectmanager motiveert de omgeving én zichzelf

verwachtingen gewekt. Je verhaal is daarom goed onderbouwd en je zet de stuurgroep weer met beide benen op de grond. Je bent *realist*. We hebben eerder in dit boek gezien dat het kunnen schakelen tussen verschillende leiderschapsrollen een belangrijke succesfactor is voor de projectmanager. Maar het schakelen tussen de rol van motivator en van realist vraagt veel van de projectmanager en geeft regelmatig een eenzaam en schizofreen gevoel.

 Herken jij dit soms eenzame gevoel als motivator én als realist?

Toch hoort het er bij. Het ene moment aan de stuurgroep uitleggen dat de extra wijziging echt onverstandig lijkt en het andere moment het team motiveren de vraag toch te onderzoeken. Want zonder input of onderbouwing sta je nergens bij de volgende ontmoeting met de stuurgroep. De schizofrene combi als motivator en als realist kan veel energie van je vragen.

De projectmanager motiveert de projectomgeving, maar moet ook zich zélf motiveren. Want als alles tegenzit en jij laat ook je hoofd hangen, wie sleurt er dan nog aan het project?

Een succesvol projectverleider weet dus ook in moeilijke situaties de kracht van het team aan te spreken en voorkomt dat het bijltje erbij neer wordt gegooid. Want alleen met actie en extra inspanningen kan het team resultaten boeken en argumenten creëren om de stakeholders te overtuigen. Houd dus regie als motivator én als realist. Blijf doel- en oplossingsgericht. Laat je hierbij helpen door de richtlijnen van je inspirator de TomTom: *toon altijd een scenario tot het eindpunt.* Ook al voldoet het scenario niet aan alle randvoorwaarden, dit is beter dan geen scenario. Opdrachtgevers reageren vaak allergisch op opmerkingen als 'Het kan niet', maar gaan meedenken als je opties toont, ook al voldoen die (nog) niet aan alle wensen.

Creativiteit: hoe we denken

Het creatieve proces is door de eeuwen heen door tal van wetenschappers beschreven in uiteenlopende theorieën. Die theorieën kunnen prima naast elkaar bestaan. Sterker nog: ze vullen elkaar op enkele gebieden zelfs aan.

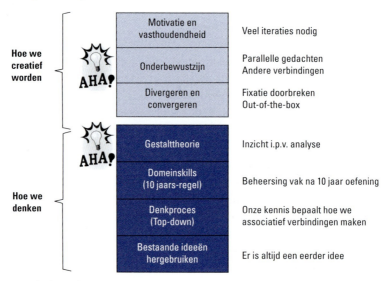

Figuur 7.9   Hoe we denken en hoe we creatief worden

In figuur 7.9 heb ik een plaatje gemaakt om het creatieve proces te begrijpen door de beschikbare theorieën te 'stapelen'. De onderste blokjes beschrijven hoe we denken. Het begint al meteen met een koude douche, namelijk dat nieuwe ideeën meestal afgeleid zijn van andere ideeën. Allen Newell en Herbert Simon stellen in hun theorie: creatieve denkprocessen zijn gelijk aan de normale (Newell & Simon, 1972). Dat zien we terug bij de opeenvolging van uitvindingen, maar ook aan kunstenaars die vaak niet zonder aantekeningenboekje de deur uitgaan. Het gaat dus niet om iets heel nieuws bedenken, maar om nieuwe verbanden leggen. Bij het opdoen van ideeën en het maken van nieuwe verbindingen werkt ons denkproces verder kennisgedreven; dat wat je weet bepaalt hoe de input van je zintuigen wordt geïnterpreteerd door je hersenen. Hoe meer je ergens van afweet, hoe makkelijker je informatie kunt opslaan. Dit wordt verder versterkt door de *10 jaars-regel* van John Hayes (Hayes, 1989). Hayes heeft, op basis van onderzoek bij vele kunstenaars, ontdekt dat er 10.000 uur of 10 jaar ervaring nodig is alvorens echte creatieve doorbraken plaatsvinden. Kennis en ervaring, ofwel je domeinskills, bepalen dus je oplossingsruimte (welke ideeën je krijgt) en de oploswijze (hoe je verbanden legt). Ten slotte laat Max Wertheimer zien met de *Gestalttheorie* (Wertheimer, 1982) dat we de wereld waarnemen in gehelen en patronen. Je kent vast voorbeelden als in figuur 7.10, maar ook bij het lezen van het volgende maak je gebruik van de Gestalttheorie:

Vlgones een sdiute aan ene Elgsnese unvirestiet mkaat het neit uit in wlke vlgrodoe de lttrees in een wrood satan, het eigne dat blangrijek is, is dat de ersete en de ltaatse ltteer op de gdoee palats satan.

De Gestalttheorie laat zien dat onze hersenen bij het interpreteren van waarnemingen werken vanuit *inzicht in plaats van analyse* en ook wordt zo duidelijk waarom je dingen plots herkent en niet geleidelijk. Een *Aha-erlebnis* dus.

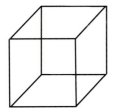  

Figuur 7.10 Voorbeelden van de Gestalttheorie

Divergeren en convergeren

Nu weten we hoe we denken, maar wat zegt dit over creativiteit? *Bij creativiteit draait het juist om het doorbréken van patronen en gewoontes.* Omdat onze hersenen hun kracht halen uit deze patronen en uit wat we al weten, is creatief denken zo lastig. Kennis bezitten en patronen zien kan tegenwerken: fixatie. Daarom is *divergerend* denken, ofwel losraken van het bestaande zo belangrijk concludeerde de psycholoog Joy Paul Guilford: out-of-the-box-denken, fixatie doorbreken, niet meteen in oplossingen denken en daardoor andere ideeën opdoen en nieuwe verbindingen maken (Guilford, 1950).

Daar kun je nog de theorie van de wiskundige en filosoof Henri Poincaré aan toevoegen die aangeeft dat onze hersenen meerdere *parallelle gedachten* kunnen uitvoeren (Poincaré, 1913). Van deze gedachten is slechts één 'zichtbaar' in ons bewustzijn, maar de gedachten in ons *onderbewustzijn* zijn ook actief en kunnen plotseling ideeën en oplossingen opleveren die niet kunnen worden geproduceerd door bewust denken. Weer zo'n plotselinge *Aha-erlebnis* dus. Je kunt van dit mechanisme

gebruikmaken door even andere dingen te gaan doen als je vastzit in een denkproces. Of je er nu in gelooft of niet, die ontspanning is sowieso goed voor je. *Doorbreek fixatie en benut dus ook de gedachteprocessen uit je onderbewustzijn!*

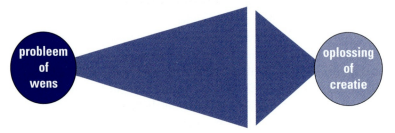

Figuur 7.11 Eerst divergeren en fixatie doorbreken, dan convergeren

Hoe belangrijk divergeren ook is, uiteindelijk zal er ook geconvergeerd moeten worden. Anders leidt het proces niet tot een oplossing, keuze of ander resultaat. Het doorlopen van het creatieve proces, divergeren en convergeren is daarmee een kwestie van doorzetten en volhouden. Vele iteraties leiden pas tot echte doorbraken. Zoals Thomas Edison het al zei: 'Een uitvinding is gebaseerd op 1% inspiratie en 99% transpiratie.'

Creativiteitsgericht leiderschap
Het voorgaande over hoe we denken en hoe we creatief worden laat zien dat het niet zozeer gaat om de vraag of je creatief bent, maar hoe je het er uit haalt. Op individueel niveau, maar zeker ook wat betreft de gezamenlijke creativiteit van het team. Ook zal duidelijk zijn, dat het aanjagen van creativiteit meer is dan het motiveren van de medewerkers. Het is dus belangrijk om de creativiteit van je teamleden gericht te stimuleren. Ook omdat je waarschijnlijk niet zit te wachten op alleen maar divergentie, maar ook grip wilt houden op het convergentieproces (het komen tot besluiten en resultaten). Brainstormsessies die leiden tot veel ideeën maar tot weinig conclusies en resultaat zijn er al genoeg in de wereld. Daarmee is sturen van creativiteit balanceren tussen het bieden van vrijheid en van structuur.

Leiderschap speelt hierbij een belangrijke rol. Iets wat uitstekend beschreven is door Jeff Gaspersz in *Concurreren met creativiteit* (Gaspersz, 2006). Gaspersz definieert het klimaat waarin creativiteit kan floreren als een omgeving met een hoge mate van diversiteit, veel kennisdeling en kruisbestuiving en waarin voldoende rust is om te kunnen divergeren. Verder dienen uitdagende doelen te zorgen voor creatieve spanning, zodat de mensen de gebaande paden verlaten en durven experimenteren. Dit betekent wel een ander risiconiveau dan bij andere activiteiten. Daarom is het belangrijk dat er tolerantie bestaat ten aanzien van mislukkingen en er besef is dat men uit die mislukkingen lering moet trekken. Ten slotte dient er ruimte te zijn voor intern ondernemerschap, waardoor autonome motivatie, dadendrang en een hoog doorzettingsvermogen ontstaan.

Gaspersz stelt dat creativiteitsgericht leiderschap van essentieel belang is voor het scheppen van dit klimaat. Deze leider hoeft zelf geen creatief persoon te zijn, maar dient een context te scheppen waarin mensen zich uitgedaagd voelen, creatief willen zijn en resultaat willen opleveren. Deze creativiteitsgerichte leider heeft de volgende taken:
- Stelt duidelijke en uitdagende doelen
- Past situationeel leiderschap correct toe
- Stimuleert het tonen van lef en out-of-the-box denken
- Durft te divergeren maar weet ook weer te convergeren
- Creëert teams met de juiste diversiteit
- Maakt teams effectief (ondanks tegengestelde meningen)
- Zorgt voor kennisdeling en kruisbestuiving
- Motiveert, zorgt voor creatieve spanning maar biedt ook veiligheid
- Activeert creativiteit op het juiste moment en beperkt indien nodig

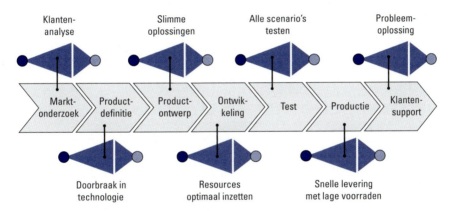

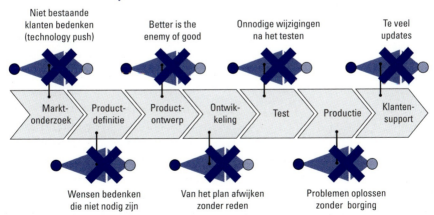

Figuur 7.12 De creativiteitsgerichte leider moet ook creativiteit kunnen beperken

Met dit gedrag zorg je als project(ver)leider dat je team zijn creativiteit maximaal inzet en komt tot slimmere oplossingen. Sturen op creativiteit is daarmee de ultieme vorm van de &-&-&-paradox 'én er bovenop zitten én ruimte bieden aan het team'. Je geeft ruimte, maar houdt toch de regie over wanneer er gedivergeerd en wanneer er geconvergeerd wordt. Dat doe je met behulp van een helder projectmanagementplan en door de juiste operationele aansturing van je team. Figuur 7.12 laat hierbij zien dat er zélfs momenten zijn, waarop creativiteit helemaal niet gewenst is en je het juist beperken moet…

Samenvatting

- Een project = verandering = weerstand.
- De projectverleider start met motiveren vóórdat er weerstand is.
- Motiveren kan op verschillende manieren. Het is vooral belangrijk dat je onderscheid maakt tussen autonome en gecontroleerde motivatie (willen versus moeten).
- Geef bij motivatie invulling aan de psychologische basisbehoeften: competentie, autonomie en verbondenheid.
- Medewerkers passen zich aan aan de manier waarop ze worden aangestuurd. Acteren vanuit een positief mensbeeld levert daarom het meeste verantwoordelijkheidsgevoel op in het team.
- Durf successen te vieren en beloon juist het gedrag voorafgaand aan het resultaat.
- De stuurgroep is het hoogste besluitvormingsorgaan binnen het project en vertegenwoordigt de belangen van de gebruikers en leveranciers van het project op managementniveau.
- De project S-curve laat zien dat alles groeit in het project, maar dat jij er meteen moet staan. De projectmanager is automatisch ook verandermanager.
- De druk om én motiverend én realistisch te zijn voelt soms 'schizofreen' en kan verlammend werken. Denk aan de TomTom die altijd blijft communiceren en scenario's blijft voorstellen.
- Bij creativiteit draait het om het doorbreken van patronen en het creëren van nieuwe verbanden: divergeren en convergeren.
- Het sturen van creativiteit is een balans tussen het bieden van vrijheid en structuur. Het ultieme voorbeeld van de &-&-&-paradox 'én er bovenop zitten én ruimte bieden aan het team'.

8 Heartbeat

> - Hoe je doelstellingen en plannen omzet in uitvoering.
> - Waarom ritme nodig is bij aansturing, communicatie en het tot stand brengen van lerend vermogen.
> - Waarom is sturen op alléén mijlpalen en deadlines geen sturen?
> - Hoe ritme leidt tot voortgang zonder dwang bij zelfsturende teams en professionals.
> - De rol van de heartbeat bij het EOS-model en OKR.

Dan is je projectmanagementplan klaar voor gebruik in de uitvoeringsfase, maar hoe weet je tijdens de projectuitvoering of je op schema ligt? Verder klinkt Coveys tweede eigenschap 'begin met het einde voor ogen' heel verstandig, maar hoe werkt dit bij projectmanagement? Ten slotte benoemden we dat het erkennen van het veranderproces – dat ieder project in zich heeft – een belangrijke succesfactor is. Maar hoe geef je hier sturing aan? Op welke manier versnel je de project S-curve van de motivatie van het team, het draagvlak bij de stakeholders, het begrip van de projectdoelen en het inzicht in de trend van de kritische parameters? In dit hoofdstuk bespreek ik een onmisbaar element van de projectuitvoering: de *heartbeat*.[9]

8.1 Voortgang door ritme, cadans en trance

Het is de schrik voor elke projectmanager. Op het laatste moment, twee minuten voor twaalf, moeten constateren dat de deadline toch niet gehaald wordt. En het voelt ook iedere keer zo knullig met de wijsheid achteraf. Toch overkomt het ons allemaal, je bent zeker geen uitzondering. Veel projecten worden namelijk *mijlpaalgedreven* aangestuurd. Het begint met de opdracht 'Over vier weken moet dit afgerond zijn.' Valt het je op? Deze aanpak zet juist de deur open voor het studentensyndroom. Vier weken voelt namelijk vaak als een hele lange tijd, dus *weg urgentie*. De manier waarop de opdracht wordt gegeven, daagt verder ook niet uit om een plan voor die vier weken te maken. De opdrachtnemer heeft dus geen antwoord op de vraag: *wat ga je morgen doen?*

Hoe weet je tijdens de uitvoering van deze opdracht of deze op schema ligt? Ik help je graag uit de droom: dat weet je niet. Bij een mijlpaalgedreven opdracht wordt tussen de oren vaak (onbewust) een onjuiste rekensom gemaakt bij het bepalen van de status:

resterende tijd = deadline − gespendeerde tijd

resterende kosten = budget − gespendeerde kosten

---

[9] Dit hoofdstuk sluit aan bij de volgende competenties uit IPMA's ICB4: Results orientation, Time, Quality, Plan and control, Risk and opportunity, Change and transformation.

Halverwege een traject van vier weken heb je dus nog twee weken over. De denkfout is dat de resterende tijd ook de *benodigde tijd* is. Afhankelijk van het overzicht en inzicht van het teamlid, projectmanager of stuurgroep houdt deze denkfout nog een tijd stand, totdat het besef daar is: *we gaan het niet halen*. Pas als de deadline in zicht is, wordt duidelijk dat de benodigde tijd lánger is dan de resterende tijd. En omdat dit besef er pas op het laatste moment is, kun je niet meer bijsturen. Ook voor de communicatie heel vervelend, want je moet een *voldongen feit* communiceren en dat doe je ook nog eens *te laat*.

Sturen op mijlpalen alléén is hopen dat het goedkomt

Alléén sturen op mijlpalen is dus eigenlijk geen sturen. Het is, gechargeerd gesproken, afwachten en hopen dat het goedkomt. Reactief gedrag dus. Het druist ook volledig in tegen het advies van onze inspirator de TomTom, die vertelde dat de benodigde tijd gebaseerd moet worden op de *werkelijke route* die nog moet worden afgelegd. Maar die moet je dan wel kennen. Gelukkig hebben we al gezien hoe dat gerealiseerd kan worden; door het traject tot het eindpunt op te delen in kleinere stapjes, *deelresultaten en activiteiten* dus, afkomstig uit de PBS en WBS. Dit geeft de mogelijkheid om tussentijds te toetsen, waardoor je op tijd bij kunt sturen. En het zorgt ervoor dat je werkt met het einde voor ogen. Met 'zicht op de landingsbaan' vanaf de start van je project dus, omdat je ieder moment weet wat er nog moet gebeuren: *deliverables-to-go, activities-to-go, hours-to-go, time-to-go, costs-to-go,* etcetera. Daar is wél op te sturen! Het enige dat nog rest is de discipline om dit ook echt te doen, maar dat gaan we oplossen met het ritme van de hartslag!

 Stuur jij alleen op de uiteindelijke deadline of op eerdere activiteiten en tussenresultaten?

De 10 km schaatsen is eigenlijk 25 × 400 meter

De betekenis van de *heartbeat* en de toepassing binnen projectmanagement maak ik vaak inzichtelijk door een project te vergelijken met de 10 km schaatsen. Die heeft net als een project alles in zich van een lang onoverzichtelijk traject met daaraan gekoppeld het risico op uitstelgedrag en de kans dat aan het begin kostbare tijd verloren wordt.

Toch gebeurt dit niet! Kijk bijvoorbeeld naar een koers van Sven Kramer. De 10 km schaatsen is namelijk opgedeeld in 25 overzichtelijke rondes van 400 meter. Na elke ronde wordt de tijd gemeten, wat twee getallen oplevert: de rondetijd en de totaaltijd. Beide tijden worden vergeleken met het plan. Dat kan een eigen referentieschema zijn, de rondetijden van de tegenstander, het schema van het baanrecord of het wereldrecord. Na elke ronde is dus meteen duidelijk hoe de schaatser ervoor staat. Dit geeft de schaatser rust. Tijdens de wedstrijd hoeft deze niet bezig te zijn met de tijd, maar kan zich concentreren op de uitvoering: de techniek, de lichaamshouding en de afzet. Bij het passeren van het 400 meter punt volgt de rondetijd inclusief het advies van de coach. Ook het publiek weet heel goed wat een sterke rondetijd is. Wij Nederlanders raken in extase als de schaatser aan het eind van een vlakke race versnelt en 'laag in de dertigers' gaat rijden. Vanaf de eerste meter zijn schaatser, coach én publiek geconcentreerd bezig met een *countdown* richting de eindstreep. 10.000 saaie onoverzichtelijke meters worden zo een aanstekelijk ritme van 25 rondes.

Wat in bovenstaande metafoor de 400m-ronde voor de schaatser is, is voor de projectmanager de PDCA-cyclusperiode (plan-do-check-act). Een vaste hartslag kan structuur aanbrengen in een lang en saai traject. De hartslag is zelfs essentieel om de PDCA-cyclus aan het draaien te krijgen. Zonder hartslag kan een mens niet leven en zonder hartslag krijgt een project geen voortgang. Deel daarom je project op in een strak ritme van PDCA-periodes. Vaak zal zo'n periode een week zijn, maar in principe ben je vrij om zelf de frequentie te kiezen. Een vaste en hoge projecthartslag geeft de volgende voordelen:

Weten wat je elke ronde wilt presteren geeft rust

- Je voorkomt dat je pas gaat knallen als het einde in zicht komt. Of andersom, dat je blind doorwerkt tot de deadline om dan pas te kijken hoe ver je bent. Het plan geprojecteerd op de projecthartslag geeft vanaf het begin houvast, net als de schaatser heeft met het rondetijdenschema.
- Bij elke ronde (week) die je ingaat, weet je vooraf exact wat je die ronde moet doen om het eindresultaat te realiseren. Aan het einde van de ronde is eenvoudig op te maken hoe je het hebt gedaan ten opzichte van dat plan en waar restpunten en verbeterpunten liggen.
- Je weet bij elke ronde wat er moet gebeuren om op schema te blijven, zelfs zonder naar de totaalplanning te kijken. Jij en je team kunnen dus focus geven aan het werk van nu.
- Elke ronde krijg je een update waar je staat met je project ten opzichte van het eindpunt. Bovendien kun je elke ronde bijsturen. Een hoge hartslag zorgt voor *wendbaarheid*.
- Je legt druk op de activiteiten aan het begin van een traject tot de deadline. De hartslag deelt het traject namelijk op in meerdere cycli, die elk activiteiten en op te leveren tussenresultaten bevatten. Van reactief sturen op de deadline ga je zo naar proactief sturen op activiteiten en deliverables per hartslag als weergegeven in figuur 8.1:

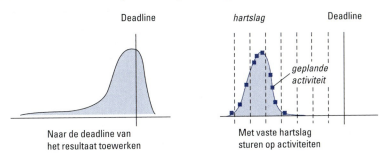

Figuur 8.1 Effecten van deadline- en activiteitengedreven sturing

- Je voorkomt dat je aan het begin van het project onvoldoende aan de juiste dingen werkt of naïef wijzigingen accepteert. De projecthartslag voorkomt dus de 'minnetjes' uit paragraaf 6.2 en geeft een continue (maar niet te hoge) druk op het hele project, in plaats van een piekbelasting aan het einde.

- Ook de *stakeholders* gaan wennen aan het ritme van rapportages. Jouw hoge ritme wordt de basis en je krijgt niet meer iedere dag de vraag van weer een andere stakeholder 'zou je mij kunnen rapporteren wat de status is van…?' Men krijgt vertrouwen en gaat zich automatisch richten op jouw updates elke 400m-passage.
- Herhaling en het krijgen van feedback zorgen voor een *leerproces*. Ritme in je project zorgt ervoor, dat het team, de stakeholders en jijzelf op een prettige manier in het project groeien en in de flow komen.
- Een vaste hartslag helpt om te kunnen *loslaten*. Zowel bij situationeel leiderschap als bij het verantwoordelijkheid geven aan *zelforganiserende teams*. Duidelijkheid bij de 400m-passage geeft vrijheid tijdens de rest van de ronde.

Ritme zorgt voor voortgang zonder dwang

Ritme brengt iedereen in trance

De projecthartslag zorgt dus voor een constant PDCA-ritme, geeft terugkoppeling aan het team en zichtbaarheid van de tussenresultaten. Zonder dat het controlerend of betuttelend overkomt overigens. Je zult merken dat team en stakeholders, ook al vragen ze er initieel niet om, blij worden van het ritme. De hartslag zorgt voor een natuurlijke cadans en brengt de hele projectomgeving in trance. Zo word je als projectmanager net een *DJ*: jij bepaalt de beat en sfeer van het project, maar je team voelt zich al dansend toch autonoom. De projecthartslag werkt als een soort vliegwiel dat de S-curve uit paragraaf 7.4 op gang brengt en versnellen kan. Actie, regelmaat en terugkoppeling zorgen niet alleen voor voortgang, maar ook voor de opbouw van motivatie, vertrouwen van de stakeholders, teambuilding enzovoort.

Overigens staat de projecthartslag in principe los van Agile projectmanagement. In zowel een traditioneel aangestuurd project als bij Agile is het realiseren van een hoog PDCA-ritme een essentieel fundament. Uiteraard geeft Agile werken een extra impuls, je krijgt ritme als het ware cadeau in de vorm van het sprintritme met resultaatopleveringen en het dagelijkse ritme van de daily stand-up meetings voor afstemming binnen het team.

8.2 Je planning projecteren op de heartbeat

Het toepassen van de *heartbeat* tijdens de projectuitvoering zal uitgebreid besproken worden in het laatste hoofdstuk, *The Final Countdown*. Voor nu is het belangrijk dat je begrijpt hoe je je detailplan geschikt maakt voor die uitvoeringsfase, namelijk door het plan te projecteren op de hartslagperiodes van je project. Dat zorgt ervoor, dat je het team, de leveranciers en de stakeholders per hartslagperiode kunt tonen welke activiteiten op het programma staan. Met als gevolg dat je voor elke PDCA-cyclus eenvoudig de status kunt bepalen en correcties kunt uitvoeren. De beschrijving in deze paragraaf geldt ook voor Scrum, al zal je begrijpen dat de projectie van de planning op de heartbeat binnen Scrum al automatisch plaatsvindt door de toewijzing van de user stories aan de sprintperiodes.

Maak doel en prestatie per hartslag zichtbaar

Ik word er onrustig van als ik op de vraag 'wat ga je morgen doen?' een ontwijkend antwoord krijg van een projectmedewerker. Idem als een teamleider geen overzicht heeft over het programma voor de komende week: wat zijn de belangrijkste activiteiten, van welke opleveringen van externe partijen ben je afhankelijk en welke resultaten moeten worden gerealiseerd? En dat is niet omdat ik controle wil over het doen en laten van deze personen, maar omdat ze daardoor waarschijnlijk alleen maar reactief kunnen omgaan met wat er gebeurt in het project.

Want hoe mooi zou het zijn als je, net als bij de 10 km schaatsen, van élke ronde weet wat het schema is dat leidt tot het behalen van de projectdoelstellingen? Dan hoef je tijdens de projectuitvoering veel minder bezig te zijn met het totale tijd- of kostenplaatje. Het geeft focus op de werkzaamheden van *nu*. Dat werkt motiverend en verhoogt de kwaliteit van de uitvoering. *Haal je je 'rondetijden', dan lig je op schema.* Het komt misschien wat beklemmend over, maar je zult merken dat het hebben van een strak plan je vrijheid niet beperkt, maar juist

Detail kennen van de doelstellingen per ronde geeft juist vrijheid

vergroot. Want pas als je elk moment weet wat er moet worden gerealiseerd om het einddoel te bereiken, krijg je de kans om 'te spelen' met de planning. Jij blijft de baas over de uitvoering en bent vrij deze af te stemmen op de actuele situatie. Kijk nog eens terug naar het TomTom-voorbeeld in paragraaf 2.1, waarbij de bestuurder het besluit neemt om een afwijkende route te nemen. Je kunt flexibeler acteren als je weet wat de consequenties zijn en waar ruimte zit.

 Bepaal jij de projectstatus door soms in kaart te brengen hoe ver je bent, of kun jij dit één op één afleiden van de prestaties per week?

Weten wat je per hartslagperiode moet realiseren zorgt voor discipline en voorkomt uitstelgedrag. Maar het helpt ook bij omgevingsmanagement en wijzigingsbeheer. Als duidelijk is wat je vandaag of deze week allemaal nog moet doen, wordt 'nee zeggen' eenvoudiger. Voor jezelf en voor je omgeving is namelijk zichtbaar dat de dag of de week vol zit. Probeer omgedraaid maar eens uit te leggen dat je geen tijd hebt, terwijl je niet precies weet hoe je agenda eruitziet.

Ritme zorgt voor discipline en helpt bij nee zeggen

Deliverables uitvoerbaar en meetbaar maken

Weten wat je 'elke ronde' van het project moet presteren is gelukkig niet moeilijk. Tenminste, als je een detailplan hebt, zoals besproken in paragraaf 6.4. Het is namelijk een kwestie van projecteren van de stuurelementen uit je plan op de projecthartslag, als weergegeven in figuur 8.2: wat moet worden uitgevoerd en opgeleverd in week x? Die stuurelementen zijn meestal de deliverables, activiteiten en de input van anderen waar je afhankelijk van bent (de intakes). Door bij plan-do-check-act deze elementen in het vizier te hebben met een voldoende hoge frequentie (vaak van een week), kan het project eigenlijk niet afwijken zonder dat jij het doorhebt.

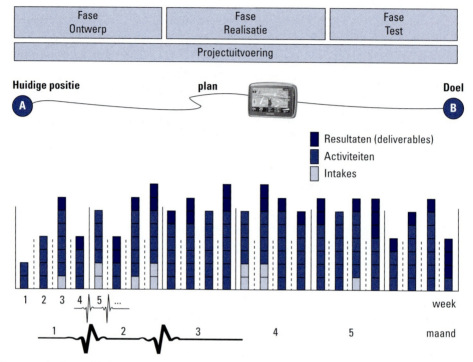

Figuur 8.2 Intakes, activiteiten en resultaten uit het plan geprojecteerd op de hartslag

Het resultaat van deze projectie is in feite dezelfde als de extractie die we behandeld hebben in figuur 6.21 bij het uitleggen van het planningsproces. Die extractie sorteerde activiteiten en deliverables naar oplevermoment op weekbasis ofwel de hartslagperiode. Verder zal het je opvallen dat er naast de *week-beat* ook een *maand-beat* is. Daarover meer in de volgende paragraaf waar ik laat zien dat er vaak een hartslag bestaat op het niveau van het individu (dagritme), het project (weekritme) en de stuurgroep (maandritme).

Kritische parameters uitvoerbaar en meetbaar maken

Als je de deliverables, activiteiten en intakes scherp op je projectradar hebt en deze met een vaste frequentie aanstuurt en meet, mag je ervan uitgaan dat je project op tijd af is en binnen budget blijft. Tenminste als je plan met PBS en WBS compleet en correct is. Maar zal je projectresultaat bij afronding van het project ook echt aan de doelstellingen voldoen? Gelukkig kun je nog iets extra's doen om niet volledig afhankelijk te zijn van een honderd procent correct plan: *tussentijds de kritische parameters meten*.

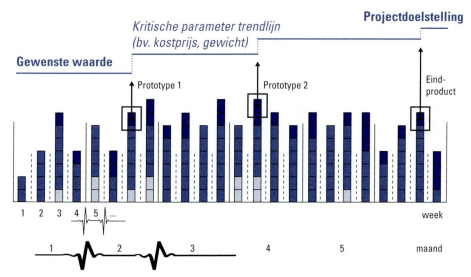

Figuur 8.3   Trendlijn kritische parameter projecteren op de projecthartslag

Zorg dat je de verwachte ontwikkeling van de kritische parameters tijdens het project ook projecteert op de hartslag. Dat doe je door de deliverables te identificeren die getest worden en de daarbij verwachte waarde van de kritische parameters te voorspellen. Zo krijg je een trendlijn als afgebeeld in figuur 8.3. Later tijdens de projectuitvoering kun je de werkelijk gemeten kritische parameter hiermee vergelijken, zodat je kunt zien of je op schema ligt vóórdat de uiteindelijke systeemtests plaatsvinden. In de figuur zie je hoe een kritische parameter zich zal ontwikkelen van prototype 1 naar prototype 2, om het eindproduct ten slotte aan de gewenste projectdoelstelling te laten voldoen. Als het goed is, zijn de deliverables die gebruikt worden om de kritische parameter te toetsen al geïdentificeerd bij het opstellen van het detailplan bij het implementeren van Design for X (paragraaf 5.6).

Projecteer ook risicomanagement en wijzigingsbeheer
Naast het aanjagen van de PDCA van je planning met een vaste hartslag, is het verstandig om ook andere PDCA-cycli mee te nemen in de projecthartslag. Met name de PDCA van *risicomanagement* en van *wijzigingsbeheer*. Dit zijn namelijk beide processen die op korte termijn invloed kunnen hebben op je route tot het eindpunt (in het TomTom-voorbeeld vergelijkbaar met files op de route en veranderingen veroorzaakt door de bestuurder). Risicomanagement behandel ik in deze paragraaf, wijzigingsbeheer komt uitgebreid aan de orde in hoofdstuk 10.

De PDCA van risicomanagement doorloopt eigenlijk altijd dezelfde processtappen:

Plan: *Risico-inventarisatie*: welke risico's zijn er en wat is de oorzaak?
          Risicoanalyse: wat is de kans dat het risico plaatsvindt en wat zijn de gevolgen?
          Preventieve acties: hoe verlaag je de kans op het risico?
          Correctieve acties: wat doe je als het risico toch plaatsvindt?

Do: *Uitvoeren* van de preventieve en (eventuele) correctieve acties.
Check: *Toetsen* of de acties goed worden uitgevoerd en welke impact ze hebben op de risicostatus.
Act: *Bijsturen* op basis van de Check-stap, wat weer wordt meegenomen in de Plan-stap van de volgende PDCA-cyclus.

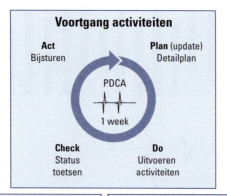

Figuur 8.4 Neem in de hartslag op projectniveau ook risicomanagement en wijzigingsbeheer mee

Door de *risicomanagementtabel* te gebruiken uit figuur 8.5 dek je automatisch alle elementen van het proces af. De initiële versie van deze tabel neem je op in het projectmanagementplan, de updates in het wekelijkse voortgangsverslag. In de tabel is het gevolg van het risico op de kosten en de doorlooptijd ingeschat. Door deze getallen te vermenigvuldigen met de kans (P) op het risico, heb je een gewogen waarde die je kunt meenemen in de begroting van je project. De tabel dient elke PDCA-hartslag te worden bijgewerkt, waarbij de preventieve en correctieve acties ook worden opgenomen in het detailplan. Zo zorg je ervoor dat Do en Check van risicomanagement integraal deel uitmaken van de normale projectactiviteiten.

 Pas jij risicomanagement en wijzigingsbeheer actief binnen de PDCA-hartslag toe, of als ad hoc-processen?

Bedenk ten slotte dat je op dezelfde manier aan kansmanagement kunt doen, zoals besproken bij omdenken in paragraaf 4.2.

Risico	Oorzaak	Gevolg	Kans en gevolg					Preventieve actie	Correctieve actie
			P (%)	Kosten	P*Kosten	Tijd	P*Tijd		
Resource problemen	Reorganisatie: veel wijzigingen	- Langere doorlooptijd - Extra kosten	50%	50 kEuro	25 kEuro	8 weken	4 weken	- Veel aandacht voor kennisborging - Voortgang intensief volgen	Extra personeel inzetten
Problemen door nieuwe technologie	Technologie is nieuw voor de organisatie	- Langere doorlooptijd - Extra kosten - Problemen voor klant	25%	100 kEuro	25 kEuro	16 weken	4 weken	- Externe kennis inhuren - DfX toepassen: vroeg naar de klant	Bestaande (oude) technologie inzetten en lagere prestaties accepteren
Nieuwe software heeft veel problemen	Veel veranderingen in kritische modules	- Langere doorlooptijd - Extra kosten	50%	100 kEuro	50 kEuro	12 weken	6 weken	- Incrementele integratie: vroeg testen - Scrum-iteraties	Accepteren vertraging of reduceren functionaliteit
Ontbrekende requirements	Onvoldoende kennis van de eindgebruiker	- Langere doorlooptijd - Extra kosten	25%	200 kEuro	50 kEuro	20 weken	5 weken	- Eisenpakket intensief reviewen met de klant - Tussenresultaten toetsen met eindgebruiker	Accepteren vertraging of reduceren functionaliteit

Figuur 8.5   De risicomanagementtabel met een actueel overzicht van risico's en acties

8.3 Heartbeat op verschillende niveaus

In een project zal je op verschillende niveaus een ander hartslagritme ontdekken, oplopend van een relatief lage frequentie op stuurgroepniveau naar een steeds hogere frequentie op project- en individueel niveau. Maar één ding zal niet verschillend zijn; de persoon die het ritme tot stand moet brengen is meestal de projectmanager. Jij dus! In deze paragraaf bespreek ik de hartslag op project-, stuurgroep- en individueel niveau. Hoe de praktische uitvoering plaatsvindt komt aan bod in hoofdstuk 10.

Heartbeat aanjagen
Zoals eerder besproken vind ik dat het aanjagen van de *heartbeat* één van de drie elementen is waarvoor je als projectmanager nooit een prikkel uit de omgeving nodig zou moeten hebben om deze uit te voeren. De andere twee zijn het maken van de project charter en het opstellen van de PBS. Deze drie elementen leggen samen de basis voor structuur, vroeg confronteren, communicatie en bijsturen. Ze zijn daarmee zo bepalend voor het projectsucces dat je het je alleen maar zelf kwalijk mag nemen als je er niet aan toegekomen bent.

Het aanjagen van de heartbeat vraagt om initiatief én volharding omdat het vliegwiel nooit meteen lekker draait. De eerste weken kost het veel tijd om te communiceren over aanpak en werkzaamheden, krijg je de input van je teamleden pas als je er verschillende keren om gevraagd hebt en is het maken van de rapportage moeizaam omdat er nog maar weinig resultaten te melden zijn. Je zult dus doordrongen moeten zijn van de voordelen op de langere termijn om het aanjagen van de heartbeat vol te houden. Waarschijnlijk is dat de reden waarom

Eerst werk jij voor de PDCA, daarna werkt de PDCA pas voor jou

veel projectmanagers pas aan het einde van het project echt aan de slag gaan met de PDCA-cyclus, als blijkt dat de doelstellingen niet bereikt worden en de heartbeat in plaats van belangrijk urgent geworden is. Jammer, want het vliegwiel had veel eerder kunnen draaien. En dan had je echt de vruchten kunnen plukken van proactief en beïnvloedend gedrag.

Heartbeat op projectniveau: weekritme
De heartbeat op projectniveau is de cyclus die je als projectmanager nodig hebt om het uitvoeren van de projectactiviteiten aan te jagen, te toetsen en te rapporteren. Vaak met een weekritme, maar in crisissituaties (bijvoorbeeld een productiestop bij de klant) kan deze tijdelijk ook een dagelijks karakter krijgen.

Heartbeat op stuurgroepniveau: maandritme
Overleg met de stuurgroep vindt meestal maandelijks plaats, soms minder vaak of juist eens per twee weken. Dit heeft uiteraard ook te maken met de senioriteit van het projectteam en het vermogen van de stuurgroep om te delegeren. Deze hartslag staat vooral in het teken van het rapporteren aan de stakeholders. De projectmanager zal daarbij niet zo zeer communiceren over de status van de activiteiten, maar over de status van het project ten opzicht van het einddoel. Zaken als projecttiming, kosten, risico's, resource-issues en wijzigingen die impact hebben op de scope van het project dus.

In organisaties waar vele projecten min of meer dezelfde stuurgroep hebben, zoals R&D-organisaties, worden de stuurgroepbesprekingen vaak gebundeld tot één projectreview die maandelijks plaatsvindt. Deze projectreview duurt een dagdeel of een hele dag, waarbij de projectmanagers één voor één komen rapporteren over de voortgang van hun project. Het voordeel van deze aanpak is, naast het vaste ritme, de integrale afstemming en het stellen van prioriteiten over alle projecten heen.

Heartbeat op individueel niveau: dagritme
En dan is er nog een dagelijks ritme, de heartbeat op individueel niveau. Hierbij gaat het over het uitvoeren van de activiteiten door de projectmedewerkers zelf. Meestal is dit een proces dat elke medewerker individueel doormaakt, maar bij Scrum wordt het activiteitenniveau dagelijks samen in het team afgestemd in de daily stand-up meeting.

De projectmedewerkers maken afspraken over hun activiteiten en op te leveren resultaten in het project met de projectmanager of teamleider. Afhankelijk van hun competentieniveau C1-C4 zullen ze de taken zelfstandig of onder taakgerichte begeleiding uitvoeren.

Heartbeat in een Scrum-proces
Het Scrum-proces kent uiteraard het karakteristieke sprintritme. Een vast ritme dat zorgt voor focus, 'verbod' op wijzigingen tijdens de sprint en in ruil hiervoor garantie op tijdige oplevering van een werkend resultaat aan het einde van de sprintperiode. Het vaste sprintritme is meestal prima te combineren met de *maandelijkse* hartslag op stuurgroepniveau. De sprint output bestaat uit *potentially shippable products*, dus dat is sowieso bijzonder relevant voor de stakeholders.

Daarnaast is het Scrum-proces zeer krachtig door de daily stand-up meetings. Deze *dagelijkse* PDCA-hartslag leidt tot draagvlak en gemeenschappelijk begrip van het werk, maar zorgt ook dat de taken worden uitgevoerd door de personen met de juiste skills. Want wie weet nu beter welke competenties nodig zijn dan de teamleden zelf? En omdat er dagelijks een update plaatsvindt van de status van de activiteiten, is er meteen duidelijkheid over de projectvoortgang. De dagelijkse hartslag geeft daarmee ook input voor de *wekelijkse* hartslag op projectniveau.

8.4 EOS en OKR

Hoe serieus zou je de TomTom nemen als het updaten van de route een paar minuten zou duren? Dan zou je deze waarschijnlijk snel links laten liggen. De updatesnelheid zal hoger moeten zijn dan de tijdsduur tot de volgende kruising of afslag. De hartslag wordt dus bepaald door de dynamiek van je omgeving, niet door je eigen kunnen! Kunnen beschikken over een snelle en flexibele werkwijze tijdens de projectuitvoering is daarom een belangrijke voorwaarde voor succes. De PDCA-cyclus werkt pas voor jou als je in staat bent deze in

De omgeving bepaalt de hartslag, niet jij

de gewenste snelheid te doorlopen. Dat geldt voor een project, maar ook voor verander- en operationele processen in organisaties. Ik zal dit hoofdstuk afsluiten met twee voorbeelden van moderne systemen om ondernemingen aan te sturen waarin een vast ritme ook centraal staat. *EOS, the Entrepreneurial Operating System*, van Gino Wickman en het *OKR-systeem* dat gebruikt wordt door bedrijven als Google, LinkedIn en Twitter.

Lukt de update niet binnen de heartbeat, dan is je werkwijze te complex!
Maar eerst je eigen project. Bovenstaande laat zien, dat je je werkwijze zodanig zult moeten inrichten dat het doorlopen van de PDCA-cyclus lukt binnen de projecthartslag, vaak een week dus. Lukt dat niet, dan is je werkwijze te complex en zal je aan de slag moeten om deze eenvoudiger te maken. Uitspraken als 'Ik heb geen tijd om mijn planning bij te werken' passen niet bij een succesvol projectmanager. Want werk je je planning niet meer bij, dan heb je geen actuele route tot het eindpunt en is de kans groot dat je de regie kwijt zult raken. Als je de kracht van ritme in je project eenmaal ervaren hebt, zal je altijd de prioriteit voelen om het proces te hervormen, zodat je elke hartslag een up-to-date plaatje hebt van de route tot het eindpunt.

Mijn persoonlijke streven als projectmanager is om maximaal 25% van mijn tijd te besteden aan het PDCA-proces van het project. Dat bevat het bespreken van de werkzaamheden met de projectleden, het vaststellen van de status, het voortgangsoverleg, het bedenken van correctieve acties en het bijwerken en communiceren van het aangepaste detailplan. Dan rest er dus nog 75% tijd om te doen wat een projectmanager moet doen: aanwezig zijn waar het vuur brandt. Om die 25% te kunnen halen is een goed gestructureerd detailplan zoals behandeld in paragraaf 6.4 een must. De andere elementen die nodig zijn om het hoge ritme te realiseren komen aan bod in het laatste hoofdstuk van dit boek.

Eenvoud en resultaat met EOS

Wat telt is de uitvoering en dat is waar het vaak aan schort. Organisaties hebben de neiging hun processen te complex te maken, hun medewerkers te verlammen door te sturen op overcommitment en de doelstellingen niet om te zetten in actie. Dat is wat Gino Wickman uitlegt in *Traction – Get a grip on your business* (Wickman, 2007). Nu we in projectmanagement met de heartbeat de stap gaan zetten naar de daadwerkelijke uitvoering, is het interessant om te zien dat succesvolle systemen om ondernemingen aan te sturen gebruikmaken van dezelfde elementen: *eenvoud, duidelijkheid, structuur* en *ritme*.

Visie vertalen in uitvoerbare doelen passend binnen de projecthartslag

Wickman gaat uit van *less is more*, omdat het komen tot actie het allerbelangrijkste is in veranderprocessen. Geen besluit is slechter dan het verkeerde besluit. Actie en met name repeterende actie zorgen voor resultaten, feedback en lerend vermogen. Je krijgt alleen 'tractie' als je overbodige complexiteit wegneemt, duidelijk bent over doelstellingen en verantwoordelijkheden én de bedrijfsdoelstellingen ophakt in kleine brokken die begrijpelijk zijn voor de uitvoerenden en passen binnen het hartslagschema. EOS gaat niet over de zoveelste nieuwe modegril in managementland, maar juist over hoe je bestaande tijdloze principes integraal toepast in je bedrijfsproces. En dat sluit goed aan bij wat we in dit boek op het gebied van projectmanagement willen neerzetten.

Het EOS-model: de zes kerncomponenten

Wickman geeft aan dat elk succesvol systeem is terug te brengen tot slechts zes kerncomponenten die elk het streven naar eenvoud en resultaat weerspiegelen (figuur 8.6):

1. **Visie**: succesvolle ondernemers hebben een duidelijke visie en weten deze te communiceren naar iedereen in de organisatie. EOS maakt dit praktisch toepasbaar door acht vragen te stellen, waarbij je in stappen een aansprekend 10-jaars doel vertaalt naar 3-jaars doelen, naar een 1-jaars plan en tenslotte *quarterly rocks*. Visie wordt dus als een soort PBS omgezet in kleine uitvoerbare doelstellingen op individueel niveau die passen binnen het PDCA-ritme.
2. **Mensen**: succesvolle ondernemers omringen zich door goede mensen op de juiste plek. EOS ziet dit als een factor 10-component en focust op het verkrijgen van de juist mensen (*right people*) en het plaatsen van deze mensen op de plek waar ze het beste tot hun recht komen (*right seat*). Bij dit laatste punt wordt veel aandacht besteed aan het duidelijk maken van rollen en verantwoordelijkheden (*accountability*).
3. **Data**: feiten zijn nodig om productieve discussies te hebben en juiste besluiten te nemen. Met deze data kun je vervolgens in het ritme van de hartslag bijsturen en sneller problemen oplossen. Op en top TomTom-gedrag dus. EOS hecht hierbij veel aandacht aan data die voorspellend zijn (leading indicators) en aansluiten op de ondernemingsdoelstellingen

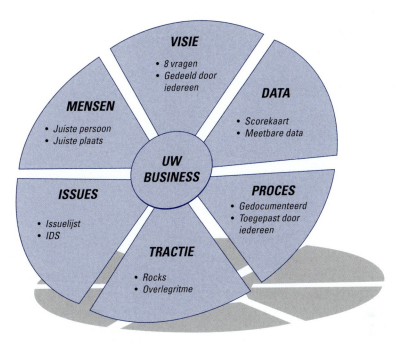

Figuur 8.6   De zes kerncomponenten van EOS

en de quarterly rocks (individuele uitvoering). *Meten om te leren dus, niet alleen om te controleren.*

4. **Issues**: EOS investeert op praktische wijze in issuemanagement dat dient mee te lopen in de heartbeat. Allereerst door aan te geven dat het normaal is dat er issues zijn. De issuelijst hoeft dus niet leeg te zijn, integendeel en er dient een open en veilige sfeer te bestaan om issues in te dienen. Daarnaast bespreekt EOS hoe je gestructureerd aan de juiste problemen werkt volgens *identify, discuss en solve (IDS)*. Dit sluit aan op de *8D-methode* die aan bod komt in hoofdstuk 10 en die uitlegt *hoe* je die problemen op kunt lossen.
5. **Proces**: EOS stelt dat een proces pas kan worden gefinetuned als het consistent wordt toegepast in de organisatie. De kernprocessen van je organisatie zullen daarom gedocumenteerd moeten zijn en gebruikt worden door alle medewerkers. Pas dan zijn herhaling, verbetering, opschaling en groei mogelijk.
6. **Tractie**: plannen omzetten naar werkelijke actie en resultaat is voor veel organisaties een zwak punt. Aangezien *Traction* ook de naam van het boek is, zal het je niet verbazen dat hier alles bij elkaar komt. De complexe bedrijfsdoelen zijn opgeknipt in concrete en meetbare kwartaalprioriteiten (*rocks, issues*) en leiden tot tractie door een consequente PDCA-cyclus toe te passen. EOS noemt dit de *Weekly and Quarterly Meeting Pulse*. Visie omzetten in resultaat vraagt dus ook volgens Wickman om een vast ritme, zoals is weergegeven in figuur 8.7.

Van doel naar uitvoering met OKR

OKR staat voor *Objectives and Key Results*. Het is ontwikkeld binnen Intel en kreeg wereldwijd bekendheid door John Doerr, die bij het introduceren van OKR bij het toen nog kleine Google in 1999 zei: *'Ideas are precious, but they're relatively easy. It's execution that's everything.'*

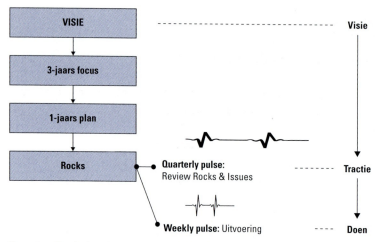

Figuur 8.7 Tractie door decompositie van doelstellingen en ritme

OKR is een eenvoudige methode om bedrijfsdoelstellingen te koppelen aan individuele doelstellingen van de medewerkers. Alweer geen rocket science, maar wel zeer effectief omdat ook hierbij een koppeling wordt gemaakt tussen visie en de doelstellingen van de medewerkers én dat het pas waarde heeft als ook de uitvoering wordt meegenomen in het systeem. Daarom speelt het hebben van een consequente hartslag ook bij OKR een belangrijke rol. Het wordt toegepast bij vele exponentiële organisaties; organisaties die tien keer beter presteren dan de gemiddelde organisatie in hun branche.

OKR heeft veel overeenkomsten met EOS, maar bijvoorbeeld ook met de Balanced scorecard van Robert Kaplan en David Norton, die in 1992 lieten zien hoe visie in actie kan worden omgezet door het verbinden van subdoelstellingen van vier gelaagde perspectieven van de organisatie: het financiële perspectief, het klantenperspectief, het interneprocessenperspectief en het leer- en groeiperspectief.

Interessant om aan te vullen is dat OKR niet alleen *operationele* doelstellingen kent, maar ook *aspirationele*. Deze laatste categorie onderscheidt zich van de operationele doordat deze gaat over het hogere doel en vaak minder bereikbaar is (ofwel minder *attainable* in de SMART-methodiek). Men legt de lat bewust hoger dan haalbaar is en streeft naar een grotere meerwaarde dan gedefinieerd in het project. Een categorie dus, die creatieve spanning biedt zoals we besproken hebben bij 'het sturen van creativiteit' in het vorige hoofdstuk. OKR's leiden dus naast het realiseren van de doelstellingen ook tot motivatie en betrokkenheid van het personeel en innovatiekracht van de organisatie. *Uitdagen is belangrijker dan controleren!* Daarom adviseert John Doerr dat OKR's ontkoppeld worden van het beoordelingsproces van de individuele medewerkers. OKR's dienen te leiden tot afstemming, focus, coördinatie en innovatie.

Samenvatting

- Het creëren van ritme is een essentiële succesfactor bij projectmanagement; zonder heartbeat geen PDCA-cyclus.
- Als je vanaf het begin van je project weet wat er iedere hartslagperiode moet worden opgeleverd, voorkom je dat het team pas gaat knallen als het einde van het project (of de deadline) in zicht komt.
- In projecten tref je vaak per niveau een ander ritme aan, zoals:
  - Maandritme: rapporteren aan stakeholders/stuurgroep
  - Weekritme: afstemming uitvoering activiteiten en deliverables (bij Scrum is dit zelfs een dagritme)
  - Dagritme: uitvoering individuele activiteiten
- Maak een mapping op de hartslag van je detailplan en van de trend van de kritische parameters en weet wat er elke periode dient te gebeuren. Dit zorgt voor focus en een opeenvolging van 'sprintjes' naar tussenresultaten. Denk hierbij aan de 10 km schaatsen die is opgedeeld in 25 rondjes van 400 meter.
- De hartslag en de PBS/WBS zorgen er samen voor dat je kunt overstappen van deadlinegedreven sturing naar activiteitengedreven sturing.
- Heartbeat is een feedback- en communicatiemiddel, géén controlemiddel. Het helpt juist bij loslaten en het vrijlaten van (zelforganiserende) professionals en teams, zowel bij Agile als traditionele projecten.
- Alle beheersactiviteiten uit de PDCA-cyclus volgen de projecthartslag, ook risicomanagement en wijzigingsbeheer. Zorg dat je werkwijze past bij de gewenste updatesnelheid!
- De proactieve projectleider weet dat het even duurt voordat de heartbeat op gang komt en sleurt onverschrokken aan de planning- en control-activiteiten om het vliegwiel aan het draaien te krijgen.
- Ook bij veranderprocessen is ritme de sleutel bij het omzetten van doelstellingen naar uitvoering. Jaag met ritme de project S-curve aan en hou continu druk op het proces.
- Over missie en visie zijn vele managementboeken geschreven, maar het EOS-model en OKR laten zien hoe je óók de uitvoering meeneemt in operationele bedrijfsprocessen. Daarbij staan net als in dit boek eenvoud, duidelijkheid, structuur en ritme centraal.

9   De blinde vink

- Hoe onze hersenen ons belonen als we resultaat boeken.
- Waarom de blinde vink leidt tot correcties achteraf.
- De blinde vink voorkomen is allereerst een mindset. Maar hoe zet je aanvullend Fagan-inspecties, DfX en Agile in?
- Waarom het zoeken naar defects vraagt om een veilige omgeving.
- Leer welke technieken je in kunt zetten om 'rechts in de V' te testen, maar vooral ook proactief 'links in de V'.

Dan heb je met de projectie van de activiteiten en deliverables op de projecthartslag uiteindelijk dus tóch je wekelijkse boodschappenlijstje. En als je het nauwgezet uitvoert, zal dat gaan leiden tot het gewenste projectdoel. Maar een boodschappenlijstje was toch niet gewenst? Niet om het planningsproces mee te beginnen inderdaad, want dat zou een statische to do-lijst zonder structuur en afhankelijkheden opleveren. Maar als afsluiting van het planningsproces is het een zeer geschikt middel om het detailplan voor te bereiden op de uitvoeringsfase. Dat lijstje is niet statisch maar dynamisch, want bij elke PDCA-hartslag maak je een nieuwe projectie vanuit het bijgewerkte detailplan. Met dit overzicht wordt de projectuitvoering dus een kwestie van *aanjagen en afvinken* van wekelijkse taken.[10]

En dat afvinken is heel zinvol, want het laat zien dat je productief bent, dat je vooruitgang boekt en dat het einddoel dichterbij komt. Ook in je hoofd doet het van alles. Want iedere keer als je uitgedaagd wordt om iets te bereiken en je behaalt het doel, komt er als beloning een stofje in je hersenen vrij; *dopamine*, ook wel het 'gelukshormoon' genoemd. Deze neurotransmitter geeft je een ontspannen en fijn gevoel en zorgt ervoor dat je dit gevoel nogmaals wilt ervaren. Dopamine helpt dus om actie te nemen om nieuwe beloningen te verkrij-

Afvinken wordt beloond met een boost dopamine waardoor je vaker wilt

gen. Het vooruitzicht op de volgende beloning motiveert ons om harder te werken en geeft ons concentratievermogen een boost. Er is wel een kanttekening. Om profijt te hebben van dit chemische proces is het belangrijk dat de deadline in zicht is. Nog een verklaring dus waarom het sturen op deadlines die ver weg liggen niet tot actie leidt maar tot uitstelgedrag. En het verklaart waarom het opknippen van grote taken in kleinere leidt tot hogere productiviteit. *Een hoog ritme van sprintjes naar tussendoelen zorgt voor meer beloningsmomenten en dus voor betere prestaties.*

---

10 Dit hoofdstuk sluit aan bij de volgende competenties uit IPMA's ICB4: Leadership, Results orientation, Quality, Procurement, Risk and opportunity.

9.1 Pas op voor de blinde vink

Er gaat dus maar weinig boven de voldoening van het afvinken van taken in je detailplan. Maar het is wel belangrijk dat je items alleen afvinkt als ze ook werkelijk helemaal afgerond zijn en geleid hebben tot het gewenste resultaat. Want alleen dan representeren de afgeronde taken en deliverables de status van het project en representeren de openstaande items de nog af te leggen route tot het einddoel. Pas dus op voor het onterecht afvinken van een taak, de *blinde vink*.

De blinde vink geeft schijnvoortgang en onverwachte correcties later

Niets meer dan een ceremonie
De blinde vink kan een groot probleem zijn voor projecten. Want hoe goed de voorbereiding en het detailplan ook zijn, als de activiteiten niet goed worden uitgevoerd of de resultaten onvoldoende kwaliteit hebben, dan zal dit gevolgen hebben voor het eindresultaat. Nog vervelender, de afgevinkte werkzaamheden suggereren een projectstatus die helemaal niet is bereikt, schijnvoortgang dus. Gevolg is dat pas aan het einde van het project, 'rechts boven in de V', ontdekt wordt dat er nog veel correcties nodig zijn om het afgesproken doel te bereiken.

Helaas wordt bij de afronding van werkzaamheden vaak 'vergeten' waarvoor ze eigenlijk bedoeld waren. De boodschap 'het is af' telt zwaarder dan de vraag 'wat hebben we daadwerkelijk bereikt?', waardoor er niet kritisch naar het resultaat gekeken wordt. Menig ontwikkelaar vindt zaken als testen niet leuk, iets nieuws maken wel. De druk bij deadlines doet hier vaak nog een schepje bovenop. De opdrachtgever wil vooruit, de opdrachtnemer wil goed nieuws rapporteren, dus voldoende grond om samen snel en zonder kritische blik voort te denderen. Statusrapportage is dan vooral een ceremonie geworden in plaats van een serieus checkmoment in de PDCA-cyclus.

Check, check, dubbelcheck
Het is dus belangrijk dat de beoordeling van afgeronde activiteiten en opgeleverde deelresultaten met aandacht wordt uitgevoerd. Een kritische toets hoeft niet lang te duren en kan later veel ellende besparen. En het is eenvoudiger dan je denkt, met de juiste mindset kom je al een heel eind. Zo zou je bij een opgeleverd testrapport het risico op de blinde vink kunnen verkleinen, door aan de auteur de volgende vragen te stellen:
- Heb je alle testcases kunnen uitvoeren?
- Hoeveel testcases gaven een negatief resultaat?
- Zijn je nog zaken opgevallen die niet expliciet getest werden?
- Hoe blij zou jij zijn met dit product als jij de eindgebruiker was?
- Zijn je verwachtingen uitgekomen over welke testcases kritisch waren en welke niet?
- Kwam de werkelijke inspanning overeen met de vooraf geschatte hoeveelheid benodigde tijd?
- Heb je ideeën opgedaan om de tests de volgende keer productiever te maken?

Dit soort vragen leveren een heel ander inzicht op dan dooddoeners als: 'Vind je het goed als ik de tests van de to do-lijst afhaal?', 'Mooi dat we verder kunnen', of 'Moest dat echt zo lang duren?' En je zult zien, vragen die relevant zijn worden door de medewerker meestal niet als controlerend ervaren, maar als belangstellend en meedenkend. Ze gaan namelijk over het inhoudelijke werk, het is geen zweverig managementjargon. Bovendien zetten ze aan tot verbetering en groei. Daarmee passen ze prima in alle kwadranten van situationeel leiderschap, zolang je beseft dat aansturing in S1 en S2 meer controlerende focus vraagt en in S3 en S4 meer een invulling als sparringpartner en coach.

Wanneer doe je het goed genoeg? Je komt al een heel eind als je met aandacht stilstaat bij elk resultaat dat wordt opgeleverd en even een paar kritische vragen stelt. Bewust plan-do-CHECK-act uitvoeren is daarmee kwaliteit toevoegen zonder dat het veel extra tijd vraagt. Aanvullend zijn er review- en inspectietechnieken, die we behandelen in de volgende paragraaf, maar het belangrijkste gevoel dat je moet hebben als projectmanager is dat het opgeleverde resultaat je daadwerkelijk dichter bij het eindpunt van het project brengt. Dan acteer je als je inspirator de TomTom. *En als dat beeld er nog onvoldoende is, vraag dan door, door en door...*

Een tussenresultaat dient informatie te geven over de afstand tot het eindpunt

 Kijk eens om je heen in je project of je projectomgeving. Hoe vaak zie je de blinde vink?

9.2 De blinde vink te lijf met review- en inspectietechnieken

Het voorkomen van de blinde vink is dus *allereerst een mindset*. Voer de Check-stap uit de PDCA-cyclus met aandacht uit en kijk kritisch naar de opgeleverde resultaten, waarbij je je afvraagt in hoeverre je dichter bij het einddoel gekomen bent. *Iets is pas af, als het echt af is en als de toegevoegde waarde is vastgesteld!*

Aanvullend kun je gebruikmaken van review- en inspectietechnieken, waarmee je gestructureerd de kwaliteit van een opgeleverd resultaat kunt beoordelen en verbeteren. Het aardige van deze technieken is dat je ze voor praktisch alle opgeleverde deliverables kunt gebruiken, zowel links als rechts in het V-model. Dit in tegenstelling tot de meeste testtechnieken, die gebaseerd zijn op het testen van fysieke resultaten en zich dus vooral afspelen in de testfase 'rechts in de V'. Review- en inspectietechnieken geven vroege feedback in je project en je mag ze daarom beschouwen als een DfX-hulpmiddel (paragraaf 3.3). We behandelen vier van deze technieken, aflopend van een formeel naar een informeel karakter:
1. Fagan-inspectieproces
2. Peer reviews
3. Walkthroughs
4. Distributie voor commentaar

Het Fagan-inspectieproces

Michael Fagan stoorde zich bij IBM in de jaren zeventig van de vorige eeuw aan het feit dat er veel tijd verloren ging aan herstelwerkzaamheden in softwareontwikkelprojecten. Deze herstelwerkzaamheden vonden vooral plaats aan het einde van het project na de testfase en hielden zelfs aan als het product al door de klant werd gebruikt. Dit maakte de doorlooptijd van de projecten onvoorspelbaar en het had een negatieve uitwerking op de productkwaliteit en het imago van IBM. Fagan, een ervaren kwaliteitsingenieur, besloot kwaliteitstechnieken uit de hardwareontwikkeling toe te passen. Aanvullend op het testen van eindresultaten liet hij tussenresultaten grondig en gestructureerd inspecteren. Na zeer positieve ervaringen publiceerde hij in 1976 het Fagan-inspectieproces (Fagan, 1976). Dit inspectieproces is eigenlijk een testproces van documenten. Want als je niet wilt wachten met testen van het eindresultaat, zul je de voorgangers hiervan moeten testen. En dat zijn meestal nog geen fysieke (deel)producten, maar documenten.

Een Fagan-inspectie is eigenlijk een test van een document

Fagan had het over de uitdaging zoals weergegeven in figuur 9.1. Fouten in projecteisen en productontwerp worden vaak pas gevonden tijdens het testen van het totale systeem. Daarmee zijn dat hele dure fouten, omdat dit opnieuw ontwerpen, implementeren en testen betekent. Iets wat we al uitvoerig besproken hebben in hoofdstuk 3 bij de behandeling van het V-model. *Het Fagan-inspectieproces was één van de eerste ontwikkelingen op het gebied van vroeg confronteren.* Tegenwoordig is dat arsenaal uitgebreid met vele DfX-methoden en het iteratief ontwikkelen volgens de Agile methodiek.

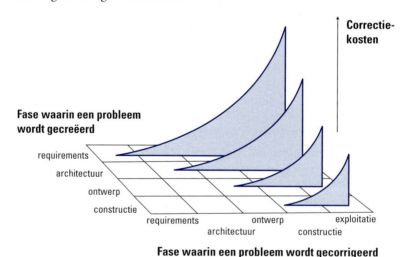

Figuur 9.1 Verband tussen de correctiekosten en de fase waarin een probleem wordt gecreëerd en gecorrigeerd

Naast het vroeg ontdekken van fouten, helpt het Fagan-proces ook bij het creëren van draagvlak en bij het groeiproces van de teamleden. En het is een zeer efficiënte methode; de tijd van de specialisten wordt optimaal benut!

De blinde vink

 Heb jij ervaring met de toepassing van formele inspectietechnieken?

De eerste eye opener die ik opdeed bij deelnemen aan het Fagan-proces was de aanwezigheid van een speciale *moderator*. Deze moderator zorgde ervoor dat alle inspecties op de juiste manier plaatsvonden en vervulde de rol als voorzitter van de reviewsessies. Eye opener 2 was het *teamgebeuren*. Bij het inplannen van de review diende ik zelf de reviewleden te selecteren: het team dat samen beschikte over de juiste kennis om het document te inspecteren. Bovendien diende de *rolverdeling* expliciet te worden gemaakt: wie moest waaraan aandacht besteden?

Vervolgens kwam eye opener 3, het belang van de *voorbereiding*. De reviewleden ontvingen mijn document, waarbij aan iedere pagina regelnummers in de kantlijn waren toegevoegd. Voorafgaand aan de reviewsessie dienden ze het document te bestuderen en alle opmerkingen, ofwel *defects*, in een defectlijst te zetten. Bovendien moest men het gewicht (*severity*) aangeven: major, minor, vraag of typo. Major betekende dat het defect gevolgen zou hebben voor het projectresultaat. Minor dat het onwenselijk was maar geen directe gevolgen zou hebben voor het project. Een vraagteken, als het een vraag betrof en een typo als het slechts een schrijf- of grammaticale fout betrof. In figuur 9.2 staat een voorbeeld van zo'n defectlijst.

Pagina	Regel	Beschrijving commentaar (defect)	Severity			
			M	m	?	t
6	7	Bij scope ontbreken de deelsystemen voor afdeling x en y	x			
6	12	Zorg voor juiste afbakening. Nu zie je niet dat de onderhoudsfase niet tot het project behoort	x			
6	18	Wat bedoel je met deze opmerking?			x	
7	10	Voeg een plaatje toe van de projectorganisatie		x		
7	15	interface = projectinterface				x
8	20	Ik mis twee projectresultaten: deliverable x en deliverable y	x			
9	15	Neem ook de reservering van testsystemen op in de planning (resources)	x			

Figuur 9.2 Fagan-inspectiedefectlijst

Deze lijst werd ingeleverd bij de moderator die alle lijsten samenvoegde tot één overzicht van defects, hetgeen eenvoudig was omdat elk defect een pagina en regelnummer had. Tijdens de reviewbijeenkomst ondervond ik de grootste eye opener. *Ik moest namelijk mijn mond houden!* Het proces is namelijk zo opgezet dat het verzamelen van opmerkingen zo effectief en efficiënt mogelijk verloopt. Defects verzamelen is het doel. Geen discussies dus, geen oplossingsrichtingen bespreken en geen vingerwijzigingen wie de fout veroorzaakt heeft. Aan het einde  van de sessie ontving ik de integrale defectlijst en bepaalden de reviewers samen, op basis van exitcriteria, of het document was goedgekeurd indien de opmerkingen zouden worden verwerkt, of afgekeurd omdat er grotere aanpassingen nodig waren en een extra reviewslag. Als het eerste het geval was, werd het document officieel vrijgegeven nadat de moderator had gezien dat de ingediende opmerkingen verwerkt waren door mij. Zie figuur 9.3 voor een samenvatting van het Fagan-proces.

Figuur 9.3   Stappen Fagan-inspectieproces

Motivatie, leercurve en groei

Of je het Fagan-proces nu strikt toepast of slechts delen ervan gebruikt, het is interessant om te ervaren hoe processen effectiever worden als je je *richt op de essentie*. In dit geval zoveel mogelijk defects verzamelen. Dat is vakmanschap en dwingt vakmanschap en focus af bij anderen. Omgekeerd merk je dat er vaak maar wat wordt gedaan, zonder visie of procesaanpak. En *daardoor kan het blinde vinken regenen*. Zonder rolverdeling bestaat bijvoorbeeld de kans dat reviewers allemaal op hetzelfde letten en er belangrijke defects gemist worden.

 In hoeverre ben je zelf met aandacht bezig om werkzaamheden zo te organiseren dat de essentie van een activiteit wordt ingevuld?

Als projectmanager met focus op het einddoel heb je de nobele taak om vroeg in het project iedereen op scherp te zetten. En dat zal niet vanzelf gaan. Je zult moeten knokken om belangrijke zaken 'links in de V' gedaan te krijgen, voordat ze 'rechts in de V' urgent worden. Want het omgekeerde is toch vaak het basisgedrag. Zoals de Amerikaanse Luitenant Generaal Jack W. Bergman treffend zei:

There's never enough time to do it right, but there's always enough time to do it over.

Bij het motiveren van je omgeving kan het volgende wellicht nog helpen. Mijn stelling is dat Fagan-inspecties goed zijn voor de kwaliteitsverbetering van het document, maar nog veel beter voor de groei van de auteur. Tom Gilb, die het standaardwerk *Software Inspection* (Gilb, 1993) schreef, laat aan de hand van een studie bij Ericsson in 1997 zien dat de leercurve van het individu door formele inspecties veel hoger is dan je met training of procesverbetering in de organisatie kunt bereiken.

In figuur 9.4 is te zien dat het aantal gevonden *majors* tijdens inspectie afneemt van 28 naar structureel 3-5 door slechts vier opeenvolgende leerstappen. Een fenomeen dat ik door eigen ervaring als auteur van bijvoorbeeld projectmanagementplannen mag onderschrijven. Na een paar inspecties (en veel leren van de concrete feedback) weet je bij het volgende plan vooraf: dit komt er door met weinig opmerkingen! *Ook lekker voor je zelfvertrouwen.*

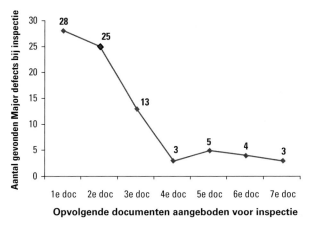

Figuur 9.4   Leercurve Ericsson-Stockholm medewerker, gemeten door Tom Gilb (Gilb 1997)

Informele reviewtechnieken

Naast formele Fagan-inspecties zijn er andere minder formele mogelijkheden om documenten te beoordelen en te verbeteren. Hieronder een korte beschrijving van de belangrijkste technieken.

Peer reviews

Een peer review is een review door een collega die op hetzelfde niveau staat als de auteur. Peer reviews kunnen op eigen initiatief plaatsvinden, maar ook volgens een standaardproces. Je kunt bijvoorbeeld afspreken dat nieuwe softwarecode pas mag worden ingecheckt in het systeem als er een peer review heeft plaatsgevonden. Persoonlijk denk ik dat het heel zinvol is om af te spreken dat er altijd een peer review moet plaatsvinden vóórdat een resultaat wordt opgeleverd of getest. Het is goed voor het project, het is een mooi middel om te leren van elkaar en het draagt bij aan de communicatie en de samenwerking.

Walkthroughs

Bij een *walkthrough* presenteert de auteur in een bijeenkomst de inhoud van het document, de achterliggende gedachten, de afwegingen en de genomen beslissingen. De auteur heeft dus, in tegenstelling tot de Fagan-inspectie, een actieve rol. *Doel is vooral om mensen te informeren en van elkaar te leren.* Het vinden van defects is minder belangrijk dan het verkrijgen van draagvlak, maar speelt zeker ook een rol. Ook bij walkthroughs is het zeer de moeite waard om vooraf rollen toe te wijzen.

Distributie voor commentaar

Het document is af en je stuurt het naar de betrokkenen met de vraag om reactie. De meest informele vorm die we allemaal wel toepassen en een uitstekend middel om anderen te informeren en om inhoudelijke feedback te krijgen. Of de ander het ook leest en of je feedback krijgt, hangt af van het belang voor de ontvanger en diens beschikbare tijd. En natuurlijk van de manier waarop jij het vraagt en opvolging geeft aan het proces.

9.3 De blinde vink te lijf met DfX en Agile projectmanagement

In hoofdstuk 3 hebben we al gezien hoe de kritische parameter, Design for X en Agile projectmanagement zorgen voor vroege feedback. Dit zijn daarmee prima methoden om de blinde vink te voorkomen. In deze paragraaf bespreek ik met een paar voorbeelden hoe je dat doet.

Denk vanuit de kritische parameters
Hoe weet je of een tussenresultaat je dichter bij het einddoel van het project brengt? Uiteraard door bij oplevering kritische vragen te stellen zoals besproken in het begin van dit hoofdstuk. Ook een review of formele inspectie helpt om fouten te halen uit de deliverables. Maar je krijgt alleen directe informatie over de resterende weg tot het einddoel door de tussenstatus van de kritische parameters te meten en te vergelijken met de gewenste waarde. Hiervoor gebruik je de trendlijn die is weergegeven in figuur 8.3.

De blinde vink voorkomen vraagt om lef en pragmatisme

Design for X-activiteiten toevoegen
Vaak moet je iets extra's doen om de status van een kritische parameter te beoordelen en zo de blinde vink te voorkomen. Dat doe je door DfX-activiteiten toe te voegen, zoals we zagen bij stap 3.5 in het planningsproces (paragraaf 5.6). Methoden als Design for Six Sigma, Design for Testability, Design for Reliability, Design for Manufacturing, Design for Logistics en Design for Serviceability bieden genoeg voorbeelden van extra activiteiten om de kritische parameter vroeg te controleren.

Maar zoek de oplossing niet te ver weg. Uiteindelijk gaat het om met gezond verstand en creativiteit met je team op zoek te gaan naar mogelijkheden om de kritische parameter proactief te beoordelen. En dan kom je al gauw tot dit soort ideeën:

Te beoordelen tussenresultaat	Extra beoordelingsactiviteit
• gebruikerseisen	⇨ gebruikersenquête
• systeemeisen	⇨ budget per deelsysteem bepalen en haalbaarheid toetsen
• systeemconcept	⇨ modelleren en prestaties analyseren
• ontwerp	⇨ testprotocol opstellen om de testbaarheid te toetsen
• leveranciersbeoordeling	⇨ audit uitvoeren

Extra feedback voorkomt de blinde vink en zorgt voor vroeg corrigeren. Zo zou de TomTom het ook doen. Een beetje lef en een pragmatische houding zijn hierbij meegenomen. *Lef* omdat je soms in een kwetsbaar stadium van het project feedback op moet halen uit het veld of bij de stakeholders. Dat doe je namelijk meestal liever pas later met het eindproduct. Dit is vergelijkbaar met het lef dat je moet tonen als je de 10%-confrontatieregel toepast.

En je hebt *pragmatisme* nodig. Bij het ontwikkelen van een nieuw systeem in mijn Assembléon-periode, stelden de mensen in de werkplaats voor om in de architectuurfase al een model van het systeem te maken om serviceability meteen te kunnen toetsen. Ze vonden het namelijk zonde als er gewacht moest worden totdat de 3D CAD-modellen klaar waren. En dus kwam ik vrijdagmiddag de werkplaats binnen; wat ruik ik, hout? Bleek dat ze die dag met triplex de volledige systeemcontouren op ware grootte hadden gemaakt als een maquette. De mannen van service stonden er al omheen en probeerden hoe de serviceactiviteiten konden worden uitgevoerd. Dat leverde inzichten op die minstens zo veel waard waren als performance-berekeningen met ingewikkelde dynamische modellen. *En het zorgde ervoor dat disciplines die minder hebben met het schrijven en beoordelen van documenten, toch een stempel konden drukken op de architectuurfase.*

Design for X met de FMEA
'Having no problems is the biggest problem of all', waren de woorden van Taiichi Ohno, de grondlegger van het *Toyota Production System*, later wereldwijd bekend als de *Lean Manufacturing* methodiek. Hij bedoelde dat een probleem ontdekken geen negatief gebeuren was, maar een kans om te verbeteren, ofwel een *kaizen* (Japans voor 'veranderen naar beter'). Ohno moedigde zijn medewerkers aan om zich open, transparant en geïnteresseerd op te stellen bij fouten en bij elk issue middels 'ask five times why' door te vragen, totdat de oorzaak bekend was.

Deze openheid en honger naar het vinden van problemen hebben we ook al bij het review- en inspectieproces gezien. Zoeken naar problemen in plaats van het afstraffen van de veroorzakers is een belangrijk thema bij het voorkomen van de blinde vink. In dat licht behandel ik twee DfX-methodieken, de FMEA en de HALT-methode. In deze paragraaf de FMEA, ofwel *failure mode and effect analysis*, die al in de ontwerpfase aan het licht brengt welke potentiële faalmodes het nieuwe product heeft. Daarna HALT, *highly accelerated life test*, die in de realisatiefase zichtbaar maakt welke faalmodi het nieuwe product heeft, om deze productzwakheden vervolgens proactief aan te pakken.

De FMEA is in feite een *risicomanagementmethode* en volgt daarmee het stappenplan zoals besproken in paragraaf 8.2. Hieraan zijn enkele stappen toegevoegd die zorg dragen voor een *gestructureerde aanpak* en helpen om *prioriteiten* te stellen. Vooraf wordt het te onderzoeken productontwerp systematisch opgedeeld in modules, zodat de analyse eenvoudiger wordt en de dekkingsgraad groter. Vervolgens wordt in de FMEA-bijeenkomst door een multidisciplinair team geïnventariseerd, welke faalmogelijkheden te bedenken zijn met bijbehorende

De FMEA levert proactieve acties op tijdens het ontwerp

oorzaken. Bij dit laatste wordt stelselmatig doorgevraagd volgens *five times why* om de echte achterliggende oorzaak te ontdekken. Van elk mogelijk falen wordt vervolgens onderzocht wat de gevolgen zijn. Hierbij wordt vaak 'in een breakdown' doorgeanalyseerd totdat alle details begrepen zijn (als dit, dan dat, met als gevolg zus en zo…). Ten slotte wordt, anders dan bij een gewone risicoanalyse, in kaart gebracht wat de ontdekkingsmogelijkheden zijn als de faalmode zich toch openbaart. Faalmogelijkheden die zichtbaar zijn alvorens ze uitmonden in ernstige gevolgen hebben namelijk een lagere impact dan faalmogelijkheden waarvoor dat niet geldt. Het multidisciplinaire team schat vervolgens in wat de kans op falen is (*occurrence*), de omvang van het gevolg (*severity*) en de kans op detectie (*detection*). Hiermee kan het totale risico van de faalmode berekend worden, het *risk priority number* (RPN):

$$RPN = O \times S \times D$$

met:
O = Occurrence, kans op optreden van de fout (1 is laag, 10 is hoog)
S = Severity, gevolgschade (1 is laag, 10 is hoog)
D = Detection, kans op ontdekking bij optreden fout (10 is laag, 1 is hoog)

Het risk priority number varieert tussen 1 en 1000 en geeft, gesorteerd op aflopend risico, weer met welke prioriteit de faalmogelijkheden aangepakt dienen te worden. De FMEA-resultaten worden verwerkt in een tabel als weergegeven in figuur 9.5.

Module of functie	Potentiële fout		Potentieel gevolg		Ontdekking		RPN	Proactieve actie				
	beschrijving	kans O	beschrijving	omvang S	Detectiewijze	kans D	O x S X D	actie	O	S	D	RPN
module 1	faalmode 1 en oorzaak	5	gevolg...	10	detectie...	4	200	actie...	3	4	4	48
	faalmode 2 en oorzaak	1	gevolg...	3	detectie...	10	30	actie...	1	3	4	12
	faalmode 3 en oorzaak	2	gevolg...	8	detectie...	6	96	actie...	2	4	6	48
	faalmode 4 en oorzaak	2	gevolg...	2	detectie...	4	16	geen actie	2	2	4	16
	faalmode 5 en oorzaak	6	gevolg...	10	detectie...	5	300	actie...	2	7	3	42
					detectie...	2	10	geen actie	5	1	2	10

Figuur 9.5 FMEA-tabel met faalmogelijkheden, RPN en proactieve acties (met verwachte RPN-reductie)

Design for X met HALT-testen

Waar je bij de FMEA een inventarisatie maakt van de faalmogelijkheden op basis van het 'papieren' ontwerp, richt HALT zich juist op het inzichtelijk maken van falen door het product (of tussenproduct) zelf te testen. In tegenstelling tot 'normaal' testen gaat het bij *highly accelerated life testing* niet om aantonen dat het product voldoet aan de gestelde eisen, maar juist om het product aan steeds zwaardere belastingen bloot te stellen totdat het faalt. Daarmee is het geen kwaliteitsbeoordeling voor 'rechts in de V', maar een Design for Reliability methode om vroeg in het project *het ontwerp zo robuust mogelijk te maken*.

In figuur 9.6 wordt de HALT-methode uitgelegd. Weergegeven is de grens waarbij het product kapot zal gaan (faalmoment) en de belasting die het product ondervindt tijdens normaal gebruik, beiden als een normaalverdeling rondom een gemiddelde. Bij het HALT-proces wordt het product (of liefst al een eerder prototype) in stappen onderworpen aan steeds hogere belastingen. Dit kunnen trillingen zijn, hoge temperaturen, of andere belastingen. De belasting wordt net zo lang opgeschroefd totdat de twee curven elkaar overlappen en het product faalt. Dit zijn dus meestal hogere belastingen dan het product bij normaal gebruik ondervindt. De zwakke plekken verbeter je vervolgens, waarna de test wordt voortgezet om volgende zwakheden aan het licht te brengen. *De HALT-test is dus geen kwaliteitsbeoordeling, maar een methode om de faalmodi te leren kennen en het product robuuster te maken.*

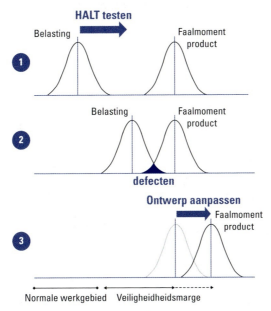

Figuur 9.6 HALT-methodiek: testen tot falen om het ontwerp robuuster te maken

Resultaat van HALT-testen is een hogere productkwaliteit en betere voorspelbaarheid van het projectverloop. Je creëert tijdens het project al situaties die anders pas tijdens het testproces of nog later door de eindgebruiker worden ervaren. Hierbij gaat het niet alleen om constructies die kapot gaan, maar ook om moeilijk voorspelbaar systeemgedrag. Ik heb het zelf meegemaakt bij een HALT-test waarbij de systeemcomputer bij een steeds lagere temperatuur werd opgestart. Aanvankelijk ging dit prima, totdat de temperatuur zo laag was (10 graden Celsius geloof ik) dat het systeem niet meer opstartte en vastliep; de harde schijf kwam minder snel op snelheid en was nog niet beschikbaar toen het moederbord data wilde uitlezen. Door in de software aan te passen dat gewacht werd tot de harde schijf in de juiste toestand was, kon dit probleem niet meer optreden. Een heel vervelende fout voor de eindgebruiker werd met enkele regels softwarecode voorkomen, iets wat vaak gebeurt bij HALT-testen. Aanpassingen van slechts een paar euro kunnen tot een enorme verbetering van de systeemrobuustheid leiden. Zolang je deze aanpassingen maar doet vóórdat het project in de eindfase of daarna zit!

Hoe Agile helpt om de blinde vink te voorkomen
Omdat Agile expliciet zorgt voor vroeg testen van deelfunctionaliteiten, is het een uitstekend middel om de blinde vink te voorkomen. Je krijgt namelijk na elke sprint feedback of de opgeleverde resultaten voldoen aan de verwachtingen van de opdrachtgever of de

eindgebruiker. Toch wil dit niet zeggen, dat Agile-projecten geen baat hebben bij inspecties of bijvoorbeeld een design FMEA. De methoden vullen elkaar aan en zorgen elk op een andere manier voor een kritische blik op de (tussen)resultaten.

Het Agile proces levert zelf tijdens de *projectuitvoering* een kwaliteitstoets per opgeleverd sprintresultaat. De *definitiefase* is daarentegen gebaat bij aanvullende inspecties, want de wendbaarheid van het project kan ertoe leiden dat de opdrachtgever wat *lakser is in het vaststellen van de wensen en doelen*. Onder het mom van 'we kunnen het altijd nog bijsturen', kan een houding ontstaan die leidt tot veel blinde vinken tijdens de projectdefinitie. Ook Agile ontwikkelaars kunnen die mentaliteit hebben: nog niet robuust / foutloos / honderd procent getest, komt in de volgende sprint wel... Het voordeel van wendbaarheid in relatie tot de markt is dan verworden tot wendbaarheid om de interne tekortkomingen te compenseren. Vergelijkbaar met het gevaar op roekelozer rijgedrag in een auto die veiliger voelt.

9.4   Testen rechts in het V-model

Het zou kunnen dat ik met de aandacht voor proactief leiderschap de indruk wek dat de activiteiten in de rechterzijde van de V onbelangrijk zijn. Dat wil ik dan bij deze rechtzetten. Test- en verificatieactiviteiten zijn zeer belangrijk. Het enige wat ik wil voorkomen, is dat ze als een vangnet worden gezien en leiden tot uitstelgedrag. *Kwaliteit realiseer je niet door te testen, maar toon je aan met testen.*

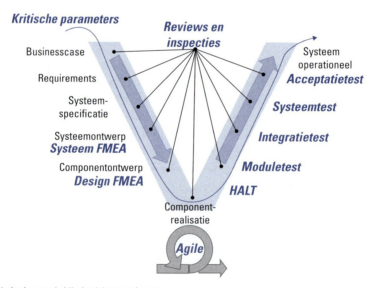

Figuur 9.7   Methoden om de blinde vink te voorkomen

Voor dat aantonen van kwaliteit zijn er verschillende methoden, afhankelijk van het niveau waarin je je bevindt in het V-model. Deze methoden zal ik kort bespreken, waarbij ik begin bij het punt waar we eindigden met HALT: bij de tests op componentniveau. Van daaruit werken we ons 'op naar boven' totdat we eindigen bij de acceptatietests die leiden tot goedkeuring van de opdrachtgever en beëindiging van het project. Dit maakt het overzicht van methoden om de blinde vink te voorkomen compleet, zoals weergegeven in figuur 9.7. Je kunt de testmethoden ook terugvinden in het voorbeeldplan van het project Achtbaan op www.roelwessels.nl.

Testen op componentniveau

Bij het testen op *componentniveau*, ook wel *moduletest* of *unittest* genoemd, gaat het om het testen van de opgeleverde onderdelen vóórdat ze geïntegreerd worden in het totaalsysteem. Dit geeft de mogelijkheid om eerder, maar ook beter gelokaliseerd, kwaliteit en gedrag van losse onderdelen te verifiëren. Bovendien is het een middel om opgeleverde resultaten van leveranciers te toetsen. Wat voor de systeemontwikkelaar een moduletest is, kan dus voor de toeleverancier een acceptatietest zijn. Testen op componentniveau doe je op basis van de requirements van het deelsysteem, die verkregen zijn bij de decompositie van de systeemrequirements naar componentniveau conform de PBS (zie paragraaf 5.4).

Bij het testen van losse componenten heb je meestal een testomgeving nodig die de randvoorwaarden verzorgt die anders door het systeem worden vervuld (inputs, interactie en feedback), zie figuur 9.8. Die randvoorwaarden kun je op verschillende manieren creëren, bijvoorbeeld met een mechanische of elektrische proefstand die speciaal voor de module ontworpen is. Voor het testen van softwaremodules wordt vaak gebruik gemaakt van *teststubs*; tijdelijke softwarefuncties die het gedrag van de ontbrekende systeemomgeving nabootsen. Hierdoor is de softwaremodule toch afzonderlijk (en reproduceerbaar) te testen. Een testomgeving voor de software maakt het ook mogelijk om de software geautomatiseerd

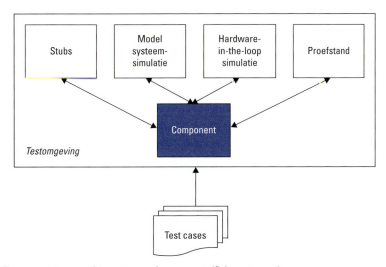

Figuur 9.8   Testen op componentniveau vraagt vaak om een specifieke testomgeving

te testen. Dat is vaak een pre, omdat de tests bij latere updates van het product weer herhaald moeten worden in de regressietests (zie later in deze paragraaf).

Stubs hebben vaak beperkte functionaliteit en worden gebruikt als eerste toets om *de correctheid en volledigheid van de interfaces* te toetsen. Is die fase doorlopen, dan kan ook detailgedrag op componentniveau worden getest, maar hiervoor zijn uitgebreidere testmiddelen nodig. Een *model* bijvoorbeeld dat de rest van het systeem *dynamisch* nabootst. Dit noemt men ook wel *software-in-the-loop simulatie* of *model based testing*. Afhankelijk van de complexiteit van het model kun je het component zo al aan een zeer natuurgetrouwe verificatie onderwerpen, voordat de rest van het systeem beschikbaar is.

Maar onderschat de ontwikkeling van het model niet. Dit dient 'links in de V' plaats te vinden samen met het ontwerp van het component en is dus een behoorlijke investering. Maar is die investering mogelijk, dan snijdt het mes aan meerdere kanten. Je kunt onderdelen onderwerpen aan tests die in werkelijkheid te gevaarlijk of onmogelijk zijn. Bovendien kunnen de tests geautomatiseerd en gereproduceerd worden. Het ontwikkelen van testomgevingen betekent automatisch dat je Design for Testability aan het toepassen bent. Uiteindelijk is het ook mogelijk om andere (fysieke) modules aan het model te koppelen. Dan wordt software-in-the-loop *hardware-in-the-loop*, ofwel HIL-simulatie. De testomgeving wordt op deze manier steeds verder uitgebreid met echte sensoren, actuatoren en andere werkelijke componenten. In feite ben je dan al bezig met integratietesten.

Afsluitend wil ik kort het verschil tussen *blackbox- en whitebox-testen* uitleggen, een onderscheid dat met name bij softwaretesten gemaakt wordt. Bij blackbox-testen is de interne structuur van de te testen component onbekend voor de tester. De component is dus een blackbox en de tester test vooral op (extern) requirementsniveau. Bij whitebox-testen is de interne structuur wél bekend en zichtbaar voor de tester. Je test dus ook *intern gedrag* van het component. Bovendien mag het component aangepast worden om specifieke functionaliteit te testen, bijvoorbeeld door extra code toe te voegen die de waarde van parameters weergeeft. Whitebox-testen dient daarom door softwareontwikkelaars te worden uitgevoerd en vindt met name plaats bij de moduletest onder in het V-model.

Integratietesten

Bij het opstellen van het plan in hoofdstuk 5 en 6 heb ik het belang van een integratieplan al benadrukt. Wil je voorkomen dat de systeemintegratie een onoverzichtelijke *big bang* wordt met een tsunami van problemen die moeilijk te identificeren zijn, dan is het zaak om stap-voor-stap het systeem op te bouwen en te testen met een integratietest. Je begint met moduletests en gaat *bottom-up* steeds meer componenten integreren. Dat zorgt voor testbare tussenstappen en resulteert in het samenvoegen van kwaliteit met kwaliteit. Dit vraagt om een gedetailleerd integratieplan, als onderdeel van het projectmanagementplan of als afzonderlijk deelprojectplan.

Systeemintegratie vraagt om samenvoegen van kwaliteit met kwaliteit

Testen op systeemniveau en de acceptatietest

En dan komen we aan op het niveau waarom het uiteindelijk te doen is; het testen van het gedrag van het hele systeem. Hierbij zijn de systeemrequirements de leidraad, die punt voor punt getest dienen te worden. Systeemtesten kent vaak twee stappen, te weten de FAT en de SAT. De FAT, *factory acceptance test*, is de systeemtest die je zelf 'in huis' uitvoert, alvorens het systeem uitgeleverd en geïnstalleerd wordt bij de klant. De SAT, *site acceptance test*, vindt vervolgens plaats op de uiteindelijke klantenlocatie. De FAT wordt ook wel *alpha-test* en de SAT *beta-test* genoemd.

Systeemtesten kent naast het testen van de basisfunctionaliteit vaak nog een safetytest en performancetest. Bij de safetytest worden alle veiligheidsfuncties getest. De performancetest heeft tot doel de prestaties te testen en te finetunen. Deze stap is meestal pas mogelijk bij het definitieve systeem op de uiteindelijke klantenlocatie. Uiteraard worden er ook bij de systeemtests nog aanpassingen uitgevoerd aan het systeem. Afhankelijk van de omvang van de aanpassingen betekent dit dat er component- en integratietests dienen te worden herhaald (je doorloopt een deel van het V-model opnieuw). De omvang van de wijzigingen wil je uiteraard beperkt houden door een proactieve mindset. Wel zullen er altijd *regressietests* moeten worden uitgevoerd bij aanpassingen. Bij een regressietest wordt gecontroleerd of de overige (niet aangepaste) systeemonderdelen nog steeds correct functioneren.

Als alle problemen zijn opgelost en de tests aantonen dat het systeem voldoet aan de gestelde eisen, kan het acceptatieproces plaatsvinden. Bij dit proces controleert de klant dat alle resultaten en deelresultaten zijn opgeleverd en voert met een *acceptatietest* een check uit van het systeem. Het protocol voor deze tests, het *acceptatieprotocol*, is meestal afgesproken bij het opstellen van het contract aan het begin van het project. Verloopt alles naar wens dan zal de opdrachtgever het projectresultaat accepteren, de laatste betalingen uitvoeren en kan het projectteam ontbonden worden. Het project gaat nu de exploitatiefase in waarbij alleen nog nazorg geleverd wordt afhankelijk van de contractvorm (probleemoplossing, onderhoud, updates enzovoort).

Samenvatting

- De projectie van je detailplan op de projecthartslag levert een dynamische countdownlijst op. Daarmee wordt de projectuitvoering een kwestie van aanjagen en afvinken.
- Je hersenen belonen afvinken met een boost dopamine die vervolgens motiveert om ook de volgende resultaten te behalen.
- Vermijd de blinde vink! Een activiteit is pas afgerond als deze het gewenste resultaat heeft opgeleverd en zorgt dat de route naar het einddoel korter wordt.
- Voorkom de blinde vink met:
  - De juiste mindset
  - Review- en inspectietechnieken
  - Aanvullende DfX-activiteiten (FMEA, HALT etcetera) en het meten van de kritische parameters
  - Agile werken en vroeg deelfunctionaliteit testen
- Fagan-inspecties maken het document beter, maar ook de auteur.
- Het voorkomen van de blinde vink vraagt om een open cultuur waarin het ontdekken van defects wordt gestimuleerd en niet afgestraft.
- Kwaliteit creëer je links in het V-model en toon je aan door te testen 'rechts in de V' met:
  - Testen op componentniveau (moduletests)
  - Integratietesten
  - Systeemtesten (FAT, SAT)
  - Acceptatietesten

10 The Final Countdown

- Hoe je de activiteiten van de heartbeat in je werkproces inbouwt.
- Waarom het belangrijk is dat Check en Act uit de PDCA-cyclus maximaal 25% van je tijd duren.
- Wijzigingsbeheer als basismechanisme voor alle afwijkingen.
- Hoe je de projectstatus en de resterende route visueel kunt communiceren naar je team en de stakeholders.
- Leer hoe je voorkomt dat onzekerheden verlammend werken.

In dit laatste hoofdstuk ga ik het hebben over de projectuitvoering. Is dat niet wat laat? Het zou inderdaad aan de late kant zijn, als de technieken voor de uitvoeringsfase nog niet behandeld waren. Maar je zult zien dat veel van die technieken de revue al gepasseerd hebben. Nog mooier, je hebt ze vaak al in de definitiefase toegepast. Want ook al is die fase doorspekt van voorbereiden en denken, zonder dat te combineren met actie en uitvoering zou je niet zijn waar je je nu bevindt: bij de start van de projectuitvoering.[11]

In dit hoofdstuk komt veel uit dit boek bij elkaar en laat ik zien hoe je dat in de praktijk toepast. Daarbij gaat het over effectiviteit, maar zeker ook over efficiëntie en pragmatisme. Want anders blijft het bij goede voornemens. Aan de orde komt hoe geplande werkzaamheden worden uitgevoerd, hoe voortgang wordt aangejaagd en hoe resultaten worden beoordeeld. Voor de werkzaamheden van je eigen team, maar ook die van (externe) leveranciers. Verder komt aan de orde hoe je op elk moment de projectstatus bepaalt en hoe je deze inzichtelijk maakt voor het projectteam en de stakeholders. Hoe ga je om met wijzigingen in het project? Wijzigingsbeheer, met tips om er zo min mogelijk verstoring door te ondervinden, hoort uiteraard thuis in de uitvoeringsfase. Tenslotte komt aan bod hoe je dit alles óók kunt blijven doen als je project veel onzekerheden bevat. Want juist in zwarte piste-projecten is het zaak om onzekerheden toch planbaar te maken en de regie te blijven houden over de route naar het einddoel.

De titel van dit hoofstuk is: *The Final Countdown*. Het is namelijk handig om in de uitvoeringsfase te communiceren in termen van time-to-go, costs-to-go, issues-to-go en ga zo maar door. Afstrepen van de resterende werkzaamheden dus, waarna het projectresultaat opgeleverd kan worden. Tenminste als de PBS en het plan correct en compleet zijn. Dat laatste kun je tijdens de uitvoering toetsen door de kritische parameters te meten, want alleen deze parameters geven een direct beeld van de status ten opzichte van het einddoel. Het project beschouwen

Leg de aandacht niet op hoe ver je bent, maar op wat je nog moet doen

---

11 Dit hoofdstuk sluit aan bij de volgende competenties uit IPMA's ICB4: Governance, structures and processes, Conflict and crisis, Results orientation, Scope, Time, Quality, Finance, Resources, Procurement, Plan and control, Risk and opportunity, Stakeholders, Change and transformation.

als een *countdown* geeft constant zicht op 'de landingsbaan'. Hoe vroeger je naar deze 'afstreepmode' kunt omschakelen, hoe beter. Want juist aan het begin van het project is de kans groot dat er (onbewust) al veel vertraging opgelopen wordt.

10.1 Het traject tot de uitvoeringsfase samengevat

Voordat ik de uitvoeringsfase behandel, vat ik de vorige hoofdstukken samen. Dat doe ik puntsgewijs in vier thema's:
1. Je mindset tijdens het gehele project
2. Wat je meteen aan het begin doet (projectvoorbereidingsfase)
3. Proactief, beïnvloedend en doelgericht gedrag
4. Hoe je tot het detailplan komt (projectinrichtingsfase)

Wat heb je allemaal gedaan als de uitvoeringsfase start?
Je mindset tijdens het gehele project:
- Het draait slechts om het realiseren van het doel.
- Alleen de route naar het doel is belangrijk, de afgelegde route is geschiedenis.
- Denk Agile: herplannen is een vast gegeven, zoek steeds actief de beste route naar het eindpunt. Een fundament van Agile leiderschap.
- Zorg dat je altijd een plan hebt met de consequenties voor het eindresultaat van het project, ongeacht onzekerheden.
- Zorg dat je het informeren van je stakeholders niet als verplichting ziet, maar als een kans om ze te beïnvloeden.
- Vertaal alles bij het communiceren met de stakeholders in consequenties voor het eindresultaat en einddoel van het project (en het betreffende belang van de stakeholder).
- Drie essentiële elementen dien je – ongeacht de houding van je omgeving – vanuit je eigen initiatief (en in je eigen belang) te realiseren: de projectcharter (vroege afstemming), de PBS (structuur) en de *heartbeat* (communicatie en voortgang).
- Zoek steeds naar vroege feedbackmomenten, zowel op projectniveau als bij het uitvoeren van de afzonderlijke activiteiten.
- Sturen op deadlines alléén is geen sturen maar hopen dat het goed komt. Stuur daarom op kleinere brokjes (intakes, activiteiten en deliverables) die passen binnen de vaste projecthartslag.
- Voorkom bij het afvinken van activiteiten en resultaten de blinde vink en daarmee schijnvoortgang.

Wat je meteen aan het begin doet (projectvoorbereidingsfase):
- Maak meteen een project charter waarbij je alle velden vult. Beperk dit tot 2 uur werk, laat je niet afleiden of verlammen door perfectie. Verras jezelf hoeveel je al weet en hoe je met dit 'eerste paaltje in de grond' regie kunt nemen.
- Voer een stakeholderanalyse uit. Zorg dat alle stakeholders op de radar komen (niet alleen de probleemgevallen).

- Bouw aan de relatie met de stakeholders vóórdat er problemen zijn. Bedenk daarom voor elke stakeholder een allereerste proactief contactmoment meteen aan het begin van het project.
- Hou de rolverdeling tussen de projectmanager (opdrachtnemer) en de opdrachtgever scherp door onderscheid te maken tussen het projectresultaat en het projectdoel.
- Projecteer je project op het V-model en ben je bewust van investeren 'links in de V' ten behoeve van 'build the right product' en 'build the product right'.
- Bedenk een strategie en projectfasering en bepaal welke projectdelen je Agile wilt uitvoeren.
- Benoem de kritische parameters van het project en neem je voor hier tijdens het hele V-model focus op te houden.
- Hou bij het opstarten van het project rekening met de project S-curve: motivatie, vertrouwen van stakeholders, inzicht, organisatie en samenwerking moeten groeien en zijn er niet meteen. Je bent dus naast projectmanager ook verandermanager.
- Besef dat het begin van het project de meeste beïnvloedingskansen kent en veel kans op (onbewust opgelopen) vertraging. Focus is dus meteen nodig en *jij* bent de aanjager.
- Start zo vroeg mogelijk met het aanjagen van de heartbeat, ook als er nog geen detailplan ligt.

Proactief, beïnvloedend en doelgericht gedrag:
- Reageer niet (in een reflex), maar acteer (doelbewust).
- Hard werken is de factor 2, slim werken de factor 10.
- Probeer steeds de regie te nemen, ook als dat niet voor de hand ligt (omdenken).
- Pas bij deliverables de 10%-confrontatieregel toe, om vroeg feedback af te dwingen en duikbootgedrag te voorkomen. Zo word je vanzelf proactief en een beïnvloeder.
- Pas het V-model ook toe in je eigen gedrag en bedenk steeds proactieve activiteiten die het resultaat eigenlijk al zeker stellen. Gebruik deze extra voorbereidingsstapjes ook om je omgeving te betrekken bij het proces.
- Pas Coveys zeven eigenschappen van effectief leiderschap toe. Met name de cirkel van invloed, Coveys kwadrant (belangrijk versus urgent), streven naar win-win, eerst begrijpen dan pas begrepen worden en inzetten op synergie (de som der delen is groter dan het geheel).
- Varieer je spel met verschillende leiderschapsstijlen.
- Streef met situationeel leiderschap (S1-S4) naar de juiste verhouding tussen sturing en ondersteuning afhankelijk van de competentie (kunnen, willen) van de medewerker.
- Motiveer je teamleden door de juiste invulling van de basisbehoeften competentie, autonomie en verbondenheid. Start met motiveren vóórdat je weerstand ondervindt.
- Spreek actief waardering uit naar medewerkers en vier successen.
- Krijg controle zonder te micromanagen, door te sturen op de kritische parameters en situationeel leiderschap correct toe te passen.
- Communiceer bewust en met aandacht. Zorg dat je de stakeholders elke projecthartslag de actuele status kunt vertellen met de consequenties voor het einddoel. Doe dit ook ten aanzien van wijzigingsbeheer en risicomanagement. Doe dit wel met takt, wees niet transparanter dan nodig en goed voor je is: denk na hoe je de boodschap brengt.

Hoe je tot het detailplan komt (projectinrichtingsfase):
- De 10%-confrontatieregel vraagt eerst om een project charter en de schets met het team. Daarna heb je 'alle tijd' voor het detailplan.
- Gebruik de stappen van het planningsproces om je team en de stakeholders te betrekken bij het opstellen van scope, aanpak, schets met het team en detailplan.
- Start niet met een 'boodschappenlijstje', maar werk met de PBS gestructureerd naar een compleet overzicht van tussenresultaten. Bij Scrum mag je de user stories op de product backlog relateren aan de onderste regel van de PBS.
- Herschik de tussenresultaten van de PBS totdat deze aansluiten bij de projectinhoud (bijvoorbeeld architectuur, techniek en financiën) én de projectorganisatie.
- Verbeter de PBS met DfX-deliverables om vroege feedback mogelijk te maken.
- Breid de PBS-deliverables (het *wat*) uit met de WBS-activiteiten (het *hoe*) en pas *size* en *effort estimation* toe. Bij Scrum worden de WBS-activiteiten pas door het team bepaald voorafgaand aan de sprint in de uitvoeringsfase.
- Verbeter de WBS met risicoverlagende activiteiten, eerdere tussenresultaten en zet individuele buffers om in projectbuffers.
- Integreer alles tot de schets met het team, een planning op deliverables-niveau. Zet hier alleen de PBS-deliverables in om flexibel te kunnen wijzigen. De WBS-activiteiten worden in deze fase 'enkel' gebruikt om de omvang van de PBS te bepalen (bij Scrum gebeurt dit zonder WBS met Planning Poker). Wijs bij Scrum toe welke user stories in welke sprint worden gerealiseerd. Verbeter de schets met het team samen met het team en stem het eindresultaat af met de stakeholders.
- Breid de schets met het team uit tot een detailplanning waarin ook alle WBS-activiteiten staan (behalve bij Scrum). Koppel met beleid en zorg voor een slim projectinterface 'boven' in de detailplanning. Dit projectinterface is het dashboard waarmee je kunt sturen en de resultaten en probleempunten zichtbaar kunt maken.
- Maak het plan geschikt voor de uitvoeringsfase, door de intakes, activiteiten en deliverables van de detailplanning op de heartbeat te projecteren.
- Projecteer ook de trendlijn van de kritische parameters op de heartbeat en maak zo de kwaliteit en status van de projectresultaten meetbaar.

Een kwestie van doen

Als het voorgaande gelukt is, wacht je nu een ontspannen uitvoeringsfase. Nou ja 'ontspannen'… laten we het een traject noemen waarin je niet meer achter de feiten aan hoeft te lopen en verrassing na verrassing moet incasseren. Een traject waarin je de regie kunt vasthouden, ook als het project een hoge moeilijkheidsgraad kent. Dan ben je, zoals we begonnen in dit boek, een projectmanager die juist zwarte piste-projecten opzoekt omdat je ervan geniet en beter wil worden in je vak. Vanaf nu is de uitvoering dus een kwestie van doen, proactief projectmanagement ofwel *Design for Execution* is ingericht. Je bent maximaal voorbereid om Agile te kunnen meebewegen met de ontwikkelingen in de projectomgeving zonder het projectdoel uit het oog te verliezen.

10.2 Heartbeat in de praktijk

De voordelen van een vaste projecthartslag heb ik uitgebreid besproken in hoofdstuk 8. We concludeerden dat het veel oplevert wanneer je als projectmanager de regie neemt in het aanjagen van de PDCA-cyclus. Want loopt dit vliegwiel eenmaal, dan werkt dit voor jou en je hele omgeving! Een hoog ritme geeft de aansturing en communicatie een *boost* en zorgt ervoor dat men gaat wennen aan jóuw updatemomenten. Dat voorkomt storende vragen van steeds weer andere stakeholders: 'Zou je mij kunnen rapporteren wat de status is van…?' In deze paragraaf leg ik uit hoe je de heartbeat tot stand kunt brengen in je project, maar behandel eerst *'management by…'*

Management by objectives en by exception
Voor het aansturen van medewerkers en het controleren van de voortgang kun je eigenlijk geheel uit de voeten met situationeel leiderschap (figuur 4.8). Toch is het nuttig om de relatie met een paar andere begrippen te kennen, die deel uitmaken van de reeks 'management by …'. Van die begrippen zal ik *management by objectives* en *management by exception* regelmatig gebruiken in dit hoofdstuk, zowel in de relatie van de projectmanager naar de eigen teamleden als van de projectmanager naar de stuurgroep.

Management by objectives (MBO)
Bij management by objectives stelt de leidinggevende samen met de medewerker de doelstellingen vast (het *wat*). Ook de terugkoppeling van resultaten vindt plaats in onderling overleg. De medewerker heeft een zekere vrijheid in het bepalen van de werkwijze (het *hoe*), wat leidt tot hogere motivatie en betrokkenheid. De nadruk ligt op coaching, teamwork, win-win en het nemen van verantwoordelijkheid door de medewerker. MBO heeft veel overeenkomsten met S3- en S4-sturing en past bij het positief mensbeeld van de theorie X-manager (X-Y theorie van McGregor).

Management by exception (MBE)
Management by exception is ook gebaseerd op het samen formuleren van de doelstellingen. In tegenstelling tot MBO vindt het toetsen van voortgang echter niet plaats door regelmatige feedback en coaching, maar alleen als er afwijkingen ten opzicht van de planning zijn geconstateerd. *'Geen bericht is goed bericht'* dus. Het gaat over ruimte krijgen om zelf beslissingen te nemen en als die ruimte overschreden wordt te escaleren. Gevolg is dat de uitvoerende veel vrijheid heeft en dat de leidinggevende weinig tijd kwijt is aan begeleiding. Voorwaarde is wel dat beide partijen een hoge mate van taakvolwassenheid hebben, anders is te laat ingrijpen of verlies van draagvlak en vertrouwen het gevolg. Deze vorm past dus bij S4-sturing en gaat ook uit van een positief mensbeeld.

Probeer bewust onderscheid te maken tussen MBO en MBE

Daarnaast is er nog *Management by direction and control* (sluit aan bij S1-sturing), *Management by delegation* (sluit aan bij S4-sturing) en *Management by walking around* (sluit aan bij S3- en S4-sturing). Met name MBO en MBE zijn interessante aansturingsvormen. Ga je voor regelmatig overleg, of wil je alleen overleg als er afwijkingen geconstateerd zijn? Pas verder op dat je niet ongewenst in MBE-mode komt, bijvoorbeeld omdat er geen chemie bestaat met de opdrachtgever of omdat je elkaar om andere redenen ontwijkt. Met MBE is niets mis, maar het is niet voor watjes! Pas het alleen toe bij voldoende wederzijdse taakvolwassenheid en onderling vertrouwen.

Pas jij MBE bij de juiste randvoorwaarden toe?

Ook andere zaken worden begrijpelijk als je onderscheid maakt tussen MBO en MBE. De projectmanagementmethode PRINCE2 gaat bijvoorbeeld uit van MBE als basisaansturingsvorm en is grotendeels ingericht om dit te faciliteren. Dat gebeurt door strakke afspraken te maken over de specificaties van de deelproducten, veel aandacht voor de projectorganisatie en invulling van de stuurgroep, expliciete autorisatie en acceptatie van werkpakketten en een duidelijk voorgeschreven proces om projectfases te initiëren, te doorlopen en af te sluiten. PRINCE2 maakt S4-aansturing dus de norm en creëert de randvoorwaarden middels een strak gestructureerd proces en dito organisatiestructuur.

Kies hoe je wilt aansturen
Stuurgroep aansturen? Jawel, *manage jezelf, manage je team, manage je omgeving*. Uiteraard stuur je de stuurgroep niet letterlijk aan, maar je kunt wel de regie nemen in het rapportageproces en invloed uitoefenen op de manier waarop gecommuniceerd wordt binnen de projectorganisatie. Je zult zien dat je cirkel van invloed vanzelf groter wordt...

Een logische aanpak is dat je als basisaanpak naar je team en je leveranciers kiest voor management by objectives en richting de stuurgroep management by exception. Bij je team zorg je zo voor een hoog ritme, veel afstemming en draagvlak. Naar je stakeholders creëer je vrijheid om zelf te kiezen wanneer en hoe je rapporteert. Bovendien ben je met management by exception minder afhankelijk van de leiderschapsstijl van de stakeholders. Zorg wel dat je communicatie effectief is, om het vertrouwen van de stakeholders in jou en je project vast te houden. En mochten ze meer contact of samenwerking wensen, dan kun je altijd opschakelen naar management by objectives. Deze basisaanpak staat weergegeven in figuur 10.1.

Een kenmerk van de heartbeat is dat er in het hele project een hoog ritme bestaat waarin de projectwerkzaamheden en voortgang worden afgestemd. En dat is niet alleen belangrijk in projecten, ook in de sturing van operationele processen, zie de *meeting pulse* van EOS (paragraaf 8.4). Goed afstemmen is niet hetzelfde als veel en lang vergaderen. Maar je ontkomt er niet aan om initieel extra afstemming van je teamleden te verlangen, wat vaak bovenop de bestaande vergaderingen komt. Daarom is het belangrijk dat men snel de voordelen ondervindt en merkt dat elke minuut afstemming met jou leidt tot een beter begrip van de eigen werkzaamheden en mogelijkheid biedt tot feedback en coaching. Een voortvarende aanpak is dus gewenst.

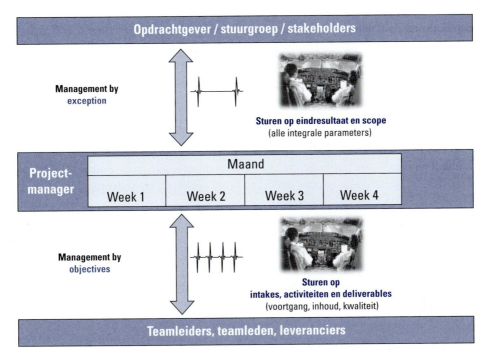

Figuur 10.1 Afstemming van projectmanager richting team en stakeholders

Ook voor de projectmanager zelf is doorpakken belangrijk. En dat wordt nogal eens onderschat, afstemmen is toch niet moeilijk? Nou, de kans bestaat dat je veel een beetje aan het doen bent. En dat is in spannende projecten gewoon niet goed genoeg. Dat je aan het einde van de week concludeert dat je van enkele belangrijke zaken de status niet kent of acties niet in gang hebt kunnen zetten. Of dat je maandag de update krijgt van persoon x en donderdag met persoon y afstemt, waarbij blijkt dat er zoveel gebeurd is dat je weer terug moet naar persoon x om de samenhang te begrijpen. Je bent dan veel tijd kwijt en blijft tóch met het gevoel zitten dat je niet het volledige overzicht hebt.

PDCA zonder strakke aanpak is veel een beetje doen

Om het PDCA-vliegwiel aan het draaien te krijgen, heb ik drie tips:
- **REGELMAAT** Beter regelmatig kort afstemmen dan soms lang. Plan een vast patroon van afstemmingsmomenten in en laat je niet meeslepen door opmerkingen als: 'We hebben niets te bespreken, dus zullen we de afspraak laten vervallen?' Geef aan dat de bespreking in dat geval kort duurt, maar wel doorgaat. Vaak blijkt er toch veel boven tafel te komen.
- **MOMENT** Probeer Check en Act uit de PDCA-cyclus in een zo kort mogelijke periode te doen. Anders horen de data bij verschillende statusmomenten en blijf je informatie updaten! Status is nu eenmaal gekoppeld aan een moment en verandert vervolgens weer. Accepteer dit en laat je inspireren door de 400m-tussenmeting bij de 10km schaatsen.

Kies dus een vast moment in de hartslagperiode waarop je status verzamelt en correcties afstemt.

- **INDIVIDU versus GROEP** Projectinformatie verzamelen, afstemmen en communiceren is een proces dat meestal niet mogelijk is in één *one size fits all*-meeting. Sommige elementen verlangen één-op-één contact met een teamlid, andere elementen juist de groepswerking. Denk hier bewust over na en voorkom dat je een groepsmeeting frustreert met individuele discussies of zaken die vooraf hadden moeten zijn voorbereid. Andersom is het niet handig om alle afstemming tussen teamleden in individuele gesprekken te doen. Want dan word jij de postbode van het team en draag je alle verantwoordelijkheid (of je zou belang moeten hechten aan 'verdeel en heers'-spelletjes, maar dat past niet echt in de sfeer van dit boek).

PDCA in de praktijk met je projectteam

Hoe pas je dit in de praktijk toe? De werkwijze die ik zal beschrijven, staat weergegeven in figuur 10.2 en bestaat uit vijf stappen. Deze werkwijze combineert bovenstaande tips en zorgt voor een efficiënt proces. Het uitvoeren van deze PDCA-aanpak vraagt maximaal 25% van de tijd van de projectmanager, een mooi streven lijkt mij. Het is mijn persoonlijke voorkeursproces, maar pas het alsjeblieft op je eigen manier toe. Laat je inspireren, probeer het niet te kopiëren, want elke omgeving vraagt om andere detailkeuzes. Verder is het één-op-één toe te passen in traditionele projecten, maar ook bij Scrum kom je de elementen van de vijf stappen tegen. Alleen worden daarbij de wekelijkse stappen 1-3 gecombineerd in één teamoverleg dat zelfs dagelijks plaatsvindt, de daily stand-up meeting.

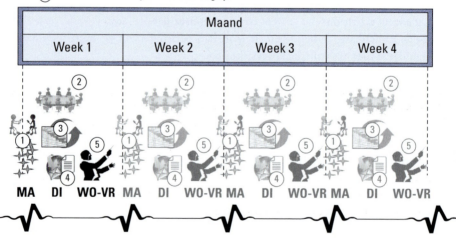

Figuur 10.2   PDCA-cyclus in de praktijk met je projectteam en toeleveranciers

1. *Individueel overleg (maandagmiddag)*

De individuele gesprekken hebben meerdere doelen. Allereerst praat je met elk teamlid over de toegewezen taken en de gerealiseerde voortgang. Daarnaast leveren deze gesprekken de detailinformatie op die nodig is om de projectstatus te bepalen. Ten slotte bereid je hiermee het voortgangsoverleg met het team een dag later voor. De individuele gesprekken voer je met je *direct reports*. Als je projectleider bent van één team zijn dat alle teamleden (en de toeleveranciers). Is het een groter project met deelprojectleiders onder jou, dan voer je de gesprekken met je deelprojectleiders (en de toeleveranciers). Op dezelfde manier zullen deze deelprojectleiders weer vergelijkbare gesprekken hebben met hun teamleden. Met de leden van een Scrum-team hoeft dit uiteraard niet door het bestaan van de dagelijkse daily stand-up meetings.

In het individueel overleg kijk je terug op de afgelopen hartslagperiode en vooruit naar de volgende. Daarbij pas je situationeel leiderschap toe. C1-medewerkers geef je meer aandacht ten aanzien van de activiteiten (WBS) en taakuitvoering, met C4-medewerkers bespreek je werk en voortgang op basis van de deliverables (PBS) en projectdoelen. Betrek dus ook taakvolwassen medewerkers in het ritme, het is een fabeltje dat met deze medewerkers niet gesproken hoeft te worden! Met toeleveranciers stem je de oplevering van hun deliverables af, wat voor jou dus intakes zijn, hierbij gebruik je S3- en S4-leiderschap.

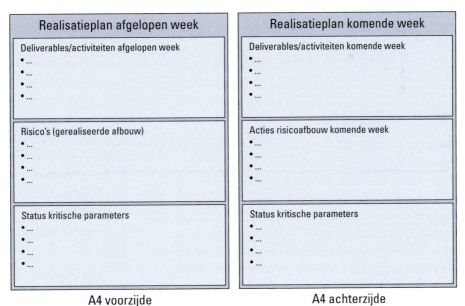

Figuur 10.3   Management by objectives: voortgang bespreek je samen

In het papieren tijdperk gebruikte ik als rapportagemiddel een tweezijdig A4'tje zoals is weergegeven in figuur 10.3. Tegenwoordig adviseer ik dit te automatiseren met het uit de planning gegenereerde lijstje zoals besproken in figuur 6.21 in hoofdstuk 6. Zolang je de detailplanning geprojecteerd op de hartslagperiodes maar als uitgangspunt neemt. Na afloop kopieer je het A4'tje en beschik je allebei over het plan voor de volgende periode. Bovendien heb je alle informatie om later het detailplan bij te kunnen werken. Zo stem je samen kraakhelder de werkzaamheden en voortgang af, gebaseerd op management by objectives. Door kritisch door te vragen voorkom je de blinde vink.

In 16 gesprekken van een kwartier krijg je enorm veel informatie

Hoe lang duren deze gesprekken? Dat is afhankelijk van je eigen tijdsplaatje en de ervaring van jou en het teamlid. Maar een goed ingeregeld proces leidt vaak tot verrassende getallen. Zo had ik aanvankelijk vier teamleden en besteedde een uur per gesprek. Dat was aan de lange kant en ik pakte daardoor (ongewenst) ook veel inhoud mee. Vervolgens groeide de projectomvang naar acht. Mijn streven was maximaal een halve dag te spenderen en een half uur per gesprek bleek ook prima te voldoen. Ten slotte had ik projecten met zo'n zestien *direct reports*, vaak toch wel het maximale. Het was een pittig proces en ik was maandagavond bekaf, maar zestien gesprekken van elk een kwartier bleken mogelijk en gaven mij wekelijks een prachtig inzicht in de status van het project en van het moment!

2. Voortgangsoverleg met het team (dinsdagochtend)

Door de individuele besprekingen vooraf te laten gaan aan het teamoverleg zul je een aantal voordelen opmerken. Allereerst ben je zelf enorm goed voorbereid, waardoor de rol als voorzitter je prima af zal gaan. Verder ken je de meeste hoofdpunten al en dus beschik je over een uitstekende agenda voor het voortgangsoverleg. Ten slotte heb je in de individuele gesprekken de meeste details die later nodig zijn om het detailplan aan te passen al verzameld. Hierdoor kan het voortgangsoverleg zich richten op wat zinvol is voor de groep. Deze werkwijze is dus een mooi voorbeeld van 'het V-model toepassen in je eigen gedrag', zoals behandeld in paragraaf 3.5.

Het voortgangsoverleg hoeft dus niet langer te duren dan nodig. Plan het bijvoorbeeld voorafgaand aan de lunch, van 11:00 tot 12:30 uur, waardoor iedereen automatisch een belang heeft om de discussies kort en bondig te houden. Aan bod komen de hoofdpunten en de onderwerpen met onderlinge afhankelijkheden tussen de teamleden. Verder is dit de plek om correctieve acties te bespreken, zodat je de kennis van het team gebruikt en de afstemming borgt. Gebruik de diversiteit van het team ook om de blinde vink te voorkomen en bespreek van opgeleverde resultaten wat de impact is op de kritische parameters.

Besluiten nemen is één, nu nog vasthouden

Maak vervolgens een update van de risicomanagementtabel (figuur 8.5), zodat ook *risicomanagement* deel uitmaakt van de PDCA-cyclus. Ten slotte is het handig om af te sluiten met het agendapunt *wijzigingsbeheer*. Daarmee voorkom je dat je hiervoor een aparte (wekelijkse) meeting moet houden en je zorgt dat alle besluiten en acties meegenomen kunnen worden in de update van het detailplan.

Wijzigingsbeheer komt uitgebreid aan bod in paragraaf 10.3. Hoe het dagelijkse teamoverleg bij Scrum wordt uitgevoerd, volgt later deze paragraaf in 'hoe werkt dat dan bij Scrum?'

3. Update detailplan

Aansluitend staat de dinsdagmiddag in het teken van het aanpassen van het detailplan in de planning tool, het maken van beknopte notulen en het communiceren van beide documenten. Check, Act en eigenlijk ook de volgende Plan van de PDCA-cyclus zijn daarmee in een zo kort mogelijke tijd doorlopen. Je hebt een mooie '400m-passage' uitgevoerd in je project inclusief de communicatie van de rondetijden en instructies voor het vervolg. De rest van de week kunnen je team en jijzelf focus leggen op het uitvoeren van het werk van de volgende ronde, de Do van de PDCA.

Als het detailplan is opgezet volgens de tips uit paragraaf 6.4, zou het aanpassen relatief eenvoudig moeten zijn. Bovendien heb je door stap 1 en 2 alle informatie beschikbaar: je weet welke activiteiten zijn afgerond, welke deelresultaten zijn opgeleverd, wanneer de intakes gepland staan, hoe niet-afgeronde zaken gecorrigeerd gaan worden en welke activiteiten er moeten worden toegevoegd aan het detailplan. Daarmee is de update in de planning tool eigenlijk een administratieve activiteit geworden, die in een uur of twee kan worden doorgevoerd:

Neem alle acties mee in je detailplan: hou één overzicht!

afvinken, herplannen en aanvullen van deelresultaten en activiteiten, zie ook figuur 10.4. Deze figuur toont hoe je niet-afgeronde werkzaamheden opnieuw plant, waarbij de intakes, activiteiten en deelresultaten verticaal zijn gestapeld per week.

Overigens ben ik zelf zwart-wit als het gaat over de vraag welke acties in de detailplanning moeten belanden: ALLE! Ik hecht namelijk veel waarde aan het onderhouden van slechts één overzicht en dat is het detailplan. *De acties die volgen uit risicomanagement, wijzigingsbeheer en de actiepuntenlijst voeg ik daarom ook toe aan het detailplan*, waardoor ze automatisch landen in de geëxporteerde to do-lijstjes van de medewerkers en daarmee in de individuele voortgangsgesprekken op maandagmiddag.

4. Communiceren voortgangsrapportage en detailplan

Maak na het bijwerken van het detailplan ook meteen de voortgangsrapportage, zodat je de 400m-passage ook echt kunt afsluiten. Dat kan beknopt omdat het bijgewerkte detailplan al de meeste informatie bevat. In figuur 10.5 staat een voorbeeld van de inhoud van de voortgangsrapportage. Start met een opsomming van afgeronde activiteiten en opgeleverde resultaten. Vervolgens wat dit betekent voor de status van het project. Vaak leent een grafische weergave zich hier het best voor. Zie paragraaf 10.4 voor inspiratie op het gebied van grafische statusrapportages van activiteiten, resultaten, tijd, geld, risicomanagement en wijzigingsbeheer. Natuurlijk is het belangrijk dat de uit te voeren werkzaamheden voor de komende periode duidelijk zijn. Dat doe je door de update van het detailplan (bijvoorbeeld een MS Project-file) en de extractie van activiteiten (meestal een Excel-file) toe te voegen. Ten slotte toon je de bijgewerkte status van de risicomanagementtabel (figuur 8.5), een

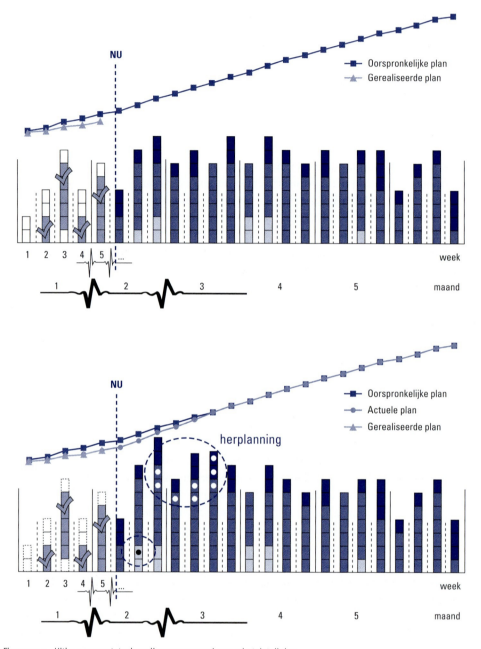

Figuur 10.4 Uitleg proces statusbepaling en aanpassing van het detailplan

overzicht van resterende issues en de besluiten op het gebied van wijzigingsbeheer. Deze laatste twee kunnen in tabelvorm, maar bij grotere projecten zal dit vaak een verwijzing zijn naar een database.

Afsluitend nog even aandacht voor de *besluitenlijst*. Dit is een krachtig hulpmiddel voor het communiceren van besluiten, maar vooral om er later aan vast te houden. In tegenstelling

- ☐ Uitgevoerde (belangrijkste) activiteiten afgelopen periode
- ☐ Opgeleverde resultaten (deliverables) afgelopen periode
- ☐ Status plan: status activiteiten en resultaten versus plan
- ☐ Status tijd en geld versus plan
- ☐ Update detailplan (bijlage): uit te voeren activiteiten komende periode
- ☐ Update risicotabel
- ☐ Update status issues: testissues, design issues etcetera
- ☐ Update status wijzigingsbeheer: verzoeken, impact, besluiten
- ☐ Actiepuntenlijst
- ☐ Besluitenlijst

Figuur 10.5   Inhoud wekelijkse voortgangsrapportage

tot de actielijst waarbij wat afgerond is van 'de radar' verdwijnt, blijven alle besluiten zichtbaar tijdens het hele project. Dat helpt later om snel onderscheid te kunnen maken tussen zinvolle en onnodige discussies. Verwijs bij hernieuwde discussies naar de besluitenlijst en vraag wat er veranderd is ten aanzien van de situatie van toen. Ervaar zo wat een eenvoudig overzicht, zoals in figuur 10.6, in je voortgangsrapportage doet bij communicatie en het voorkomen van latere onrust en verwarring.

Datum [jaar.wk.nr]	Beschrijving besluit
2016.02.1	...
2016.15.1	...
2016.15.2	...
2016.17.1	...
2016.18.1	...

Figuur 10.6   De besluitenlijst als onderdeel van de voortgangsrapportage

Met het rondsturen van de voortgangsrapportage, het bijgewerkte detailplan en de geëxporteerde to do-lijstjes rond je de PDCA-cyclus van deze projecthartslag af en leg je de basis voor een strakke volgende ronde.

5. De rest van de week: werkzaamheden uitvoeren
Ik vertelde dat je de complete PDCA-cyclus, van het verkrijgen van inzicht in de projectstatus tot en met het communiceren van het bijgewerkte plan, in 25% van je tijd moet kunnen uitvoeren. Dat vraagt wel om oefening en vooral om het nemen van de regie. Maar lukt dat eenmaal, *dat ben je net zo wendbaar en doelgericht als de TomTom*. De rest van de week heb je 'over' om werkzaamheden uit het plan uit te voeren en ondersteuning te bieden waar het nodig is; je kunt voldoende tijd besteden aan de *belangrijke* zaken en alleen betrokken zijn bij *urgente* zaken die ook echt niet te voorzien waren. Een praktijkvoorbeeld dus van de toepassing van Coveys derde eigenschap.

En hoe werkt dat dan bij Scrum?
Bij Scrum werkt het voorgaande bijna hetzelfde. Alleen krijg je steun van het Scrum-proces bij het invullen van de tips REGELMAAT, MOMENT en INDIVIDU versus GROEP door het teamoverleg dat zelfs dagelijks plaatsvindt. Dat betekent dat de items die we

behandelden bij stap 1-3 worden ingevuld in deze daily stand-up meeting. De teamleden beantwoorden daarbij de volgende vragen (Sutherland, 2014):
- Wat heb ik gisteren gedaan om het team te helpen de sprint te voltooien?
- Wat ga ik vandaag doen om het team te helpen de sprint te voltooien?
- Welke obstakels zie ik voor mezelf of voor het team om de sprint te voltooien?

Het Scrum teamoverleg zorgt zelfs dagelijks voor een statusupdate (stap 1-3)

De daily stand-up meeting biedt meteen een update van de status van het Scrum (deel)project, waarbij gebruikgemaakt wordt van visuele hulpmiddelen zoals een Scrum whiteboard met bijvoorbeeld magnetische scrumcards voor het noteren van de user stories (in plaats van hulpmiddelen als in figuur 10.3). Het overleg wordt gefaciliteerd door de scrum master, waardoor de focus van de projectmanager veel meer op project- dan op activiteitenniveau kan liggen. Zoals het voorbereiden van sprints (van product backlog naar sprint backlog), het evalueren van het proces (de sprint retrospective) en het creëren van de juiste randvoorwaarden voor het team. Moet de projectmanager aanwezig zijn bij de daily stand-up meeting? Voorkeur is vaak juist van niet, want als de projectmanager de leiding neemt, dan is de zelfsturing van het team verdwenen. De keuze hierin hangt onder meer af van de capaciteiten van het team en het vermogen van de projectmanager om zich als luisteraar op te stellen in plaats van als bestuurder (zie ook Robert Quinn's concurrerende leiderschapsstijlen in paragraaf 4.4).

Hoewel de teamleden zelf dagelijks communiceren, blijft communicatie naar andere betrokkenen wel gewenst. Communicatie van de statusrapportage (stap 4) door de projectmanager blijft dus belangrijk voor een strakke 400m-passage in de week. Er ligt daarbij voor de projectmanager vooral een uitdaging om zich niet te veel te laten meeslepen door de dagelijkse updates, maar alles op te sparen tot dat ene wekelijkse communicatiemoment.

PDCA in de praktijk met de stuurgroep
Als de (wekelijkse) heartbeat op projectniveau goed draait, heb je controle over het belangrijkste doel van de uitvoeringsfase: het realiseren van de (deel)resultaten. Wat dan nog rest, is de wisselwerking met de stakeholders, uiteraard niet onbelangrijk. Zo belangrijk zelfs, dat je eigenlijk iedere dag tijd moet overhouden voor stakeholdermanagement. Maar dat is iets anders dan iedere dag bezig zijn met (reactief) rapporteren...

Want juist richting je stakeholders is het belangrijk om ritme op te bouwen. Met als doel dat je niet te pas en te onpas gestoord wordt, maar men geduldig en met vertrouwen wacht op de volgende 400m-passage. Deze hartslag heeft vaak een maandelijks karakter, hoewel in een zeer dynamische omgeving tweewekelijks ook niet ongewoon is. Een mogelijke invulling van de PDCA-cyclus met de stuurgroep is weergegeven in figuur 10.7.

Bij de rapportage naar de stuurgroep gaat het om andere informatie dan bij de rapportage naar het eigen team. Het gaat minder over het afleggen van de route en meer over de consequenties voor het einddoel. Want dat is wat de stakeholders interesseert. *Doe je dit goed, dan*

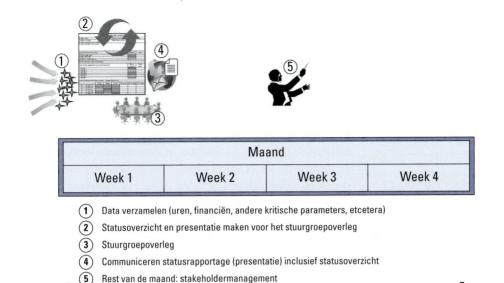

Figuur 10.7 PDCA-activiteiten in de praktijk richting de stuurgroep

stijgt je saldo op de emotionele bankrekening bij de stakeholders en krijg je vertrouwen. En dus de vrijheid om het proces naar eigen inzicht in te regelen. Eén keer per maand een goede integrale statusupdate is veel efficiënter en effectiever dan verspreid over de maand statusinformatie verschaffen als een hoop 'losse flodders'.

1. Data verzamelen

Verzamel de data één keer per periode en in een zo kort mogelijke tijd. Vaak is dit op het einde van de maand, omdat dan de (officiële) cijfers vrijkomen uit de andere processen, zoals de financiële maandafsluiting. Het heeft veel voordelen om (formele) data van de officiële kanalen te gebruiken: je hoeft ze zelf niet op te zoeken én je zorgt ervoor dat de getallen in je rapportage overeenkomen met de officiële cijfers. Je zou niet de eerste zijn die met veel inspanning zelf de financiële status berekent en dan in het stuurgroepoverleg discussie krijgt met  de controller omdat deze afwijkende financiële cijfers heeft. Ben 'bewust lui' en lift mee op de resultaten van anderen. *Regie nemen betekent niet dat je zélf de actie hebt, vaak juist niet!*

Vaak zal je er wel iets voor moeten doen om de data op de juiste manier en op het juiste moment te ontvangen. Als ze op de vierde dag van de maand beschikbaar zijn en je moet de derde dag rapporteren, dan heb je een uitdaging. Maar voorkom dat je het wiel zelf gaat uitvinden. Ga praten met de controller en leg uit dat je de officiële data wilt gebruiken voor jouw rapportage, maar dat deze een dag te laat beschikbaar zijn. Wedden dat de controller jou twee dagen eerder een tussenversie kan sturen waardoor jij vooruit kunt? Waarom? Omdat het vaak verfrissend en motiverend is voor een controller, als een projectmanager niet

Tijd en geld zijn meestal lagging indicatoren

klaagt over de informatiesystemen, maar juist zijn best doet om er iets aan te hebben. In dat kader is de financiële controller een belangrijke stakeholder om mee te nemen in je stakeholdermanagement. Een goede relatie levert je veel plezier op als projectmanager. Ook dit is factor 10-gedrag!

Uiteraard zijn financiële data en updates over mijlpalen zeer belangrijk, maar leer je aan om in de maandrapportage óók de update van de overige kritische parameters mee te nemen. Want juist deze leading indicatoren vertellen iets over de echte status van de projectresultaten en helpen om tijdig bij te sturen. Kunnen beschikken over een integraal dataoverzicht zorgt ervoor dat je een degelijke 400m-passage kunt uitvoeren, met een statusoverzicht waar je een maand lang naar kunt verwijzen tot de volgende maandrapportage.

2. Statusoverzicht en presentatie maken voor de stuurgroep

Zet de verzamelde data in één statusoverzicht, waarbij je aangeeft in hoeverre de waarden overeenkomen met het plan en wat de consequenties zijn voor het eindresultaat. Je kunt dit doen zoals is weergegeven in figuur 10.8. Dit statusoverzicht is een doorvertaling van de project charter richting de uitvoeringsfase. Het bevat alle informatie die projectscope en projectstatus ten opzicht van het eindresultaat duidelijk maakt: tijd, geld, belangrijke tussenresultaten en de status van de kritische parameters. Van deze laatste categorie zijn doelstelling (oorspronkelijk plan) en gerealiseerde waarde (actueel) in de tijd zichtbaar gemaakt, waardoor er focus is op de trend tijdens het hele traject van het V-model. In het statusoverzicht kun je uiteraard ook met stoplichten werken: maak het veld met de actuele waarde groen, oranje, rood, op basis van de waarde ten opzichte van het (oorspronkelijke) plan.

Als je je projectstatusoverzicht voor elkaar hebt, kun je eigenlijk elke stuurgroep aan. Je bent goed voorbereid, kent de status van het project ook kwantitatief én weet de beste route tot het eindpunt. Rest je alleen nog om dit beknopt weer te geven in een statusrapportage, vaak een presentatie die je toont tijdens het stuurgroepoverleg. In deze presentatie komen de data uit het statusoverzicht aan de orde en zoek je de dialoog op met de stuurgroep omtrent wijzigingen, risicomanagement en andere te nemen besluiten. Want wellicht heb je wel voorstellen voor een 'alternatieve route' of dienen er knopen te worden gehakt door de opdrachtgever. Logische onderwerpen voor de statusrapportage staan in figuur 10.9. Probeer de presentatieopbouw iedere maand gelijk te houden, met liefst één slide per onderwerp. Zo

Verander jezelf van rapporteur in beïnvloeder

went je publiek aan jouw hoge ritme, je sterke 400m-passages en zal de stuurgroep je de rest van de maand met rust laten. Voorbeelden voor de grafische invulling van de statusrapportage volgen in paragraaf 10.4.

3. Stuurgroepoverleg

In paragraaf 2.3 concludeerden we: 'Het informeren van je stakeholders is geen verplichting maar een kans.' Die kans krijg je nu dus bij het rapporteren aan de stuurgroep. Ervaar

Projectstatusoverzicht		
Projectnaam:	**Projectnummer**	
Projectmanager:	**Rapportage week: 2016.xx**	
Opdrachtgever:		
Projectdoelstelling en scope		

Financiële status en timing	Actueel	Plan
Projectbudget [euro]		
Projecturen [uren]		
Einddatum project [jaar.wk]		
Status resultaten (key deliverables)		
Deliverable (gesorteerd op oplevermoment):	Datum (actueel)	Datum (Plan)
- resultaat 1		
- resultaat 2		
- resultaat 3		
- resultaat 4		
- resultaat 5		
- resultaat ...		

Status kritisch parameters (actueel / oorspronkelijk plan)						
	31-Jan	28-Feb	31-Mar	Q2 (30 jun)	Q3 (30 sep)	Q4 (31-dec)
- KPI 1 (actueel/plan)	(.../...)	(.../...)	(.../...)	(.../...)	(.../...)	(.../...)
- KPI 2 (actueel/plan)	(.../...)	(.../...)	(.../...)	(.../...)	(.../...)	(.../...)
- KPI 3 (actueel/plan)	(.../...)	(.../...)	(.../...)	(.../...)	(.../...)	(.../...)
- KPI 4 (actueel/plan)	(.../...)	(.../...)	(.../...)	(.../...)	(.../...)	(.../...)
- KPI ... (actueel/plan)	(.../...)	(.../...)	(.../...)	(.../...)	(.../...)	(.../...)
- KPI ... (actueel/plan)	(.../...)	(.../...)	(.../...)	(.../...)	(.../...)	(.../...)
- KPI ... (actueel/plan)	(.../...)	(.../...)	(.../...)	(.../...)	(.../...)	(.../...)
- KPI ... (actueel/plan)	(.../...)	(.../...)	(.../...)	(.../...)	(.../...)	(.../...)

Figuur 10.8   Maandelijks statusoverzicht voor communicatie op stuurgroepniveau

- ☐ Status fases en timing (actueel versus plan)
- ☐ Status key deliverables (actueel versus plan)
- ☐ Status financiële data (actueel versus plan)
- ☐ Status kritische parameters (actueel versus plan)
- ☐ Status resources (actueel versus plan)
- ☐ Status projectrisico's
- ☐ Wijzigingsbeheer en andere te nemen besluiten

Figuur 10.9   Inhoud statusrapportage (presentatie) voor de stuurgroep

hoe je door een goede voorbereiding een beïnvloeder wordt. Dat doe je door vooraf een goed projectstatusoverzicht te maken, maar ook door toepassing van *stakeholdermanagement tijdens* en *voorafgaand* aan het overleg! Zorg dat stuurgroepleden niet verrast worden door je presentatie. Even een kwartiertje afstemmen vooraf met een kritisch stuurgroeplid doet wonderen en maakt van een tegenstander een bondgenoot. Bereid mensen voor op je verhaal en bereid ze voor op het nemen van besluiten. Realiseer je verder dat gelijk hebben iets anders is dan gelijk krijgen en maak gebruik van Quinns concurrerende leiderschapsstijlen. Wissel de rollen af als bestuurder, producent, bemiddelaar, innovator, stimulator, coördinator en controleur.

4. Communiceren statusrapportage en statusoverzicht
Sluit de 400m-passage krachtig af door na het stuurgroepoverleg de presentatie met genomen besluiten en het projectstatusoverzicht te communiceren naar de stuurgroepleden en de overige stakeholders. Hiermee heb je je PDCA-cyclus afgerond en heb je je handen vrij voor de volgende periode van de heartbeat.

5. De rest van de maand: stakeholdermanagement
Door het in korte tijd doorlopen van statusanalyse, rapportage en communicatie heb je de rest van de maand vrijgemaakt voor belangrijke zaken: proactief stakeholdermanagement. De kwaliteit van het projectstatusoverzicht én je eigen leiderschap bepalen of het je ook gaat lukken om geen tussentijdse analyses te hoeven doen. Verwijs je halverwege de maand met een krachtig verhaal naar het statusoverzicht van afgelopen periode of laat je je verleiden tot het maken van een 'tussenstand' die eigenlijk geen extra informatie biedt maar wel veel tijd kost? Dit zal een groeiproces zijn, maar je hebt wel de basis gelegd om van projectrapporteur te veranderen in een projectbeïnvloeder.

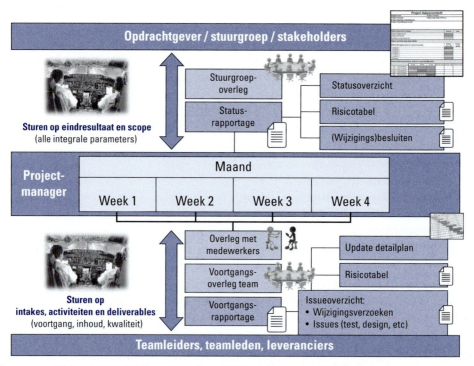

Figuur 10.10 Totaaloverzicht activiteiten en rapportages richting projectteam en stakeholders

10.3 Wijzigingsbeheer

Het enige dat niet verandert, is dat alles steeds verandert, ook in projecten. Daarom kun je nog zo'n goed detailplan hebben, als je scopewijzigingen niet herkent of niet adresseert, zul je de gewenste projectdoelen niet realiseren. De projectscope is initieel vastgelegd in de project charter en wordt later geformaliseerd in het projectmanagementplan, het contract tussen projectmanager en opdrachtgever. *Wijzigingsbeheer* is het proces dat zorgdraagt voor het beheerst omgaan met wijzigingen.

Ook als wijzigingen geen gevolgen hebben voor de scope van het project dienen ze te worden beheerst; als een projectmedewerker een andere dag beschikbaar is dan was gepland, heeft dit doorgaans geen gevolgen voor het projectresultaat, maar de aanpassing dient wel te worden gecommuniceerd. En afgeronde projectresultaten kunnen worden gewijzigd om verbeteringen door te voeren: de update hoeft geen voorpaginanieuws te zijn, maar dient wel te worden afgestemd en gedocumenteerd.

Wijzigingen zijn zelf niet het probleem, het ongecontroleerd doorvoeren wél

Bovenstaande laat al zien dat wijzigingen niet per definitie slecht zijn. Ze horen bij het (project)leven. En er zijn ook wijzigingen die je project juist helpen. Het is daarom niet verstandig om meteen defensief te reageren als veranderingen de projectscope of je detailplan bedreigen. Het is weliswaar beschermend, maar vaak ook inflexibel en niet in het belang van de opdrachtgever of het projectdoel. De moderne projectmanager wordt juist gekarakteriseerd doordat deze professioneel met wijzigingen om kan gaan, of ze zélf initieert als dat beter is voor het projectresultaat. En dat deze de belangen van zichzelf en de stakeholders daarbij integraal behartigt, conform Coveys win-win. Niet alleen in Agile projecten, maar óók in projecten op traditionele leest.

Het wijzigingsproces en de change control board

Om gestructureerd om te gaan met wijzigingen is het verstandig om het wijzigingsproces uit figuur 10.11 toe te passen. Dit proces is doorspekt van gezonde logica. De uitdaging zit hem dan ook vooral in de uitvoering: het herkennen, analyseren, het nemen van besluiten, de juiste communicatie, én... het proces al vanaf de projectstart actief te gebruiken! Want doe je dat laatste niet, dan wordt wijzigingsbeheer reactief *damage control* in plaats van proactief management. In het voorbeeld van de TomTom in hoofdstuk 2 zou dat betekenen dat je er pas mee start als de aankomsttijd opgelopen is tot 10:03 uur in plaats van meteen bij de eerste aanpassing van 9:48 uur naar 9:51 uur door een file op de route. Zorg dus dat je élke wijziging meteen op de radar hebt en in dezelfde slag van de heartbeat actie neemt.

 Reageer jij ad hoc op wijzigingen of let en stuur je actief hierop?

Het wijzigingsproces is dus eigenlijk een standaardcyclus, ofwel *change lifecycle*, die elke wijziging dient te doorlopen: indienen, onderzoeken, besluit nemen en doorvoeren. Door deze momenten van de lifecycle een statusbenaming te geven wordt het mogelijk om status en voortgang te monitoren. Zorg daarom dat alle wijzigingsverzoeken apart in een overzicht of database staan en kijk wekelijks voorafgaand aan het voortgangsoverleg welke er nieuw zijn, welke zijn onderzocht en een besluit nodig hebben en welke zijn doorgevoerd. *Zo maak je een in beginsel verstorend en vaag proces toch overzichtelijk en beheersbaar.*

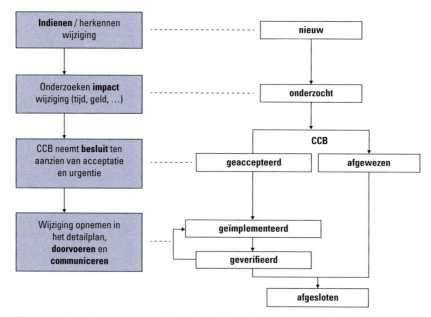

Figuur 10.11   Het wijzigingsproces (links) en de bijbehorende statusbenamingen (rechts)

Benoem de CCB zo vroeg mogelijk en zie dat het tijd, geld én rust oplevert

Wie heeft de regie in het wijzigingsproces? De projectmanager, jij dus, maar je hoeft het niet alleen te doen. Daar heb je de *change control board (CCB)* voor, in PRINCE2 ook wel *Wijzigingsautoriteit* genoemd. De change control board neemt besluiten, stelt prioriteiten en beheert de database (of lijst) met wijzigingen. De samenstelling van de CCB moet zodanig zijn, dat deze dat ook kan uitvoeren. Voor wijzigingen die binnen de projectscope vallen is er een *project-CCB*. Daarin zit je zelf en zul je leden toewijzen die inhoudelijk begrijpen wat de impact is van wijzigingen (bijvoorbeeld een architect) en leden die begrijpen wat de gevolgen zijn voor het eindresultaat (bijvoorbeeld een product manager). Het is praktisch om de project-CCB voorafgaand of aansluitend aan het voortgangsoverleg te laten plaatsvinden, zodat je draagvlak van het team hebt en alle items actueel zijn als je het detailplan aanpast. Bij Scrum doe je dit meestal in de daily stand-up meeting. De CCB bepaalt of nieuw ingediende items moeten worden geanalyseerd en neemt een besluit ten aanzien van acceptatie, implementatie en urgentie. Hoewel het lijkt op extra overhead, is de project-CCB juist een slagvaardig en efficiënt mechanisme. Je voorkomt dat wijzigingen ongecoördineerd of ongecommuniceerd plaatsvinden. Of dat teamleden, hoewel goedbedoeld, afwijken van het plan zonder dat ze het totaaloverzicht hebben. En het is belangrijk voor de technische check: heeft de wijziging geen onvoorziene negatieve bijeffecten? Met de CCB maak je rollen en verantwoordelijkheden duidelijk en je integreert wijzigingsbeheer in de project-PDCA.

Voor wijzigingen die de projectscope veranderen is er een *CCB op stuurgroep-niveau*. Deze CCB heeft vaak dezelfde samenstelling als de stuurgroep, waardoor wijzigingsbesluiten logischerwijs meestal tijdens de maandelijkse rapportage aan de stuurgroep worden afgehandeld.

Wijzigingsbeheer in de praktijk
Als ik een projectmanager vraag waarom het project geen CCB heeft, krijg ik vaak het antwoord: 'We hebben nauwelijks wijzigingsverzoeken van de klant, dus we doen het ad hoc.' Kennelijk hangt er aan formeel wijzigingsbeheer een bureaucratisch sfeertje, dat je alleen moet toepassen als het echt niet anders kan… Een gemiste kans, want als je er op let, dan wemelt het in elk project van de wijzigingen, zij het dat deze vaak onbewust zijn of onopgemerkt blijven. En een schijnbaar kleine wijziging van de klant kan een lawine van aanpassingen veroorzaken in deelcomponenten. Iets hoeft geen wijziging te zijn van de scope, maar kan dat nog wel zijn voor het plan!

Is het geen wijziging voor de scope, dan kan het dat nog wel voor het plan zijn

Denk bijvoorbeeld aan een teamlid dat iedere week zijn afgesproken werkzaamheden niet afheeft, omdat hij problemen die worden geconstateerd bij het testen al oplost. Van de ene kant is dit een mooi voorbeeld van het nemen van eigen initiatief, maar moeten alle problemen wel worden opgelost? En zo ja, moet dat nu met hoge prioriteit? Op dezelfde manier komt het voor dat teamleden het product gepassioneerd mooier maken dan gewenst is. Ook dit heeft een kant die te prijzen is, maar de vraag is of er daardoor niet belangrijkere zaken blijven liggen én of de opdrachtgever er wel op zit te wachten of er misschien juist extra voor zou moeten betalen. *Better is the enemy of good!* Kortom, zelfsturing van teamleden is waardevol, maar als je als projectmanager geen grip meer hebt op het *wat* van je project heb je een probleem. Door niet alleen wijzigingsverzoeken van de opdrachtgever als een wijziging te zien, maar alle oppoppende extra taken en deliverables, krijgt wijzigingsbeheer en de project-CCB ineens een geheel andere positie in het project. Je hebt dan een detailplan dat alle bestaande afspraken adresseert én een wijzigingsproces dat gedreven door de heartbeat steeds zorgt dat veranderingen transparant en gecontroleerd worden toegevoegd aan dat detailplan. In Scrum worden deze afspraken uiteraard vastgelegd in de product backlog (user stories én defects) en worden de taken afgestemd in de sprint planning meeting en de daily stand-up meetings.

Om het nog concreter te maken heb ik in figuur 10.12 vier soorten wijzigingen weergegeven. Hiervan hebben er twee altijd impact op de projectscope (meerwerk en meer leveren dan gevraagd) en spelen de andere twee zich af binnen de projectscope. De project-CCB heeft alle items wekelijks op de radar staan. Door de vragen te stellen, 'Wie of wat was de veroorzaker?', 'Vraagt het extra werk?' en 'Levert de wijziging de klant meerwaarde?' kun je

Type wijziging	Oorzaak	Invloed op plan	Invloed op waarde voor klant	Rol project-CCB (voorzitter: projectmanager)	Rol stuurgroep-CCB (voorzitter: opdrachtgever)
Meerwerk uitvoeren	Verzoek van de klant	Werk neemt meestal toe	Neemt toe	Onderzoekt consequenties en bereidt besluit voor.	Neemt besluit (inclusief scope aanpassing).
Tegenvaller (technisch, organisatorisch) opvangen	Divers	Werk neemt toe of verstoort de uitvoering	Gelijk (mits je de tegenvaller oplost)	Neemt besluit en lost probleem binnen project op. (geen scope-aanpassing)	Geen. Alleen betrekken indien de klant de veroorzaker is of als de tegenvaller grote invloed heeft op het eindresultaat. Stuurgroep wel informeren over succesvolle correctie.
Software bugs, testproblemen en andere **issues**	Uitkomst tests, inspecties, etc.	Geen, is begroot. (tot op zekere hoogte)	Gelijk (mits je het issue oplost)	Neemt besluit en lost probleem binnen project op. (geen scope-aanpassing)	Geen. Alleen betrekken indien omvang veel meer is dan begroot.
Meer opleveren **dan gevraagd**	Kans benutten of 'goldplating'	Werk neemt meestal toe	Neemt toe (maar niet op initiatief klant)	Bereidt besluit voor en voorkomt 'gratis' extra werk doen.	Neemt besluit of aanpassing van de scope (extra tijd of geld) akkoord is.

Figuur 10.12 Type wijziging en gevolgen voor opvolging door de project-CCB (binnen scope) en stuurgroep-CCB (buiten scope)

afleiden of beslissingen genomen moeten worden op project- of op stuurgroepniveau en hoe je de klant maar vooral ook je eigen project niet tekort doet.

Onverwachte gebeurtenissen en toch regie houden

Een goed draaiend wijzigingsproces voorkomt dus dat je achter de feiten aanloopt. Door je er niet tegen te verzetten, maar juist rekening te houden met veranderingen hou je regie in een dynamische omgeving. Dat regie nemen voordelen kan opleveren, laat figuur 10.13 zien. In plaats van alle wijzigingen ongefilterd het dagelijkse werk te laten verstoren, kan die verstoring ook enorm verminderd worden. Namelijk door te filteren, urgentie te bepalen én *modificatiefases* vooraf te plannen. Want ook al weet je niet *wát* er gaat veranderen, je kunt er vooraf wel rekening mee houden *dát* er wat gaat veranderen. Schat de omvang in, reserveer een 'veranderbudget' en plan modificatiefases. Door alleen kritische problemen meteen op te lossen (en het plan te laten verstoren), zorg je dat de overige correcties je plan niet verstoren. Uiteraard zolang de omvang niet groter wordt dan het voorspelde veranderbudget. Een mooi factor-10 hulpmiddel dat laat zien dat je ook Agile kunt werken in een traditionele omgeving!

Ook al weet je niet wat er verandert, je kunt wel plannen dat iets verandert

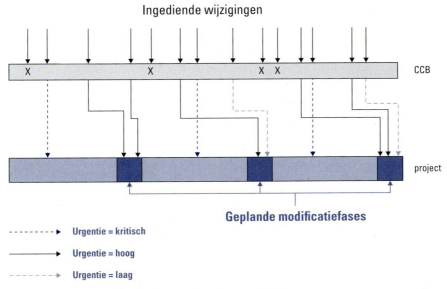

Figuur 10.13   Verstoring minimaal houden door vooraf te rekenen op wijzigingen

Omdenken: ontwikkelen is een opeenvolging van wijzigingen

Afsluitend leg ik de lat wat hoger. Al omdenkend kun je namelijk stellen dat de lifecycle van een te ontwikkelen functie ook een wijzigingsproces doorloopt vanaf het moment dat het nog een requirement is tot de acceptatie door de opdrachtgever. Hier zit niets onverwachts in, want je hebt het allemaal gepland, maar het kan wel zinvol zijn om status en voortgang zichtbaar te maken én om werkzaamheden te autoriseren. Als je namelijk alle te ontwikkelen functies in één overzicht zet en per item de status invult en aanpast bij de voortgangsgesprekken, heb je een overzicht waarmee je eenvoudig de projectstatus én de resterende werkzaamheden zichtbaar kunt maken.

Zeker bij softwareontwikkelprojecten werkt dit fantastisch vanwege het grote aantal onafhankelijk te implementeren functies, maar het kan bijvoorbeeld ook worden gebruikt bij het inkopen en samenbouwen van een prototype. Door daarbij statusmomenten toe te voegen als *gedefinieerd, besteld, ontvangen, ingebouwd* en *getest* kun je op onderdelenniveau zien wat nog niet geleverd is of wat nog getest moet worden. Uiteraard heb je voor dit soort wijzigingen geen CCB nodig, want de werkzaamheden zijn al geautoriseerd bij het goedkeuren van het projectmanagementplan. Je kunt de teamleden dus zelf de status laten aanpassen als ze een item afgerond hebben en dit bespreken bij het wekelijkse individuele overleg. Ook dit is een voorbeeld van Agile werken in een traditionele omgeving.

Er zijn vele tools op de markt waarbij je zelf de gewenste lifecycle kunt definiëren en die dit hele proces automatiseren (statuswijziging, statusanalyse en communicatie via e-mail naar belanghebbenden bij statusaanpassingen). Verder valt het je wellicht op dat wijzigingsbeheer

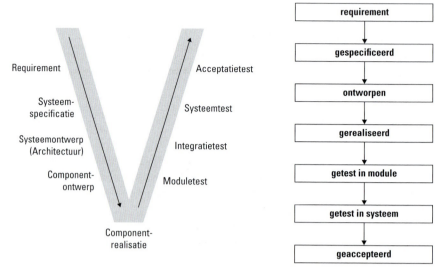

Figuur 10.14 De ontwikkel-lifecycle van requirement tot eindresultaat

op deze manier één-op-één aansluit bij *configuratiemanagement*. Je kent namelijk de status en dus de inhoud (configuratie) van alle deelresultaten en eindproducten. Het wijzigingsproces is zo eenvoudig uit te breiden tot een *configuratie- en versiebeheerproces*.

10.4 Status en resterende route zichtbaar maken

In paragraaf 10.2 heb ik uitgelegd hoe je de PDCA-cyclus met je team en met de stuurgroep in de praktijk kunt uitvoeren. In deze paragraaf volgen voorbeelden van de manier waarop je de status en het resterende werk grafisch zichtbaar kunt maken. Laat je inspireren en ervaar hoe dit kan helpen bij het aansturen van het team en het communiceren met de stakeholders.

Het vraagt om het nodige denkwerk, maar het is belangrijk om *data in informatie om te zetten*. Hoe toon je de projectstatus? Hoe zorg je dat de rapportage begrepen wordt door de stakeholders? Hoe maak je niet alleen gevolgen zichtbaar, maar ook de oorzaak? Hoe toon je het effect van scopewijzigingen? Hoe ben je servicegericht richting de stakeholders, maar zorg je ook dat zij overgaan tot de door jou gewenste actie?

Een slimme rapportagevorm voorkomt dat je je moet verdedigen

Goed en handig rapporteren is een vak. Altijd díe projectdoorsnede tonen die de vragen van de stakeholders beantwoordt, maar ook aanzet tot de juiste vervolgactie. Dat vraagt om inschattingsvermogen en presentatievaardigheden. Hoewel er niet één allesomvattende werkwijze is, geef ik graag de volgende tip: zorg dat je de boodschap kunt tonen in slechts één plaatje. Eén plaatje voor de projecttiming, één plaatje voor de financiën, één plaatje voor openstaande problemen etcetera. Dit plaatje mag zeker detail bevatten, maar het moet vooral begrijpelijk zijn en de conclusies haarscherp in beeld brengen. Dat zorgt ervoor dat je in minimale tijd je punt kunt maken en de regie houdt bij besprekingen. Want neemt de stuurgroep de regie, dan zit je ongewenst in de verdedigende rol. Zo blijkt dus ook het kiezen van het juiste rapportageformat factor 10-gedrag te kunnen zijn.

Rapporteren aan het projectteam

Het zal je niet verbazen; mijn voorkeur voor statusanalyse en rapportage is op basis van de PBS/WBS geprojecteerd op de heartbeat. Want alleen dan heb je het over het werkelijke afgeronde en resterende werk. Veel andere analysemethoden gaan uit van het budget, wat heb je daarvan gespendeerd en wat heb je dus nog over. Heb je geen WBS, dan kun je niet anders, maar je maakt dan niet duidelijk of het resterende werk ook echt gaat passen binnen het resterende budget. Zie ook paragraaf 8.1 over mijlpaalgedreven aansturing. De basis voor de grafische rapportage aan de teamleden is daarmee gelijk aan de basis van het individueel overleg uit paragraaf 10.2. De extractie van intakes, activiteiten en deliverables in tabelvorm kun je eenvoudig omzetten in een grafische variant zoals in figuur 10.15.

Ervaar de kracht van een grafisch afvinklijstje per doelgroep

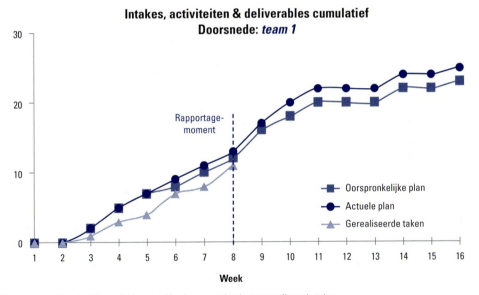

Figuur 10.15 Cumulatief overzicht op weekbasis van geplande en gerealiseerde taken

Welke elementen uit het detailplan worden gebruikt, bepaal je zelf. Voeg een kolom *tracking* toe aan je MS Project-file (of andere applicatie) en geef per taak aan (ja/nee) of je deze wel of niet wilt meenemen in de extractie (figuur 6.21) en de grafische rapportage (figuur 10.15). Op vergelijkbare wijze kun je andere doorsneden maken, zoals de getoonde status van de taken van een deelteam of enkel die taken die nodig zijn om het prototype te realiseren (figuur 10.16). Ervaar de kracht van het toespitsen van je rapportage op de doelgroep. Hoe specifieker deze is, hoe sneller men zich er mee zal kunnen identificeren en het overzicht zal omarmen als hulpmiddel. Verder zie je dat de rapportage ook zichtbaar maakt of het aantal taken (de scope) toegenomen is sinds de start van het project (actuele plan versus oorspronkelijke plan).

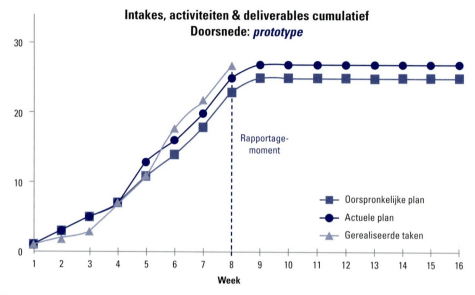

Figuur 10.16 Rapportage met taken om het prototype te realiseren

Aanvullend aan deze cumulatieve weekrapportage zijn rapportages zinvol die de status tonen *tijdens de uitvoering van een specifiek deelresultaat*, zoals een Scrum sprint of een testtraject. In figuur 10.17 staat een *Scrum burndown rapportage*. Deze geeft de dagelijkse voortgang van het sprintproces weer en wordt bijgewerkt na afloop van de daily stand-up meeting. Je ziet wanneer er taken worden opgeleverd en wat de invloed is op de sprint backlog. Ook worden de nog beschikbare uren van het team weergegeven. Een sprint burndown past mooi in je wekelijkse voortgangsrapportage. Op vergelijkbare wijze kun je andere rapportages maken op basis van het *countdown principe*, zoals de voortgang in beschikbaarheid van materialen nodig voor de start van een assemblageproces of de voortgang van een testtraject (figuur 10.18).

Bij het rapporteren aan het projectteam sluit ik af met de manier waarop je de status én de benodigde actie zichtbaar kunt maken bij processen die moeilijk te plannen zijn. In figuur 10.19 staat een zogenaamde *maturity grid*. Deze weergave maakt in één oogopslag de status duidelijk van 21 problemen die nog opgelost moeten worden en toont welke problemen prioriteit hebben (eerst de donkere en daarna de lichtgekleurde velden). Verticaal staat de voortgang van het probleem op basis

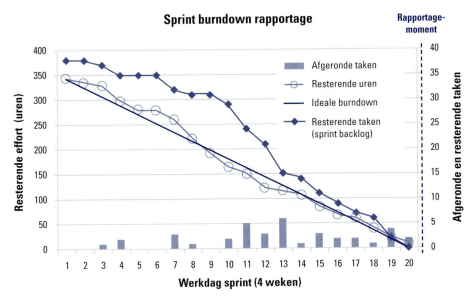

Figuur 10.17 Scrum burndown rapportage met sprint backlog en beschikbare uren

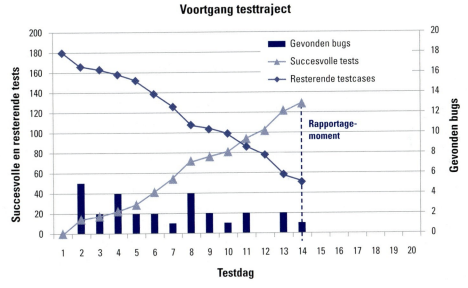

Figuur 10.18 De voortgang van een testtraject weergegeven als countdown proces

van de 8D-methode (hierover meer in paragraaf 10.5) en horizontaal welke impact het probleem heeft voor de klant. De maturity grid laat zien dat je ook bij onzekerheid inzicht in de status kunt geven en kunt tonen waar de aandacht en de actie moeten liggen.

Rapporteren aan de stuurgroep
Bij het rapporteren aan de stuurgroep kun je uiteraard gebruikmaken van dezelfde overzichten als bij het rapporteren aan het projectteam. Maar de focus ligt wel anders, namelijk op

Maturity grid

Ernst van probleem → 8D voortgang ↓	Veiligheids-probleem	Systeem buiten werking	Zware productie-onderbreking	Lichte productie-onderbreking	Geen invloed productie	Totaal
1D-2D Geen tijdelijke oplossing		2		1	1	4
3D Oorzaak onbekend	1	1	1	2		5
4D Oplossing onbekend			1		2	3
5D Oplossing nog niet geïmplementeerd	1	1	1	2		5
6D Herhaling probleem nog mogelijk		2	2			4
Totaal	2	6	5	5	3	**21**

Figuur 10.19 Rapportage en sturing bij het oplossen van problemen met de maturity grid

de status in relatie tot het einddoel en op het beheersen van de projectscope. Hier horen een aantal aanvullende overzichten bij.

De eerste weergave die ik je wil meegeven is een zeer voor de hand liggende, maar vaak onderschat: het projectoverzicht uit figuur 10.20. Dit overzicht is een doorontwikkeling van de projectstrategie uit het planningsproces, behandeld in hoofdstuk 5 (figuur 5.16). Met kleuren en het verlengen van activiteiten bij vertraging laat je in één oogopslag het totaaloverzicht en het tijdsplaatje van het project zien. Natuurlijk kun je ook de mijlpalen toevoegen. Deze weergave werkt goed als eerste plaatje om overzicht te bieden en de probleempunten aan te wijzen.

Om verder in te zoomen op het project kun je het cumulatief statusoverzicht van de projectdeliverables laten zien, zoals ook op teamniveau gebeurt (figuur 10.15 en 10.16). Kies hierbij wel andere doorsnedes, zoals *alle* projectdeliverables of de deliverables die moeten worden afgerond voor een belangrijk tussenresultaat voor de opdrachtgever.

Als je (delen van) het project Agile uitvoert, is het belangrijk om zicht te geven op de status van de product backlog. Dat kun je maandelijks doen met het backlogoverzicht uit figuur 10.21. Dit overzicht toont hoe de product backlog afneemt tijdens de sprints en of het project wat betreft oplevering van resultaten op schema ligt. Ook is zichtbaar of de projectscope verandert. In dit geval worden er in augustus 20 functies aan de product backlog toegevoegd.

Ook als je niet iteratief ontwikkelt, kun je de projectstatus op deze manier tonen. Voorwaarde is wel dat alle te ontwikkelen functies apart zijn gedefinieerd en dat elke functie een eigen ontwikkelstatus heeft zoals figuur 10.14 liet zien. Door elke maand in een overzicht als figuur 10.22 aan te geven welke functies een betreffende ontwikkelstatus hebben, is goed

The Final Countdown

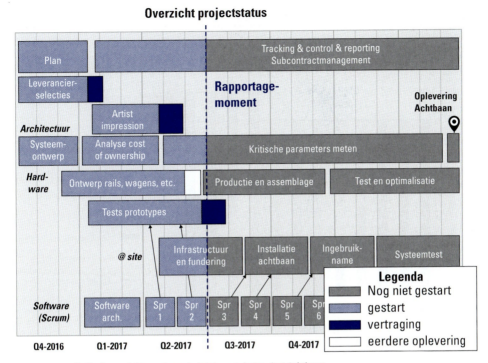

Figuur 10.20 Grafisch overzicht van de projectstatus van het project Achtbaan

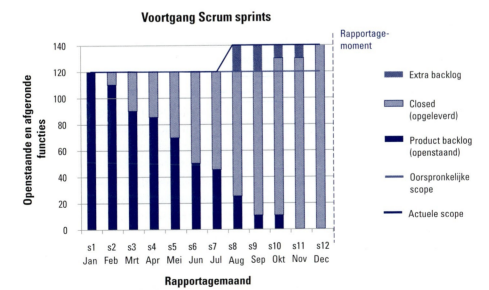

Figuur 10.21 Scrum sprintoverzicht met status product backlog per maand (en per sprint)

te zien in welke fase het project zich bevindt (specificatie, ontwerp, test, ...) en of er functies zijn die te weinig aandacht krijgen.

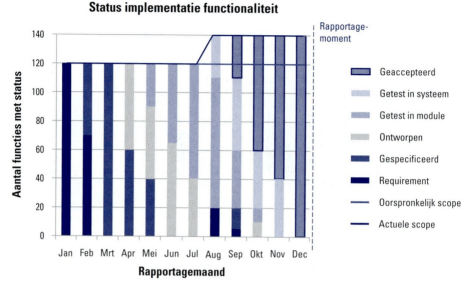

Figuur 10.22   Statusoverzicht per deelfunctie gerapporteerd op maandbasis

Inzicht in de status van te ontwikkelen functies is zinvol, maar we hebben eerder geconcludeerd dat alleen het tussentijds meten van de kritische parameters een echt voorspellend beeld geeft van het latere eindresultaat. Figuur 10.23 is een logische aanvulling op de eerder behandelde projectie van de kritische parameter op de projecthartslag. Afwijking van gemeten data ten opzichte van de voorspelde trendlijn geeft zo vroeg in het project signalen dat aanpassing van het plan gewenst is. In dit geval naar aanleiding van het testen van het opgeleverde eerste prototype.

Wellicht dat ik nu, door het gebrek aan sexy financiële overzichten, de indruk wek dat projectfinanciën van ondergeschikt belang zijn. Zeker niet, de financiële prestaties zijn van cruciaal belang voor het projectsucces en staan daarom niet voor niets prominent op de project charter en op het maandelijkse statusoverzicht van de projectmanager. Er valt alleen niet zo veel op te sturen, ze zijn vaak als *lagging indicator* het gevolg van de inhoudelijk voortgang van de intakes, activiteiten, deliverables en kritische parameters. Maar een strakke rapportage ten aanzien van geld en gespendeerde uren mag zeker niet ontbreken bij je rapportage aan de stuurgroep.

Voor de financiële status kun je je laten inspireren door figuur 10.24. Deze figuur laat de maandelijks gespendeerde projectkosten uit verschillende categorieën (mensen, materialen, ingekochte diensten enzovoort) zien én toont het budget dat nodig is om het eindresultaat te bereiken (costs-to-go). Door het actuele plan te vergelijken met het oorspronkelijke budget is ook zichtbaar wanneer kostenoverschrijdingen (of scopewijzigingen) werden geïntroduceerd, in dit geval in april.

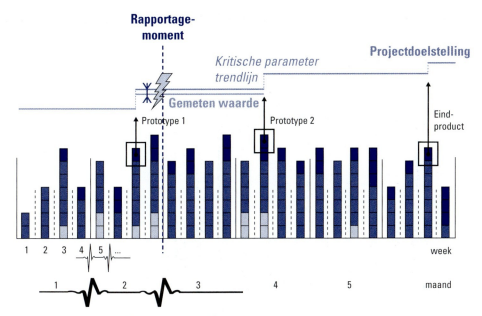

Figuur 10.23   Voorspelde trendlijn en gemeten waarde kritische parameter

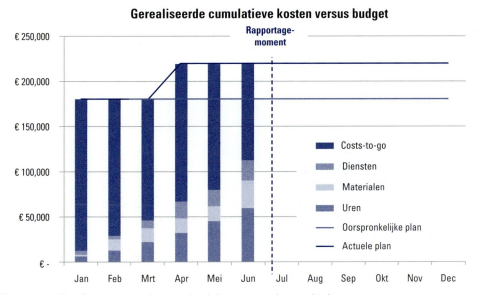

Figuur 10.24   Maandrapportage van de gespendeerde kosten versus de verwachte kosten

Voor grotere projecten is het urenoverzicht uit figuur 10.25 nog interessant; het toont zowel de maandelijks geplande projectbezetting per afdeling (rechts van de lijn 'rapportagemoment'), als de werkelijk geschreven uren (links van deze lijn). Zo zie je in één oogopslag zowel de afspraken voor de toekomst, als de daadwerkelijke gerealiseerde ureninzet in het verleden.

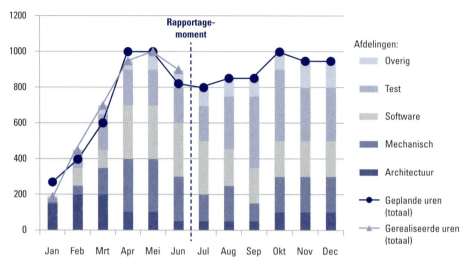

Figuur 10.25   Overzicht geplande (rechts van het rapportagemoment) en bestede uren (links van het rapportagemoment)

Werk je met een projectbuffer, dan kun je ter afsluiting gebruikmaken van de rapportage uit figuur 10.26. De trend van het gebruik van de projectbuffer geeft inzicht in het verwachte eindpunt van het project. Als de projectbuffer honderd procent wordt gebruikt, is het project exact op tijd afgerond. Hou je buffer over, dan is het project 'te vroeg' afgerond. In de figuur is voor drie mogelijke scenario's weergegeven hoe de gebruikte projectbuffer een voorspelling geeft van de projecteinddatum.

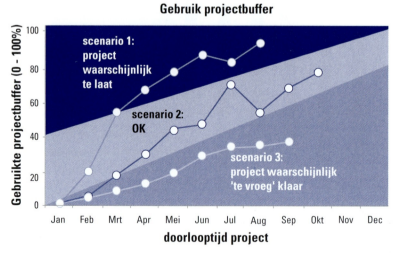

Figuur 10.26   Maandelijkse rapportage van de gebruikte projectbuffer

Zoals besproken in paragraaf 6.2 geldt voor het transparant presenteren van de projectbuffer dat de stuurgroep en de andere stakeholders het mechanisme moeten begrijpen én dat er onderling vertrouwen is. Wees dus niet naïef als projectmanager door op voorhand jouw projectbuffer te laten wegstrepen, of in scenario 3 het verwachte eerder opleveren als nieuw commitment gepresenteerd te krijgen. *Ook dan ben je de Sjaak!* Is de stuurgroep er niet klaar voor, kun je met je team nog steeds gebruikmaken van projectbuffers, maar is het verstandig ze niet expliciet te maken in de externe rapportages. Je stakeholders genieten dan nog steeds van een projectmanager die zijn doelen bereikt en de verwachtingen kan overtreffen, maar vernemen dat pas als het ook echt zo ver is.

10.5 Onzekerheden toch planbaar maken

Officieel is deze laatste paragraaf overbodig. Wat je moet weten om een project tot een goed einde te brengen is inmiddels besproken. Toch schuilt er nog steeds het gevaar dat je bij het maken van plannen verlamd raakt door de dingen die je nog niet weet. Hoewel de één er meer last van heeft dan de ander, herkent iedereen het wel: je raakt verstrikt in het uitzoeken van onduidelijkheden en ziet door de bomen het bos niet meer, waardoor je niet meer overgaat tot actie.

Ook al weet je veel nog niet, een plan kun je bijna altijd maken

Ik besprak in dit boek verschillende mogelijkheden om hiermee om te gaan, zoals het gestructureerd opknippen in kleine overzichtelijke brokjes met de PBS en de 10%-confrontatieregel die uitstel uitbant door vroege confrontatie stelselmatig in te plannen. En natuurlijk helpen Agile iteraties als er nog onduidelijkheden zijn in de projectscope. Toch is er nog een aantal extra plannings tips te bedenken die helpen bij het omgaan met onzekerheid en excuses uitbannen die gebaseerd zijn op de gedachte: *een plan is nog niet mogelijk, want ik weet nog te weinig...*

Consequenties voor het eindpunt
De planningstips om onduidelijkheden af te dekken gaan allemaal uit van hetzelfde principe: *het vaststellen van de omvang van de projectuitvoering is iets anders dat het kennen van alle detailactiviteiten.* De omvang (scope) dien je vroeg in het project vast te stellen tijdens de definitiefase, het detailplan pas wanneer de uitvoering ook daadwerkelijk start. Zo maak je bij PRINCE2 een projectplan op hoofdlijnen met daarin de omvang van alle fases tot het eindpunt en maak je voorafgaand aan een fase een gedetailleerd faseplan om de uitvoering aan te sturen. Dat onderscheid tussen het kennen van de omvang en van de detailactiviteiten zagen we ook al bij de schets met het team en het detailplan. Verlamming bij het maken van een plan komt vaak doordat men deze twee elementen door elkaar haalt en ze allebei tegelijk wil presenteren. Gevolg is dat het communiceren van de omvang dan veel te laat start en de

Denkfout: het bepalen van omvang en uitvoering is hetzelfde

stakeholders waarschijnlijk al verkeerde verwachtingen hebben. In deze paragraaf volgen tips voor het maken van een plan ondanks de volgende onduidelijkheden:
1. omvang en detail van projectdelen ontbreken nog
2. de stakeholders zijn niet besluitvaardig
3. er zijn verschillende projectscenario's

1 – Als details nog onbekend zijn
Situaties waarbij al veel duidelijk is maar een gedeelte van het project nog niet, komen veel voor. Zoals besproken is het niet verstandig om dit deel nog even te negeren in de communicatie met de opdrachtgever, of het moet goed uit te sluiten zijn van de projectscope. Maar wachten op duidelijkheid is vaak ook geen optie. Een mogelijke aanpak is om de omvang als stelpost in te schatten en mee te nemen in het plan én de rapportage (figuur 10.27). Deze stelpost kan betrekking hebben op uren, geld, doorlooptijd of andere benodigdheden en gevolgen.

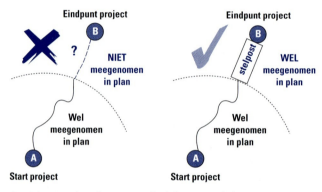

Figuur 10.27 Toepassing stelpost om de projectomvang af te bakenen en te beheersen

Een stelpost geeft beheersing zonder dat je de invulling al kent

In paragraaf 2.4 heb ik de stelpost al behandeld bij het voorbeeld van de uitbesteding van de verbouwing van de onderverdieping van een huis. De aannemer gaf hierbij een detailofferte af zonder dat bekend was welke radiatoren gebruikt gingen worden. Door de radiatoren als stelpost van 3.500 euro mee te nemen, kon het contract toch al getekend worden en de uitvoering gestart. Het is belangrijk dat de stelpost tijdens het hele project meegenomen wordt in de PDCA-cyclus richting de opdrachtgever. Elk rapportagemoment controleer je of de uiteindelijke kosten of tijd wel binnen het stelpostbudget zullen vallen, zie figuur 10.28. Het voordeel van deze werkwijze is dat je tóch van start kunt gaan met de projectuitvoering, zonder dat de gevolgen van zwakke specificaties op jouw bordje komen te liggen. Kortom, wat onduidelijk is, baken je af en behandel je geïsoleerd als reserveringsbudget. Dat deel van het project krijgt vervolgens een aparte behandeling, waarbij de projectmanager en de opdrachtgever *samen* hun verantwoordelijkheid kunnen nemen.

Uiteraard kun je dit mechanisme ook gebruiken voor andere situaties. Je kunt zo allerlei stelposten definiëren om onzekerheden te adresseren zonder dat je een blanco check uitschrijft. Een buffer om extra klantenwensen op te vangen bijvoorbeeld. In feite is het corrigeren van problemen gevonden bij het testen eenzelfde soort proces, net als de modificatiebuffers besproken bij wijzigingsbeheer. Door de correctiefase te budgetteren met een budget om bijvoorbeeld veertig problemen op te lossen, kun je tijdens de testfase al laten zien of er niet te veel problemen worden gevonden. Daarmee kun je al *anticiperen* in het project, ruim vóórdat de geplande correctiefase gestart is.

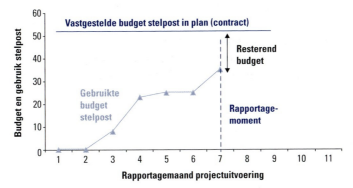

Figuur 10.28   Statusrapportage gebruikte deel stelpost tijdens projectuitvoering

2 – Als de opdrachtgever niet besluitvaardig is

Je herkent het vast wel. Het tijdsplaatje is kritisch, jij wilt vooruit, maar de opdrachtgever is de beperkende factor in het bieden van duidelijkheid en het nemen van beslissingen. Het stomste wat je dan kan doen, is de vaagheden van de opdrachtgever als een paard van Troje te accepteren, wat later de scope van je project opblaast. Maar wachten is meestal ook geen optie. Ook hier kun je werken met stelposten, maar vaak kan het nog eenvoudiger: bied besluiteloze opdrachtgevers geen keuzeoptie, maar doe zelf een voorstel. Je zult verrast zijn hoeveel

van je voorstellen met minimale opmerkingen geaccepteerd worden. Uiteraard is hiervoor wel vereist dat je als projectmanager echt de regie neemt en je inleeft in het domein en de belevingswereld van de opdrachtgever (Coveys vijfde eigenschap). Mijn ervaring is: bij keuzeprocessen is men overtuigd van de tien procent die men echt wil, de tien procent die men zeker niet wil, maar over de overige tachtig procent heeft men eigenlijk geen mening. Zorg dat je die tien procent do's en tien procent don'ts kent en stel voor de resterende tachtig procent een aanpak voor die ook jouw voorkeur heeft. *Zo heb je een belangrijk factor 10-element tot je beschikking!*

3 – Bij verschillende projectscenario's

Wat doe je als er nog geen besluit is over wel of niet te investeren in risicoreductie links in de V? De oplossing is vaak confronterend: toon niet alleen het scenario met de *investering*, maar ook het scenario met de *gevolgen* als de investering niet gedaan wordt, het risico dus. En daar zit vaak de boosdoener: die gevolgen kent de projectmanager niet altijd. Logisch dat het dan niet lukt om de opdrachtgever te overtuigen van het nut van investeren in risicoreductie!

De opdrachtgever investeert alleen als jij de voordelen toont

In figuur 10.29 probeer ik dit uit te leggen. Moraal van het verhaal: als je niet kunt uitleggen welke problemen (in dit geval 42.000 euro) een risicoreductie-actie van 5.000 euro oplost, dan heb je een *overtuigingsprobleem*. Het is niet vreemd dat de opdrachtgever 'gokt' op het bestaan van de stippellijnroute die beide kostenposten niet bevat. Investeer daarom in het inschatten van de gevolgen! Dit hoeft niet in detail, maar slechts in omvang en daarom kom je vaak al heel ver door een uurtje met de juiste kennisdragers te overleggen. Pas als de opdrachtgever moet kiezen tussen het 5k- en het 42k-scenario, mag je verwachten dat deze een verstandig besluit neemt. En wil de opdrachtgever de investering niet doen, dan rest jou niets anders dan de 42k-kostenpost op te nemen in het plan. Dit zal niet zonder slag of stoot gaan, maar zal leiden tot een discussie waarin jij goed voorbereid bent en wederom kunt ervaren wat factor 10-gedrag oplevert.

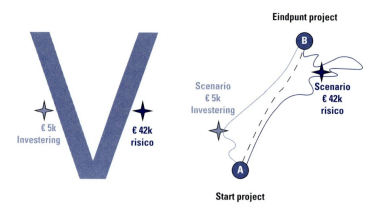

Figuur 10.29 Toon beide scenario's met consequenties tot het eindpunt

De 8D-methode

Het oplossen van problemen is bij uitstek een proces dat veel onzekerheden kent en daarom moeilijk planbaar en stuurbaar is. Afhankelijk van de omvang en context van je project kunnen er tientallen tot honderden van deze problemen zijn, variërend van klein tot groot en variërend in belangrijkheid. Er zijn problemen die optreden bij de eindgebruiker (vaak *field problems* genoemd), problemen in het productie- of logistieke proces en problemen die in het project zelf zijn ontdekt (bijvoorbeeld bij het testen). Het oplossen van problemen kan grote impact hebben op je project, zowel wat betreft benodigde capaciteit, door verstoring van het bestaande plan, maar zeker ook omdat de voortgang van de probleemoplossing soms moeilijk te voorspellen is.

De 8D-methode helpt om probleemoplossing gestructureerd uit te voeren en de voortgang meetbaar te maken. De methode is verspreid door Ford en kenmerkt zich door de acht logische stappen uit figuur 10.30. Deze stappen bieden structuur en rust wanneer er veel druk van buitenaf wordt ondervonden en buikgevoel de boventoon voert.

Figuur 10.30   Problemen gestructureerd oplossen met het 8D-proces

Zoals je kunt zien, zorgt de 8D-methode niet alleen voor een stappenplan, maar biedt ook inhoudelijke en strategische sturing. *Jumping to conclusions*, de neiging om meteen in oplossingen te denken, wordt voorkomen door eerst de juiste mensen aan boord te brengen en de probleemstelling goed te begrijpen (D1 en D2). Daarna volgt de D3-stap die elke crisis nodig heeft: het 'plakken van een pleister' om verdere escalatie te voorkomen. Het traject tot D3 heeft daarmee hoge urgentie en leidt tot een zichtbaar tussenresultaat. Echter, zo lang de

oorzaak niet bekend is, laat staan de oplossing, is er geen voorspelbaarheid over wanneer het probleem werkelijk opgelost is. De D4- en D5-fase bevinden zich daarmee op het kantelpunt van 'we weten niet hoe lang het duurt' en 'we hebben een plan'. Een kantelpunt dat essentieel is voor de communicatie naar de klant én voor de beheersing van de projectomvang. Na de implementatie van de definitieve oplossing bij de klant volgt nog een belangrijke stap die vaak vergeten wordt: begrijpen waarom het probleem heeft kunnen ontstaan en voorkomen dat het nog eens kan optreden. Deze D7-stap is dus een echte *process improvement* stap, waarmee je de kwaliteit van je organisatie structureel op een hoger peil brengt. Het proces sluit af met de 8D-stap, de felicitatie van het team en het vieren van succes. Het 8D-proces biedt dus ook het nodige op het gebied van motivatie van het team.

Naast het voordeel dat problemen effectief en efficiënt worden opgelost, wordt het schimmige traject tussen 'er is een probleem' en 'het probleem is opgelost' transparant gemaakt. Het opschuiven in 8D-status en het tonen van de daarbij behorende tussenresultaten biedt de klant vertrouwen en je team oriëntatie: *er is nog geen oplossing maar wel vooruitgang!*

Bovendien kun je inzichtelijk maken hoe de voortgang van het totale pakket aan problemen in het project zich ontwikkelt met de *maturity grid*, zoals in figuur 10.19 getoond werd. De 8D-methode toepassen is dus ook weer structureren, maar nu niet als het opknippen van het grote project, maar als het verdelen van het onzekere probleemoplossingtraject in behapbare en overzichtelijke stappen.

Samenvatting

- Kies bewust hoe je je team in de *heartbeat* wilt aansturen en hoe je rapporteert aan de stakeholders:
  - Team (en leveranciers): sturen op activiteiten en resultaten, vaak *management by objectives*
  - Stuurgroep: sturen op status ten opzicht van het einddoel en de projectscope, vaak *management by exception*
- Krijg het PDCA-vliegwiel aan het draaien door te zorgen voor:
  - Regelmaat: beter vaak kort, dan soms lang afstemmen
  - Moment: doe Check en Act zo kort mogelijk na elkaar
  - Individu versus groep: sommige afstemming verlangt individuele aandacht, andere het groepsproces
- Afstemming vraagt om ritme. Zorg verder dat alle aanpassingen (inclusief risico- en wijzigingsbeheer) meegenomen worden in het bijgewerkte detailplan (en de Scrum product backlog).
- Scrum heeft aanvullend een dagritme op teamniveau. Dit maakt zelfsturing van het team mogelijk en het weekoverleg meestal overbodig.
- Door de regie te nemen in de rapportage naar de stakeholders verander je van rapporteur in beïnvloeder. Zorg met een degelijke 400m-passage voor rust tijdens de rest van de maand.
- Wijzigingen horen bij een project en zijn zelf niet het probleem, het ongecontroleerd doorvoeren van wijzigingen wél.
- Benoem zo vroeg mogelijk in het project de *change control board*. Pas ook wijzigingsbeheer toe op wijzigingen die de scope níet veranderen!
- Een slim rapportageformat zorgt ervoor dat je je niet hoeft te verdedigen tijdens het stuurgroepoverleg. Maak in één overzicht de status ten aanzien van het eindresultaat en de resterende route inzichtelijk.
- Ook al weet je veel nog niet, een plan kun je bijna altijd maken. Voorkom verlamming en wacht niet tot onzekerheden opgelost zijn, maar gebruik stelposten, doe zelf voorstellen of presenteer meerdere scenario's. Het hebben van een plan (tot het eindpunt!) geeft rust en de juiste actie.
- Pas de 8D-methode toe om probleemoplossing te structureren en voortgang zichtbaar te maken voordat de oplossing bekend en geïmplementeerd is.

Nawoord

Na het lezen van dit boek heb je meer begrip van de kern van projectmanagement. Dit zal je helpen om de nuttige elementen uit verschillende projectmanagementmethoden te combineren en deze te koppelen aan versterkend factor 10-gedrag. Het zijn namelijk niet de methoden die het verschil maken, maar *jij* die ze toepast! Nu je de essentie begrijpt, kun je zelfs Agile zijn in een traditionele omgeving, teams eigen verantwoordelijkheid laten nemen in top-down gestuurde organisaties en de afstemming met de opdrachtgever ombuigen van een contractueel onderhandelspel in een coproductie.

Het woord *complete* in de boektitel staat niet voor het feit dat dit boek allesomvattend is, maar om je te prikkelen en te doen beseffen dat het profiel van een succesvolle projectmanager heel breed is. Je bent tot meer in staat door je in te leven in je omgeving en je de vele projectmanagementgereedschappen zonder vooroordeel eigen te maken en ze te integreren in je persoonlijke stijl. Daarbij hoef je niet te wachten tot je dit in perfectie beheerst. Juist niet - je leert door te doen. Voorkom dus dat compleet willen zijn verlammend werkt en zorgt voor uitstelgedrag. Bewust toepassen is belangrijker dan perfect toepassen! Begin vandaag, de beschrijving van het *hoe* in dit boek helpt je daarbij.

Ontdek wat je eigenlijk al kon, maar misschien nog niet altijd deed. Veel uit dit boek kun je meteen toepassen: automatisch beïnvloeden met de 10%-confrontatieregel bijvoorbeeld, altijd regie nemen door factor 10-gedrag, projectdoelen vertalen naar deelresultaten met de PBS, voortgang en lerend vermogen afdwingen met de verleidelijk projecthartslag en natuurlijk flexibel TomTom-gedrag vertonen door steeds de route tot het eindpunt inzichtelijk te maken. Bezoek eventueel mijn website Roelwessels.nl voor meer mentale opstekers en hulpmiddelen, of om te vertellen hoe dit boek je helpt in je projecten.

Ik gun het je enorm dat je steeds minder hoeft te denken 'in het volgende project ga ik het wél echt toepassen' en dat je nog meer kunt genieten van de mooie kanten van het projectmanagementvak. Veel succes en plezier!

Roel Wessels

Dankwoord

Met dit dankwoord wil ik me richten tot allen die geholpen hebben bij het tot stand komen van dit boek.

Allereerst mijn vrouw Sonja en mijn kinderen Joeri en Fleur. Voor hun begrip als ze 'de schrijver' wéér moesten missen en voor alle wijze lessen, want misschien is het gezinsleven wel het mooiste project dat ik ken.

Verder de gastheren, gastvrouwen en medegasten van kasteel Slangenburg in Doetinchem, waar een groot deel van dit boek geschreven is. De Benedictijnse leefregels van Slangenburg hielpen bij het schrijfproces, maar gaven ook inhoudelijk inspiratie voor dit boek.

Vervolgens mijn werkgever Holland Innovative en in het bijzonder Hans Meeske voor het beschikbaar stellen van de vele schrijfuren en Joke van den Dool en Hans Pieter van den Berg voor het enthousiaste meelezen; dat geldt ook voor de reviewers die mij voorzagen van inhoudelijke feedback en hielpen het boek nog geschikter te maken voor een brede doelgroep.

Verder iedereen met wie ik de afgelopen jaren heb mogen samenwerken: collega's, leidinggevenden, teamleden, cursisten, voor alles wat ik van jullie heb mogen leren.

Ten slotte natuurlijk mijn beide ouders, die me de kans hebben geboden om me te ontwikkelen tot de mix van projectmanager, natuurkundige en muzikant die ik nu ben.

Bijlage 1: voorbeelden toepassing projectmodel

1. **Als een ICT-bedrijf een opdracht aanneemt en uitvoert voor een klant: het ontwikkelen van een nieuwe website**

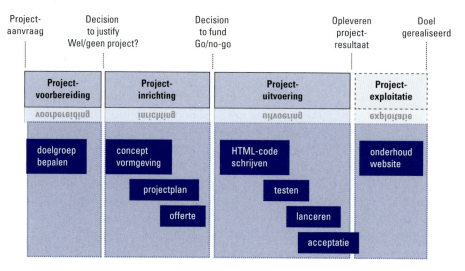

2. **Als extern specialist de productiviteit in een fabriek verhogen tot een vooraf vastgestelde performance (94%)**

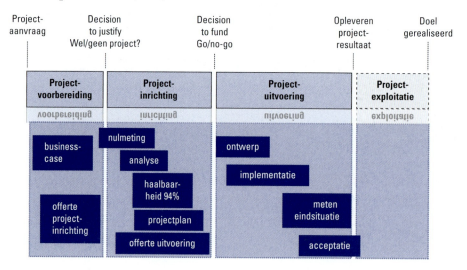

3. De fusie van twee organisaties begeleiden

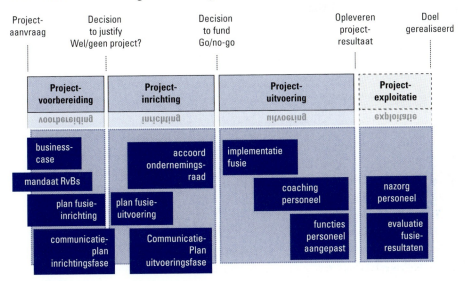

4. Verandertraject intern: verhogen personeelstevredenheid

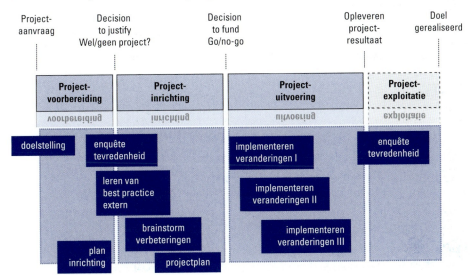

Bijlage 2: De complete projectmanager toolkit

De complete projectmanager (DCP) toolkit:

Het	DCP-Projectmodel (traditioneel en Agile)
De	DCP-Stakeholderanalyse
Het	DCP-Projectorganisatiemodel
De	DCP-Knopenhakmatrix
De	DCP-Factor 10 inspirator
De	DCP-Planningsproces checklist
De	DCP-Project charter
De	DCP-Product breakdown structure
De	DCP-DfX en kritische parameter implementator
De	DCP-Robuust inschatten tool
De	DCP-Scrum implementator
De	DCP-Schets met het team
De	DCP-Detailplanning
De	DCP-Projectverleider
De	DCP-Sturen van creativiteit inspirator
De	DCP-Risicomatrix (project en FMEA)
De	DCP-Blinde vink preventietool
De	DCP-Heartbeat & PDCA implementator
De	DCP-Wijzigingsbeheer implementator
De	DCP-Rapportage inspirator

Download de tools uit de DCP-toolkit op www.roelwessels.nl

Bronnen

Blake R., Mouton, J., *The Managerial Grid: The Key to Leadership Excellence*, Gulf Publishing Co., 1964

Cialdini, R., *Influence*, William Morrow & Co, 1984

Covey, S., *De zeven eigenschappen van effectief leiderschap*, Business Contact, 1989

Dalkey, N., Helmer, O., *An Experimental Application of the Delphi Method to the use of experts*, 1963

Deci, E., Ryan, R., *The Handbook of Self-Determination Research*, University of Rochester Press, 2002

Fagan, M., *Design and Code Inspections to Reduce Errors in Program Development*, in: IBM Systems Journal 15, 3 (1976): 182-211

Gaspersz, J., *Concurreren met creativiteit*, Pearson Benelux, 2006

Gilb, T., Graham, D., *Software inspection*. Addison-Wesley Longman, 1993

Tuckman, B., Developmental sequence in small groups. In *Psychological Bulletin*, Vol 63 (6), Jun 1965

Goldratt, E., *De zwakste schakel*, Scriptum, 1997

Guilford, J., *Creativity*, in: American Psychologist, Volume 5, Issue 9, p. 444–454, 1950

Gunster, B., *Ja-maar... Omdenken*, A.W. Bruna, 2010

Harnish, V., *De Rockefeller-strategie*, Business Contact, 2008

Hayes, J., *Cognitive processes in creativity*, Dorsey Press, 1989

Hedeman B., Vis van Heemst G., Riepma, R., *Projectmanagement op basis van NCB versie 3*, Van Haren Publishing, 2008

Hersey P., Blanchard, K., *Management of Organizational Behavior*, 3de druk, Prentice-Hall, 1977

Herzberg, F., Mausner, B., Snyderman, B., *The Motivation to Work*, 2de druk, John Wiley & Sons Inc., 1959

Kaplan R., Norton D., *The Balanced Scorecard*, Harvard Business Review Press, 1996

Kurzweil, R., *The Age of Spiritual Machines*, Penguin Books, 1999

Lammers, M., *Yes! Een crisis*, Tirion Sport, 2010

McGregor, D., *The Human Side of Enterprise*, McGraw-Hill, 1960

Mendelow, A.L., *Stakeholder Mapping*, in: Proceedings of the 2nd International Conference on Information Systems, Cambridge, MA, 1991

Newell, A., Simon, S., *Human problem solving*, Prentice Hall, 1972

Poincaré, H., *The foundations of science*, The Science Press, 1913

Quinn, R. e.a., *Handboek managementvaardigheden*, 5de druk, Academic Service, 2011

Rook, P., Rook, E., 'Controlling software projects', *IEEE Software Engineering Journal* 1(1), 1986, pp. 7-16

Snowden D., Boone M., *A Leader's Framework for Decision Making*, in: Harvard Business Review, 2007
Sutherland, J., *Scrum*, Crown, 2014
Wertheimer, M., *Productive thinking*, University of Chicago Press, 1982
Wickman, G., *Traction*, BenBella Books, 2007
Wiseman L., McKeown G., *Multipliers*, Academic Service, 2015

Over Roel Wessels

Roel Wessels (1969) is getrouwd, vader van twee kinderen en werkzaam bij Holland Innovative als Senior Director Projectmanagement and Technology. Daarvoor als Senior Director Innovation verantwoordelijk voor de productontwikkeling bij Assembléon, een hightech machinebouwer.

Roel heeft oog voor detail maar streeft bovenal naar overzicht en buiten-de-hokjes-denken om zo mensen, processen en doelstellingen te verbinden. Hij bekwaamde zich in projectmanagement en productontwikkeling bij bedrijven als DAF Trucks, Ordina, Vanderlande Industries, Philips en Assembléon.

De rol als bestuurslid bij Holland Innovative combineert hij met het geven van trainingen, masterclasses en coaching in projectmanagement en leiderschapsontwikkeling en het uitvoeren van projecten bij klanten in de hightech, de zorg en agro&food.

Roel is natuurkundige, maar het maken van muziek speelde een belangrijke rol bij zijn ontwikkeling. Met het credo 'ik ben de projectmanager in de band en de artiest in het ontwikkelteam' streeft hij gepassioneerd naar het bij elkaar brengen van twee fascinerende werelden. In dit boek wordt projectmanagement besproken vanuit de ogen van de projectmanager, de natuurkundige en de muzikant.

Kijk voor meer informatie, voor de uitwerking van het project Achtbaan uit dit boek en voor andere extra's op www.roelwessels.nl

Index

–
8D-methode   195, 241, 250, 251, 252
10%-confrontatieregel   48, 68, 98, 99, 100, 113, 206, 217, 218, 247
400m-passage   230, 232

A
acceptatieproces   213
acceptatietest   52, 211, 212, 213
activity on node   146
Agile gedrag   20, 164
Agile methodiek   14, 202
Agile projectmanagement   14, 57, 206

B
BBSC   7
besluitenlijst   226, 227
bidirectionele traceerbaarheid   109
blackbox-testen   212
blinde vink   VIII, 200, 201, 206, 207, 209, 210, 211, 216, 224
burndown rapportage   240, 241
Business Balanced Scorecard   7
businesscase   16, 18, 36, 54, 56, 101, 102

C
capacity   130
catastrofische overgang   14
change control board (CCB)   234, 235, 236, 237
coachend leiderschap   92
commitment   VII, IX, 2, 8, 9, 10, 11, 13, 17, 24, 32, 98, 105, 128, 129, 137, 142, 149, 247
communicatieplan   37, 45
concurrent engineering   19
confronteren   56, 57, 58, 68, 191
countdown principe   240
Covey's kwadrant   83, 84
Covey, Stephen   VII, 45, 80
creativiteit   VIII, 3, 4, 7, 13, 82, 85, 92, 94, 175, 177, 178, 179, 180, 196, 206, 259
Critical to Customer   61
Critical to Quality   61
Cynefin raamwerk   11, 12

D
daily stand-up meeting   22, 142, 192, 225, 228
decision to fund   9, 15, 17, 18, 103, 104, 156
decision to justify   15
defects   111, 203, 204, 205
defensiemechanismes   25
definitiedocumenten   17
definitiefase   10, 13, 14, 16, 47, 60, 65, 98, 104, 172, 210, 215, 247
definitietraject   10
deliverables   15, 16, 17, 18, 53, 100, 101, 102, 105, 121, 144, 156, 185, 187, 188, 189, 199, 200, 201, 206, 216, 217, 218, 223, 235, 239, 242, 244
Delphi-methode   131
de &-&-&-paradox   VII, 2, 3, 5, 13, 24, 82, 162, 180
Design for X (DfX)   VII, 62, 63, 64, 65, 66, 115, 119, 120, 121, 201, 202, 206, 207, 208, 218
Diagram en DfX   VII
diminishergedrag   162
diminishers   7, 8
dissatisfiers   167
dopamine   199
driepunteninschatting   142
driepuntentechniek   135, 136
duikbootgedrag   98, 147, 217
duration-driven   130

E
Edison, Thomas   178

effort   124, 130, 131
effort-driven   130
emotionele bankrekening   45, 80, 83, 84, 114, 172, 229
empatisch luisteren   85
epics   110
exploitatiefase   14, 15, 23, 35, 213

F

factor 10-gedrag   42, 74, 75, 76, 77, 79, 99, 164, 230, 239, 250
Fagan-inspectieproces   202, 203, 204
fasebeoordeling   105
faseovergang   105, 156
flexibiliteitsmarge   138
FMEA   207, 208, 210
Forming – Storming – Norming – Performing   173
functioneel georiënteerd   117

G

Gantt chart   155
Gantt-mode   149
Gaspersz, Jeff   178, 179, 259
Gestalttheorie   177
gratis-en-voor-niets-gedrag   68
groepsdynamica   174
Guilford, Joy Paul   177, 259

H

HALT-methode   207, 208, 209, 211
Harnish, Verne   7
hartslag   184, 185, 186, 187, 188, 189, 190, 191, 192, 193, 194, 196, 199, 228
hartslagperiode   187
Hayes, John   177, 259
Herzberg, Fredrick   167

I

indicators   61
individueel overleg   223
initiatiefase   9
integratieschema   120
integratietest   212

IPMA   IV, X, 9, 14, 97
IPMA-NL   9

J

jumping to conclusions   251

K

kaizen   207
Kaplan, Robert   7
Karate Kid, The   118
Key Performance Indicator (KPI)   6, 7, 36, 82
knopenhakmatrix   69, 70
koppelen   80, 95, 128, 150, 151, 152, 196, 212
KPI   6, 7, 36, 82
kritische parameters   58, 59, 60, 61, 62, 63, 65, 66, 105, 110, 115, 120, 121, 144, 152, 162, 164, 183, 188, 189, 206, 215, 217, 218, 224, 230, 244
Kurzweil, Raymond   3
kwetsbaar opstellen   165

L

lagging   61, 244
leading indicators   61, 194
leiderschap   III, IV, V, VII, IX, X, 3, 4, 25, 33, 34, 46, 54, 61, 73, 74, 75, 76, 80, 85, 86, 87, 89, 90, 91, 92, 93, 122, 153, 161, 163, 164, 178, 179, 186, 201, 210, 216, 217, 219, 223, 232, 259

M

make or buy   119
management by direction and control   219
management by exception   219, 220
management by objectives   219, 220
Managerial Grid-model   88
matrixprojectorganisatie   169
maturity grid   240, 242, 252
McGregor, Douglas   162
Mediaan   136
micromanagement   4, 5, 43, 86
mijlpaalgedreven   183, 239

mijlpalen 15, 104, 116, 141, 154, 184, 230, 242
moderator 203
moduletest 211
motivator 164, 175, 176
multipliers 7, 8

N
natuurwetten van het project 116
NCB-raamwerk 9
negatief mensbeeld 162
Newell, Allen 176
Norton, David 7

O
óf-óf-óf trade-off 3
Ohno, Taiichi 207
OKR VIII, 193, 195, 196
omdenken 76, 77, 78, 79, 80, 93, 104, 190, 217
ontwerpfase 14, 52, 55, 57, 58, 207

P
PDCA-cyclus 185, 186, 190, 192, 193, 195, 200, 219, 221, 222, 224, 225, 227, 228, 232, 238, 248
PERT 149
PFD 120
Planning Poker 129, 133, 134, 135
plan projectinrichting 101
PMBOK Guide X, 14, 97
Poincaré, Henri 177, 259
positief mensbeeld 162, 163, 219
praktijkvariatie 6
precedence chart 146
prestatieparadox 160
PRINCE2 IV, X, 9, 14, 20, 101, 108, 120, 168, 170, 220, 234
prioriteitenmatrix 83
product backlog 22, 64, 110, 111, 120, 122, 123, 129, 135, 142, 228, 242, 243
product breakdown structure 102, 106, 107, 109, 122, 168
Product Flow Diagram 119, 120

product georiënteerde 116
product owner 22, 134
projectborging 169
project brief 101
projectbuffer 139, 141, 142, 152, 246
project charter 100, 101, 102, 103, 113, 114, 115, 116, 118, 156, 172
project decompositie 105
projectdoel 10, 30, 35, 100, 106, 114, 159, 199, 217, 218, 233
Project Initiation Documentation (PID) 9
projectinrichtingsfase 9, 41, 148, 216, 218
projectmanagement 135, 186
projectmanagementmethoden 9, 97
projectmanagementplan 9, 10, 16, 17, 37, 53, 63, 97, 98, 99, 100, 107, 148, 156, 157, 170, 172, 180, 183, 190, 212, 237
projectorganisatie 23, 41, 116
projectresultaat 14, 24, 35, 36, 41, 51, 85, 120, 171, 188, 203, 213, 215, 217, 233
project support 169

R
realist 175, 176
regressietests 211, 213
requirements management 109
risicoafbouw 55, 56, 57, 65
risicomanagement IX, 20, 30, 48, 77, 79, 129, 189, 190, 207, 217, 224, 225, 230

S
satisfiers 167
scopemanagement 46
Scrum 22, 23, 110, 111, 122, 123, 129, 131, 133, 134, 142, 144, 146, 151, 186, 192, 193, 223, 225, 227, 228, 240, 241, 243
Scrum master 22, 123, 228
self-fulfilling prophecy 163
Simon, Herbert 176
singulariteit 3
situationeel leiderschap 85
Six Sigma 61, 62, 206
Six Sigma Blackbelt 62

size   VIII, 128, 130
Snowden, Dave   12
sprint backlog   22, 228, 240
sprint planning meeting   22
sprint (Scrum)   63, 64, 65, 111, 123, 134, 135, 142, 146, 151, 228, 242
stakeholdermanagement   VII, 36, 37, 39, 44, 75, 164, 168, 172, 228, 230, 231, 232
stakeholders   34, 36, 37, 38, 39, 40, 41, 42, 43, 44, 47, 48, 57, 74, 84, 86, 97, 98, 99, 100, 102, 103, 104, 110, 115, 116, 127, 141, 147, 148, 149, 156, 164, 172, 176, 183, 186, 192, 206, 215, 216, 217, 218, 219, 220, 221, 228, 230, 232, 233, 238, 246, 247, 248
standaarddeviatie   136
stelpost   48, 248, 249
steunen   91, 172
story point   131, 134, 144
studentensyndroom   68, 138, 139, 143, 183
systeemtest   52, 212
Systems Engineering   53

T

targets   6, 75
testen op componentniveau   211
Theorie X   162
Theorie Y   162
tijdsinschatting   133, 137
Toyota   207
traceability matrix   109, 110
traditioneel projectmanagement   14
Tuckman, Bruce   173

U

uitvoeringsfase   VIII, 10, 13, 14, 15, 17, 21, 59, 60, 63, 98, 101, 104, 123, 133, 141, 148, 183, 186, 199, 215, 216, 218, 228, 230
Units   130
unittest   211
user story   110, 131, 133, 134

V

vakmanschap   IX, 3, 7, 13, 19, 25, 47, 82, 118, 163, 164, 204
versions   110
V-model   VII, VIII, 17, 51, 52, 53, 54, 55, 56, 57, 62, 63, 64, 65, 66, 67, 75, 83, 85, 109, 119, 120, 121, 162, 164, 201, 202, 210, 212, 213, 217, 224, 230
voortgangsoverleg   36, 193, 223, 224, 234

W

waardecreatie   46, 66
wanorde   13
watervalmodel   18, 19, 47, 56, 64, 65
Wertheimer, Max   177, 260
whitebox-testen   212
wijzigingsbeheer   187, 189, 190, 217, 224, 225, 233, 235, 237, 249
win-win   79, 81, 83, 84, 85, 164, 166, 217, 219, 233
Wiseman, Liz   7
work breakdown structure   109
work breakdown structure (WBS)   122

Z

zelfdeterminatietheorie   VIII, 159, 160
zwarte piste-projecten   2